基于渠道视角的
供应链扰动应对管理研究

吴晓志 著

吉林大学出版社
·长春·

图书在版编目(CIP)数据

基于渠道视角的供应链扰动应对管理研究 / 吴晓志著.— 长春：吉林大学出版社，2021.8
ISBN 978-7-5692-8668-7

Ⅰ.①基… Ⅱ.①吴… Ⅲ.①供应链管理—研究 Ⅳ.①F252.1

中国版本图书馆CIP数据核字(2021)第169512号

书　　名：基于渠道视角的供应链扰动应对管理研究
JIYU QUDAO SHIJIAO DE GONGYINGLIAN RAODONG YINGDUI GUANLI YANJIU

作　　者：吴晓志　著
策划编辑：邵宇彤
责任编辑：陈　曦
责任校对：田茂生
装帧设计：优盛文化
出版发行：吉林大学出版社
社　　址：长春市人民大街4059号
邮政编码：130021
发行电话：0431-89580028/29/21
网　　址：http://www.jlup.com.cn
电子邮箱：jdcbs@jlu.edu.cn
印　　刷：定州启航印刷有限公司
成品尺寸：170mm×240mm　　16开
印　　张：12.5
字　　数：214千字
版　　次：2022年1月第1版
印　　次：2022年1月第1次
书　　号：ISBN 978-7-5692-8668-7
定　　价：65.00元

版权所有　　翻印必究

前言 PREFACE

随着全球供应链的完善、互联网的普及和电子商务的快速发展，各国消费者可以通过电子渠道以及传统渠道这两个不同渠道在全球购买自己所需的各种商品。制造商和零售商都看到了商机，纷纷建设电子渠道来满足消费者的网购需求。传统单链供应链结构正在逐渐发生变化，无论是制造商还是零售商都建立了电子渠道和传统渠道，境内渠道和境外渠道构成了复杂渠道供应链模式，制造商和零售商除了在供应链上下游之间存在竞争和合作外，在渠道之间也将形成竞争与合作的关系。

突发事件对平稳供应链产生不同程度的影响，而供应链由于存在渠道间的价格竞争，其稳定性更为脆弱，平稳状态下协调的供应链将发生偏差，导致供应链无法实现优化，甚至发生供应链成员之间的关系破裂的状况。当突发事件导致各种不同要素发生扰动时，不同渠道结构的供应链如何协调应对，突发事件导致各种不同要素发生扰动产生的协调应对问题，都将使供应链的运行和控制面临巨大挑战，将会对供应链的运行和控制提出非常高的要求。本书对突发事件导致消费者需求、制造商生产成本、渠道替代系数、易逝品的路途损耗等因素发生扰动后的双渠道O2O跨境渠道供应链进行研究，根据扰动后渠道供应链需求模型，通过KKT条件计算供应链集中决策时的最优利润，采用收益共享契约、数量折扣契约、价格折扣契约、两部定价契约等不同的协调机制，对发生扰动后供应链的应急决策和协调提出科学的决策值，并通过数值算例验证了结果。

研究具体包括以下几个部分：

首先，通过对制造商构建电子渠道下的供应链应对管理问题进行研究。主要研究了三个方面的内容：①双渠道供应链存在渠道价格替代系数、消费者需求规模以及制造商生产成本同时发生扰动时的双渠道供应链应急决策和协调策略，提出了利润共享契约；②针对一些短生命周期产品的渠道流通路途损耗，研究产品在渠道的流通过程中随着时间产生路途损耗时，面临着路途时间、消费者需求和制造商成本等因素扰动时的双渠道供应链应急策略，提出了能够协调双渠道供应链收益的共享契约；③在制造商构建电子渠道时传统零售商也会采用各种办法进行线下促销来争夺有限的消费者，这些促销行为会影响到消费者的渠道选择和需求，在零售商存在促销条件下，对制造商双渠道供应链面临着需求和生产成本扰动时的应急决策与协调进行了研究，提出了促销努力价格折扣契约。

其次，通过对零售商构建电子渠道下的供应链应对管理问题进行研究，可以得到在需求和生产成本扰动下，零售商双渠道供应链应对突发事件的应急决策与协调方法。由于零售商双渠道也是双渠道结构中的一个重要组成部分，虽然供应链成员之间协调契约类似于单渠道供应链，但是，由于存在渠道之间的双边际效应，零售商必须在电子渠道和传统渠道之间做出优化，使得存在内部渠道竞争的零售商双渠道供应链能够有一定的抗突发事件能力。本书中提出了发生需求和生产成本同时扰动后供应链作为与不作为时的决策区域，针对不同扰动区域，扰动信息的价值也被体现出来，数量折扣契约能够设计并被应用于解决零售商构建电子渠道的双渠道供应链应急协调。

再次，针对渠道价格协同的O2O双渠道供应链应对管理问题进行研究。O2O业务模式和方法有很多，针对双渠道供应链的需求特点，主要考虑苏宁提出的线上线下一口价模式，以及美特斯邦威提出的O2O旗舰店等模式。O2O模式改变了传统双渠道供应链研究中主要考虑渠道之间价格竞争引起消费者需求变化，在渠道之间，市场定价可以由供应链主导方来提出，同价双渠道供应链模式下收益共享契约可以设计并用于制造商主导的同价双渠道供应链应急协调，当存在渠道间基于服务竞争的情形时，两部定价契约可以设计并用于零售商主导的零售商水平O2O供应链应急协调。

最后，基于全球供应链时代给企业跨境运营带来了新的问题和风险因素，汇率扰动、需求扰动等成为扰动因子，考虑存在一对一跨境单渠道供应链的环境下，分析跨境集中决策下的供应链决策参数，通过比较跨境供应链中批发价格契约，设计不同情形的跨境供应链收益共享契约，并通过帕累托改进来实现优化。研究发现，存在鲁棒性的范围在跨境供应链可以计算得到，但是传统的批发价格契约依然无法协调跨境供应链，因此本书设计可以用来协调应对汇率、需求、税率扰动的收益共享契约。

本书获教育部人文社会科学研究规划基金青年项目（19YJC630185）、电子科技大学中山学院工商管理学科平台建设项目（26-5311230208）、广东省教育厅科研项目（2018WTSCX199）资助。

吴晓志

2021 年 8 月

目录

研究概述篇

第一章　供应链扰动应对管理研究概述 / 3

1.1　研究背景 / 3

1.2　研究意义 / 8

1.3　研究现状与文献综述 / 11

1.4　研究内容与技术路线 / 26

制造商双渠道篇

第二章　需求、成本和替代系数扰动下的双渠道供应链应对管理 / 33

2.1　引言 / 33

2.2　基本模型 / 34

2.3　需求、成本和渠道替代系数同时扰动下的供应链集中决策 / 37

2.4　需求、成本和渠道替代系数同时扰动下的利润共享契约协调 / 43

2.5　数值算例 / 45

2.6　本章小结 / 46

第三章　需求、成本和路途损耗扰动下的双渠道供应链应对管理 / 48

3.1　引言 / 48

3.2　基本模型 / 49

3.3　需求和成本同时扰动下的供应链应急决策与协调　/　51

3.4　需求和路途损耗同时扰动下的供应链应急决策与协调　/　59

3.5　数值算例　/　68

3.6　本章小结　/　70

零售商双渠道篇

第四章　需求和成本扰动下考虑促销的双渠道供应链应对管理　/　73

4.1　引言　/　73

4.2　基本模型　/　74

4.3　需求和成本同时扰动下双渠道供应链集中决策　/　75

4.4　需求和成本同时扰动下双渠道供应链分散决策　/　82

4.5　数值算例　/　90

4.6　本章小结　/　92

第五章　需求和成本扰动下的零售商双渠道供应链应对管理　/　93

5.1　引言　/　93

5.2　基本模型　/　94

5.3　需求和成本同时扰动下的双渠道供应链集中决策　/　95

5.4　需求和成本同时扰动下的双渠道供应链协调　/　101

5.5　数值算例　/　103

5.6　本章小结　/　106

第六章　需求和成本扰动下强势零售商双渠道供应链应对管理　/　107

6.1　引言　/　107

6.2　基本模型　/　108

6.3　需求和生产成本同时扰动状态下强势零售商分散决策　/　109

6.4　数值算例　/　115

6.5　本章小结　/　117

O2O 渠道篇

第七章 需求和成本扰动下的同价双渠道供应链应对管理 / 121

- 7.1 引言 / 121
- 7.2 基本模型 / 122
- 7.3 平稳状态下的分散决策 / 123
- 7.4 需求和成本同时扰动时的同价双渠道供应链集中决策 / 126
- 7.5 需求和成本同时扰动时的供应链分散协调 / 130
- 7.6 数值算例 / 133
- 7.7 本章小结 / 134

第八章 需求和服务替代系数扰动下的 O2O 供应链应对管理 / 135

- 8.1 引言 / 135
- 8.2 基本模型 / 136
- 8.3 制造商垂直 O2O 下双渠道供应链集中决策 / 137
- 8.4 零售商水平 O2O 下双渠道供应链分散决策 / 142
- 8.5 零售商水平 O2O 供应链协调 / 148
- 8.6 数值算例 / 151
- 8.7 本章小结 / 152

跨境渠道篇

第九章 需求和汇率扰动下的跨境供应链应对管理 / 155

- 9.1 引言 / 155
- 9.2 基本模型 / 156
- 9.3 扰动时跨境供应链集中决策 / 157
- 9.4 跨境供应链批发价格分散决策 / 159
- 9.5 跨境供应链收益共享契约协调 / 161
- 9.6 数值算例 / 163
- 9.7 本章小结 / 165

第十章　结论与未来研究展望　/ 166

　　10.1　结论　/ 166

　　10.2　局限性与未来研究展望　/ 170

参考文献　/ 172

后记　/ 187

研究概述篇

第一章　供应链扰动应对管理研究概述

1.1　研究背景

供应链通常是由供应商、制造商、分销商、零售商以及最终消费者等节点组成的，通过四流"商流、物流、资金流和信息流"实现商品的供应、生产与销售等功能。供应链管理（supply chain management）是对供应链中的上下游以及合作企业的关系等进行管理，以实现供应链目标的活动或过程，通过节点企业之间的密切合作，以相对较小的成本提供更优的产品（服务）。供应链通过网络设计和优化，使得供应链的成员企业具备了相应的功能，为消费者提供更具有竞争力的产品（服务），因此，"21世纪的企业竞争是供应链的竞争"[1]。

信息技术的进步改变着人们的生活，电子商务购物成为一种常见的消费方式，消费者通过互联网（移动互联网、家庭互联网）查询商品的信息、比价、购买商品。伴随着支付手段快捷化，电子商务赶超实体店的趋势已经成为现实。2020年，我国网上零售额达11.76万亿元，较2019年增长10.9%。其中，实物商品网上零售额达9.76万亿元，占社会消费品零售总额的24.9%。

代表电子商务的巨头阿里巴巴的马云和代表传统实体商务的万达集团王健林曾经有过一个赌约，在2012中国经济年度人物颁奖现场，王健林称："电商再厉害，但像洗澡、捏脚、掏耳朵这些业务，电商是取代不了的。我跟马云先生赌一把：2020年，如果电商在中国零售市场占50%，我给他一个亿，如果没到他给我一个亿。"几年后，王健林谈起这个赌局称已是笑话，单纯的互联网公司都会死亡，需要线上与线下的结合。实际上，在赌局立下之前，王健林就已着手布局万达电商。电子商务的发展有目共睹，把握住互联网营销的企业，正在创造着一个又一个财富神话。

电子渠道的建立，成为很多生产商摆脱下游传统零售寡头垄断，直接面对消费者的非常好的方法。IBM、Estee Lauder等大型企业均建立了自营电子渠道，顾客在各大平台的官方旗舰店中也能直接从制造商购买到大部分所需的商品。制造企业的自建电子零售渠道，结合之前就存在的传统零售渠道，供应链形成了制造商双渠道模式。

TCL面对电子商务的发展，着力推进网上自营商城的建设，通过TCL空调自营商城和微信自营平台，实现了家电类产品的B2C销售模式的构建，电子商务成为TCL集团业绩提升的一个非常重要的部门。除了TCL、海尔等大型制造企业外，一些中小企业也加入了电子商务的大军，中山市太力家庭用品制造有限公司原先是传统的压缩袋制造企业，通过发展B2C业务，很快在电子渠道的营业额就超过5亿元，成为淘宝天猫商城中家居用品类的领头羊。

除了生产商自建电子渠道外，零售商也希望能够在电子商务的浪潮中充分把握机会，苏宁、国美、沃尔玛等传统零售商通过开拓电子渠道来提升消费者的购买体验。零售商开拓电子渠道后，零售商的传统渠道结合新开拓的电子渠道，就形成了零售商双渠道供应链模式。

零售商双渠道模式主要是传统商业巨头的线上拓展行为，沃尔玛收购了于刚等创立的网络商城1号店作为其国内电子渠道，苏宁投入了大量人力、物力在苏宁易购，银泰百货以网上商城吸引着习惯于网上购物的顾客，这些零售商的行为解释着双渠道供应链中不但是制造商可以通过构建电子渠道降低成本来摆脱零售商的寡头垄断，传统零售商更容易构建零售商双渠道，以扩大传统零售商的谈判能力。

无论是制造商构建双渠道还是零售商构建双渠道，方式均为建设电子渠道，其主要竞争方法依然是渠道间的价格竞争，而O2O（online to offline/offline to online）的出现，改变了传统线上线下之间的竞争模式，O2O模式的诞生是线上线下开始融合的标志，O2O模式在不同的企业主体中展现出了自己的巨大动力。以往的双渠道模式中由于存在价格竞争和成本因素，线上商品价格往往低于线下，使得实体店尴尬地沦为了纯体验店。苏宁实施了双线同价策略，对其自身甚至对整个行业的影响都是颠覆性的，它以高昂的运营成本"为他人作嫁衣裳"。双线同价后，O2O模式终于落地，人们既可以在网上足不出户购物，又可以在实体店体验之后再购物。

上汽集团通过整合4S店和上汽车享网来实现O2O，打破传统汽车行业以线下为主的销售模式，顾客在4S店体验并购车，价格无法做到透明，与销售代表用各种方式博弈，O2O模式的兴起，使得消费者可以在网上明明白白地看到4S店的优惠信息，从线下体验后，即可享受线上的优惠价格。作为制造商的上汽集团，整合出了制造商垂直O2O的方式，使得汽车销量大幅提升。天猫作为阿里巴巴旗下最大的B2C平台，本身在线上的销售能力非常突出，为了使消费者能够更好地体验产品，天猫和银泰百货合作，在银泰百货的各个商场和天猫进行O2O对接，这些零售商水平O2O模式，也进一步表明了无论是制造业巨头还是零售业巨头均对O2O模式抱以厚望。

跨境供应链可以降低跨境采购成本，拓展海外新兴市场，因此，在经济全球化时代，许多企业将跨境供应链的建设作为企业重要的战略之一进行规划，跨境供应链主导企业设计各种合同（契约）来降低供应链中的双边际现象，各种类型的跨境供应链合同在相对稳定发展的生产贸易格局中发挥了协调作用。

随着全球经济的融合和供应链的延伸，供应链中的不确定性因素不断增加，容易受到外部环境和企业内部变革的影响，影响环境变化的因素也越来越多，这些扰动轻则带来销售停滞、成本增加，影响供应链成员的效益，重则影响整个供应链的正常运转，甚至造成整个供应链的解体，导致企业正常生产经营无法进行。常态下供应链与应急非常态下供应链管理具备不同的特点，如表1-1所示，常态下供应链管理作为供应链成员企业的日常管理，更多在研究事中控制的策略，契约协调的难度较小。虽然突发事件带来的非常态供应链是小概率事件，一旦发生则可能产生严重后果，供应链协调难度就会变得比较困难，预案的设立能够使供应链在面临突发事件时能够及时调整计划，减少突发事件带来的损失，甚至通过突发事件给企业带来新的机会。

表1-1 常态供应链与应急供应链的比较

项目	常态供应链	应急供应链
事件发生的概率	大概率事件	小概率事件
对供应链的影响	平稳	可能产生严重后果
主动权的掌握	供应商	扰动信息的掌握者
供应链协调的难度	相对容易协调	很难协调
控制的关键	事中控制	预案，事后控制

最常见的突发事件有自然灾害、公共卫生事件、人为突发事件，这些事件

带来了供应链中的消费者需求、生产和库存成本、生产和物流提前等诸多因素的扰动，使得传统的供应链协调机制无法产生作用，特别是双渠道供应链结构下，电子渠道的产生使得这些不确定因素有了新的发展，如互联网环境下，信息的传输比以往要来得快，使得扰动变得更加频繁且无规律。

自然灾害主要是指地震、飓风、泥石流、暴雨等突发事件，2005年8月，"卡特里娜"飓风席卷墨西哥湾沿岸地区，使得集中在新奥尔良的印刷行业供应链受到重创。10月，由我国命名的台风"龙王"登陆东南沿海，短期内居民家庭停电、企业生产中断，给当地造成重大经济损失及人员伤亡，东南沿海的电子零配件供应链受到了影响。在台风的名字中，如果给人类造成重大灾害将会被除名，而"龙王"就是为数不多的几个被除名者之一。

公共卫生事件是指"突然发生，造成或者可能造成社会公众健康严重损害的重大传染病疫情、群体性不明原因疾病、重大食物和职业中毒以及其他严重影响公众健康的事件"。刚刚过去的2020年，全球笼罩在新冠病毒的阴影下，可以说接下来的若干时间，新冠病毒将持续威胁全球供应链网络。时间线往前推，2003年的SARS使中国乃至全世界的供应链网络受到了不同影响。SARS疫情期间，国内的制造业、交通运输业、旅游业等行业遭受了巨大损失，疫情最严重时，出差去北京、广州等重灾区的人回来后都必须隔离观察，导致大量企业投入高额的成本应对SARS带来的问题。口罩、白醋等产品短时间内快速脱销，以至于一些生产企业加大产能，生产出大量的口罩，当2003年夏天SARS疫情得到控制以后，当时集中生产的口罩、白醋等产品形成了巨大的库存，此后，这些企业经历了长达数年的去库存的过程，严重影响了企业的发展。

人为突发事件有些是有计划的恐怖主义事件，有些是积累到一定程度突然发生并造成重大影响的事件，2001年的"9·11"事件对美国的航空业乃至整体经济都带来了巨大的创伤，航空公司的航线受到影响，使得IT业等需要快速反应的行业的生产和销售停滞，纽约证券交易所道琼斯工业平均指数开盘第一天下跌14.26%，旅游、保险与航空股大跌。作为占比最大的能源消耗产品，汽油价格也大幅度下跌。

网络事件也能给企业带来巨大影响，比如，2014年中央电视台"3·15晚会"上突然曝光了"面包新语"等烘焙企业采用过期原材料，消费者对面包制造企业整体质量产生担忧，需求大幅度减少，烘焙行业的相关企业，即使是没有任何问题，短时间内也会受到波及。网上传播事件速度快，影响广，这些突发事件给企业的供应链管理造成了巨大影响。

跨境突发事件也会损害全球供应链的健康有序发展，2018年土耳其等国货币突然大幅贬值，汇率战的导火索引爆经济"地雷"，2020年COVID-19等突发全球公共卫生事件更是使得跨境供应链面临着新的不确定性。突发事件带来的国际汇率和用户需求等扰动给经济全球化带来了不利影响，这些扰动导致的风险给跨境供应链管理带来了严峻的挑战。

突发事件会对平稳的供应链造成巨大影响，如果供应链成员企业针对突发事件带来的扰动有一定的准备和预先控制技术，将在突发事件到来时转危为安，甚至可以利用突发事件的到来，抢夺行业新市场或者从危机竞争中获胜并获得更多的市场份额。

在供应链应对突发事件的成功案例中，NOKIA公司的案例无疑是经典案例中的经典，2000年3月，飞利浦公司给NOKIA公司和ERICSSON公司提供手机芯片的工厂发生火灾，连续数周无法正常供货。两家公司在此芯片上均无其他相关供应商。面对如此突发事件，ERICSSON公司的高层采取的是等待飞利浦公司供货的策略，结果因部件短缺而遭遇巨大损失，手机生产不得不陷入停工状态，需要几个星期才能使工厂恢复生产。NOKIA公司39岁负责零部件供应的官员Korhonen，是NOKIA公司处理零部件供应问题的能手，在大火发生以后的两个星期，便动员了30多名来自世界各地的经理与工程师一起讨论解决方案。他们重新设计了芯片，并想方设法提高生产速度，尽了最大努力寻找任何一点可以腾出来的生产能力，争取了所有可能的供应商。Korhonen事后对媒体说："危机是你改进的机遇！"NOKIA公司表现出了敏捷的应变能力。在2000年度，NOKIA的全球手机市场份额增加了3%，进一步巩固了其霸主地位。

然而，"生于忧患，死于安乐"，盛极一时的NOKIA公司已经由于大企业病和Symbian系统在智能手机时代技术革新的失败而被Microsoft收购，人们在唏嘘的同时，也想起一句名言，任何一家百年老店都是由于危机处理的及时而保持着生命的延续。"9·11"事件发生后，大陆航空公司利用实时应急决策支持系统（该系统对危机处理的能力非常强大），在一天内就重新安排了机群。由于"9·11"事件对整个北美航空业造成了巨大打击，几乎所有的航空公司都笼罩在危机的巨大阴影中，其他未使用应急决策支持系统的航空公司，至少花费10天时间来研究新的应对方案。由于应急决策支持系统的强大功能，使得大陆航空公司比同行的其他公司提前正常运营，相对减少损失3 000多万美元，此次危机，反而使得大陆航空公司在北美具备了更高的竞争能力。经估算，大陆航空公司在2001年的"9·11"事件中采用应急管理决策支持系统避免的损失高达6 000万美元。

供应链管理讲究在供应链各个阶段相互协调，提高整体效能，为整个供应链带来竞争优势。由于供应链中各个体相对独立，在各自为政的情况下，由于存在双边际效应，所以如果没有合适的协调机制，个体的最优决策组合与系统的最优决策组合将无法并存。各种不同渠道下的供应链管理更是如此，由于渠道之间存在竞争，供应链成员之间也存在竞争和合作，双渠道O2O跨境渠道的供应链的协调比单渠道供应链显得更为复杂，现实中研究者为单渠道供应链设计的相关协调契约无法在复杂渠道供应链结构中实施。因此，为了实现复杂渠道供应链协调，也存在一些供应链契约，能够促进双渠道O2O跨境渠道供应链资源配置优化与运作结构改善，从而减少各种不确定性带来的不良影响。负责协调渠道的供应链可以减少渠道竞争成本，提高供应链成员效益，最大限度地提升供应链综合竞争力。

综上所述，随着互联网时代的到来，供应链结构正在从传统单渠道结构转向复杂渠道供应链结构，而突发事件给双渠道O2O跨境渠道供应链的平稳状态又带来了巨大影响。因此，研究双渠道O2O跨境渠道供应链应急决策与协调问题，能够解决复杂渠道供应链中由于渠道竞争和供应链成员独立优化所带来的双边际效应，同时提升双渠道O2O跨境渠道供应链的抗突发事件能力。

1.2　研究意义

随着技术的进步和产品的更新速度加快，产品生命周期不断缩短，短生命周期的产品成为市场中的重要组成部分。一些产品主要是随着时间推移，会很快发生变质、腐败、衰变、挥发等现象，如农产品中的蔬菜、海鲜等，一些化学品，如汽油、酒精等产品；另外一些产品主要是随着时间推移，技术更新带来的价值减少，使产品的销售周期时间缩短，如手机等部分消费类电子产品；另外还有经典的报童产品，短时间内存在价值，当服务周期结束后价值几乎为零，如信息服务、数字产品等。人们把这类价值变化较快的产品统称为短生命周期产品（short life cycle products）。在供应链研究中，针对短生命周期产品的研究越来越多，主要原因是人们的个性化需求日益增长，该类产品由于市场需求难以预测，给企业带来高额的市场风险成本。一些技术含量高、时间价值强的产品（包括消费类电子产品、农产品等），通常可以使市场先入者（创新者）获得较高的边际利润，因此，短生命周期产品出现的领域也越来越广。

电子商务的发展和网络支付的普及让消费者有了多渠道选择空间，消费者可以从传统的实体店直接购买产品，也可以通过手机、Pad、PC，甚至基于电视机的家庭互联网购买产品。商家也看到了电子商务对传统商业模式所带来的变革，无论是制造商还是零售商，都致力于建设电子渠道，应对互联网时代下消费者的购买行为和购买模式变化。可以说，如果打破传统思维模式，建立互联网思维，商家在新一轮的竞争中一定会占有巨大的优势。当供应链形成双渠道结构后，协调的方式和方法就发生了变化，当面临突发事件造成的扰动时，其应急协调方法与策略也变得更为复杂和困难。

传统思维与互联网思维最大的不同主要有两点：一是零距离，二是无边界。企业、用户以及供应链合作伙伴之间在没有互联网之前是有边界的，导致企业、用户、合作伙伴的关系是竞争博弈关系，而在互联网时代，企业、用户、合作伙伴之间则是扁平化的。而零距离、网络化和扁平化要求企业、用户、合作伙伴三者的关系变成了合作共赢的关系。换句话说，在互联网时代下，供应链管理面临的最大挑战和机遇其实就是互联网化下所有参与者的无边界，供应链管理的目标不再是静态协调，而是动态持续优化和协调。传统思维和电子商务环境下的供应链管理的不同点如表1-2所示。

表1-2 传统供应链与电子商务供应链的不同点

项目	传统供应链	电子商务供应链
企业和用户的距离	有（很长）	零（扁平）
企业、用户、合作伙伴的关系	博弈关系	合作共赢的生态圈关系
信息不对称	核心企业占优势	用户的信息获得能力上升
主动权的掌握	供应商	顾客
供应链价值链	从上到下的串行（串联）	各方并行（并联）
合作伙伴	被动参加	主动参与
供应链管理目标	静态协调	动态持续优化和协调

综上所述，在电子商务环境下的双渠道供应链中，涉及的产品具有需求不确定、短销售季节等相关特征，使其在遭遇突发事件造成的各种要素发生扰动

时，供应链决策者所面临的双渠道O2O跨境渠道供应链应急决策变得更为困难。为了解决双渠道供应链面临不同要素发生扰动时的决策与协调问题，当前，电子商务将迅速发展，互联网商业模式层出不穷，传统的供应链研究结构和运作方式也随着互联网时代的到来面临着巨大的机会和挑战，在双渠道的环境下，如何优化和协调双渠道供应链成为研究的热点问题。

双渠道O2O跨境渠道供应链的研究主要还是从平稳条件下的供应链契约协调出发，设计出适合双渠道O2O跨境渠道供应链协调的契约。然而，在以短生命周期产品作为研究对象时，由于生产周期相对较长而销售周期相对较短，其间各种各样的突发事件会导致设计好的平稳供应链受到顾客的需求、生产成本、物流成本、渠道间的替代变化等因素的干扰，进而影响到双渠道O2O跨境渠道供应链平稳运作目标的实现。

本书的研究意义在于，通过对双渠道O2O跨境渠道供应链面临突发事件时的应急决策与协调策略进行研究，能够对考虑电子商务环境下的供应链决策提供一个在应急条件下的决策方法，通过设计双渠道供应链应急协调契约，使得不同渠道结构（制造商双渠道、零售商双渠道、O2O双渠道、跨境双渠道等）下的供应链运作能够更加优化，增强供应链以及供应链成员企业应对突发事件的能力，平稳供应链下的协调契约与应急协调契约的比较如表1-3所示。

表1-3 平稳供应链协调契约与应急协调契约的比较

项目	平稳协调契约	应急协调契约
发生突发事件时	可能无法协调	可以协调（鲁棒性）
渠道结构	静态的渠道结构模型	有些对时间有要求，可能是动态的
协调的难度	容易	困难
协调的范围	仅仅在平稳状态下的协调	包括了平稳状态下的协调
契约类型	数量折扣、收益共享等	全单位数量折扣、改进收益共享等
收益函数的状态	平稳	阶跃

从大量供应链应急管理的研究情况来看，学界对单渠道下的供应链突发事件的研究已经比较充分，学者也提出了各种应对方法和思路，而电子商务环境下的双渠道O2O跨境渠道供应链应对突发事件的应对思路和措施却显得非常缺乏。因此，急需一套科学方法来指导各种复杂渠道的供应链应对突发事件带来的扰动。本书在吸收学者单渠道供应链应急管理研究的基础上，系统地研究

了双渠道 O2O 跨境渠道环境下的供应链应对突发事件的决策和协调方法，对供应链应急管理的研究是一个非常重要的补充，具有较高的理论价值。

从企业的实际运作来看，应急管理的思想在企业刚刚萌芽，但是很少有企业愿意和主动参与到整个供应链应对突发事件的努力中去，往往核心企业需要在供应链应急管理中起到非常重要的引导作用。而未来的竞争不仅是国内外电商之间的激烈竞争，还有大量的传统制造商（家电、家具、酒类、服装等）会持续"抢滩"上网，各种类别的促销大战和市场推广大战将频频展开，井喷需求会频频发生，到时也会出现应急供应链的身影。由于互联网时代带来了更多的不确定性，本书针对不同要素的扰动对双渠道供应链应急决策与协调进行研究，可帮助供应链核心企业乃至整个供应链成员企业在互联网时代的渠道竞争中做出最优决策，协调应对各种突发事件造成的扰动，将损失降到最低，最大化供应链整体收益，形成供应链整体竞争优势。

1.3 研究现状与文献综述

1.3.1 供应链契约协调

供应链协调研究最早源于 Spengler[2] 对报童问题的研究，在这一领域有许多学者已经展开了深入的研究，一些常用的方法被广泛用于供应链的协调研究中。由于供应链管理涉及两个或两个以上的独立企业，企业在各自追求自身的最优利润，供应链中普遍存在的双边际效应使得分散决策的供应链在传统的批发价格契约下无法实现协调。因此，学者们都试图采用各种方法，设计和验证不同的契约结构，使得供应链在分散决策时能够实现供应链的协调，从而达到供应链成员的能力均衡，并能使得供应链整体发挥出大于单个企业绩效的总和。

Cachon[3] 在其经典论文"Supply Chain Coordination with Contracts"一文中，详细描述了关于供应链协调的定义："协调是供应链的最优行动，如果集合是一个纳什均衡，即没有企业从供应链的最优行动中组一个有利可图的单向偏差。"从供应链协调的角度来看，协调的本质就是在供应链分散决策的时候更好地实现利润的最大化和合理分配。

供应链协调是供应链管理中一项重要的研究内容，契约是供应链协调机制实施的具体形式。有效的供应链契约可降低供应链的总成本，降低库存水平，增强信息共享水平并产生更大的整体竞争优势，实现供应链绩效最优。此外，有效的契约可实现风险的共担，双方共担由各种不确定性带来的风险。对供应链契约的研究主要是设计某种契约使得其能够协调相应的供应链模型，或者验证某种契约是否能够适应特殊环境下的供应链。传统的供应链契约模式主要有数量折扣契约、数量弹性契约、价格折扣契约、回购契约、期权契约、收益共享契约等。

1.3.1.1 数量折扣契约

这一领域的契约包括数量折扣契约（quantity discount contract）、全数量折扣契约（all-unit quantity discount policy）等。在数量折扣契约的相关文献中，Corbett 和 Groote[4] 设计了供应商有充分的信息时不对称信息供应链最优数量折扣策略。Cachon 和 Lariviere[5] 研究了经典报童模型中关键组件的唯一来源的随机需求的供应链数量契约机制。Sirias 和 Mehra[6] 采用模拟比较数量折扣与导致时间依赖性的折扣两种激励系统，揭示了两种折扣系统下供应链成员的毛利差异。刘斌等[7] 发现仅存在单向激励的数量折扣契约无法实现供应链的完美协调，并设计存在双向激励的连续数量折扣形式实现对供应链的完美协调。彭作和和田澎[8] 设计了一个完全信息条件下简单可用的数量折扣契约，给出了数量折扣设计的方法以及方便使用的折扣方程。钟磊钢等[9] 针对确定性需求，分析了分散式、集中式和 VMI 三种库存模式，分别讨论了信息对称与信息不对称时的 VMI 供应链数量折扣契约。张钦红、骆建文[10] 针对易腐易逝品供应链研究了零售商库存信息为对称与不对称时的数量折扣合同，证明信息对称时数量折扣合同可以协调供应链，而信息不对称时无法协调。Taylor 和 Xiao[11] 认为报童模型中零售商拥有需求不对称信息，证明了如果边际利润丰厚，零售商对信息的共享就会减弱，较优采购合同是数量折扣契约。Cachon 和 Kök[12] 研究了制造商竞争下的二对一供应链结构，通过对批发价格契约、数量折扣契约和两部定价契约三种类型契约进行对比，发现数量折扣与两部定价合同能够协调供应链，从而实现最大化供应链利润。赵正佳[13] 通过跨国供应链模型，考虑了汇率变化以及运输费用，设计了协调跨国供应链的数量折扣契约。肖旦和周永务[14] 针对供应链中存在的合作联盟，研究了零售商库存合作联盟以及制造商和零售商库存合作所形成的混合联盟,给出了库存联盟的数量折扣契约形式。赵海霞等[15]考虑排他型竞争供应链结构下的制造商规模不经济,研究了在链内实行数量折扣契约的合同机理。

全数量折扣契约在数量折扣契约的基础上增加了阶段式约束。Weng 和 Wong[16]研究了使用全单位折扣策略在不同条件下的最优数量折扣最优生产决策。Kolay 等[17]证明了全数量折扣契约在完全信息下可以消除供应链的双重边际效应,可使得利润增加,根据需求参数的不同折扣率可以进行调整。彭作和等[18]研究了累进制数量折扣契约协调下的单约束多产品模型。曹宗宏和周永务[19]考虑了产品需求依赖于货架展示量的全单位数量折扣契约供应链协调机制。此外,在供应链应急管理中,也经常采用全单位数量折扣契约协调扰动下的供应链,在供应链应急管理文献综述中将给予说明。

1.3.1.2 数量弹性契约

数量弹性契约(quantity flexibility contract)也称为数量柔性契约,是一种订货量契约,此契约可以用来应对需求不确定问题。Tsay[20]考虑供应链组成的两个独立成员,设计模型分析供应链双方的动机和识别效率低的原因并提出数量柔性契约,这种方法可以分配成本,减少市场需求的不确定性,实现供应链系统的最优。Tsay[21]还通过设计严格的数量柔性合同,并对柔性合同结构对供应链的性能和设计的影响进行探讨,问题包括系统灵活性对库存的影响和供应链预测的模式和秩序变化,最终提出相关解析解。Graves 和 Tomlin[22]提出一个用于分析多级供应链柔性契约的框架。Sethi 等[23]研究了单一和多阶段的数量弹性契约在包含了现货市场下的需求预测更新问题,获得了柔性合同中的最优订货批量和订单数量。Burke 等[24]考虑了供应商能力的影响,从一个办公用品零售商数据发现供应商能力受限的情况下可以使用两个复杂的价格体系(线性的折扣和增量单位折扣)实现最优能力数量的分配。Lian 和 Deshmukh[25]探讨了一类提前购买折扣合同,零售商根据提前承诺可以得到更大的折扣,但面临着库存增大的风险。Karakaya 和 Bakali[26]分析了分散式供应链中零售商销售多种数量有限产品的情形,零售商后订单都受制于前订单,采购的厂家有两种选择:第一次采购选项是定期交付周期的开始,第二次可以更新订单。

1.3.1.3 价格折扣契约

价格折扣契约（price discount contract）能够研究更为复杂的模型。Xie等[27]制定和分析曲线端策略分散的两级供应链最小化供应链总成本，并讨论需求参数和成本参数的影响，然后比较三种价格折扣方案来实现最优决策。Chen[28]提出一个销售折扣方案可以提高制造商和零售商的利润以及提高供应链效率，实现供应链的协调。Du[29]、安恰[30]、马慧民[31]等也针对价格折扣契约进行了相应的研究，此外，在双渠道供应链协调中，价格折扣契约也得到了很好的应用。

1.3.1.4 回购契约

回购契约（buyback contract）指的是供应链中上游供应商先给出一个批发价格，零售商未销售的产品可以由供应商回购，供应商同时给出小于批发价格的回购价格。Pasternack[32]早在1985年就提出传统报童供应链中采用回购契约，可以实现供应链整体最优，从而实现供应链的协调，随着报童问题研究的不断进展，回购契约协调也形成了供应链协调研究中的一个非常重要的契约。Song等[33]从乘积需求的角度出发，证明分散渠道下的最优回购合同与确定性需求函数的斜率相关。Ding和Chen[34]将供应链回购契约扩展到了三阶段的情形。Wang和Zipkin[35]分析了存在代理人的情况下使用回购合同时个体决策者的行为如何影响供应链的性能。Wu[36]研究了两个报童供应链中存在竞争供应链的情况，表明了回购时的利润高于不回购情形。赵泉午等[37]证明了回购合同可以实现零售商库存竞争时存在的唯一纯策略纳什均衡解。赵志刚等[38]则研究了回购契约协调供应链需求为模糊更新的情形。肖玉明和汪贤裕[39]提出了供应链成员成本都是递增的情形下，最优决策方式为供应商允许零售商按批发价退货的供应链回购契约，他们[40]还研究了回购契约中折价参数和比例参数对供应链风险规避的影响。在回购契约中，订购数量的鲁棒性成为协调的非常关键的因素。Chen[41]考虑了信息不对称情况下订货量成为影响供应链协调的关键因素。Porteus[42]通过对牛鞭效应的研究，设计了库存系统优化的方法。除了应用于报童模型以外，在渠道竞争供应链中，回购契约也有一定的协调能力，较为早期的有Padmanabhan和Png等[43, 44]的相关研究。Tsay[45-47]将回购契约用于减少零售商渠道间的冲突并实现供应链的协调。

1.3.1.5 期权契约

期权是金融领域的一个概念，为了解决供应链不确定性带来的风险，学者们针对供应链期权契约进行研究。Barnes 等[48]使用一个两期模型对期权契约协调供应链的行为进行了研究，开始深入应用到供应链的契约协调模型中。Kleindorfer[49]、Wu[50]等都试图通过结合现货市场和期权、期货市场来协调供应链。Wang[51]将自己的研究集中在单向、双向期权合同的设计与评价上，期权模型往往能够应对随机需求带来的不确定性。郭琼等[52]发现了期权合同要优于纯粹批发的报童合同，并通过电子半导体市场数据进行了验证。胡本勇[53,54]研究通过调整成本参数使得分散化的决策能达到集中化决策的效果。

1.3.1.6 收益共享契约

收益共享契约及其拓展后的契约是近几年比较普遍使用的供应链协调契约之一，它起源于美国的影碟租赁行业，当时影碟的平均价格达到了65美元，每次租赁金额为3美元，需要出租22次才可以获得收益，音响店不敢大量进货，由于影碟的边际成本较低，收益共享契约使得影碟的平均价格降低到了8美元，出租3次即可回本，大大提高了零售商的进货数量，从而满足了消费者可以在店里租到各种影碟的愿望。Gerchak 和 Wang[55]将收益共享契约与批发价格契约用于装配供应链系统中进行了对比研究。后来 Cachon 和 Larivere[56]将其与其他几种常见的供应链契约进行了对比研究。Giannoccaro 和 Pontrandolfo[57]将收益共享契约拓展到三级供应链的协调问题，研究了随机需求下，具有固定零售价格的三阶段供应链协调的收入共享契约。陈夫华等[58]研究收益共享契约在多级供应链协调中的应用，得出了与 Giannoccaro 相似的结论。在供应链渠道结构扩展上，收益共享契约的使用范围也很广。Yao 等[59]研究了在报童模型下一个供应商与两个竞争的零售商的供应链系统；指出收益共享契约能够比批发价格契约（无契约）产生更好的协调效果，两个零售商之间存在的竞争使整个供应链系统效益提升。Ai 等[60]将收益共享契约应用到了链与链竞争的情形，研究了竞争供应链中的收入共享合同在零售商需求预测信息共享时的供应链决策行为。

1.3.1.7 其他类型的契约

除了数量折扣契约等常用的契约外，集合多种契约思想的新契约在一些文献中开始涉及。Cachon 关于契约的经典综述中也涉及了销售回佣契约（sales rebate contract)等。He 等[61]研究了需求量与零售价格和促销努力相关的情况，提出回馈与惩罚契约（sales rebate and penalty contract）联合使用协调供应链。

服务业的发展也使得两部定价机制（two-part tariff policy）得到应用，两部定价是指上游的供应商在销售产品或服务时一般先向下游零售商收取一笔购买权的固定费，然后收取每单位的使用费（批发价格）。Lambertini[62]、齐二石[63]、于丽萍[64]以及赵海霞[65]等都针对两部定价契约协调的供应链定价与决策机制进行过相关研究。

1.3.2 双渠道供应链决策与协调综述

电子渠道与传统零售渠道组成了电子商务环境下的供应链双渠道的运作模式，比如，某个供应链由传统订货渠道与电子渠道共同组成，每个渠道又可以由多个成员组成，这些成员分别是不同的利益主体。因此，在该供应链中既存在成员与成员之间的相互联系，又存在渠道之间的相互联系，如何消除双重边际效应，减少渠道间的冲突，是双渠道供应链协调的相关研究中致力于解决的重大问题。

1.3.2.1 确定性需求下双渠道供应链决策与协调

确定性需求下双渠道供应链协调的研究文献相对较多。Chiang 等[66]基于消费者效用理论对需求模型进行了构建，这是对双渠道定量研究比较早期的文献。随着双渠道供应链研究的兴起，契约协调的双渠道供应链研究成为一个非常热门的研究方向，研究者大多致力于研究定价策略和博弈方法，以解决渠道成员由于决策的外部性而造成的"双重边际"问题。Rhee 和 Park[67]指出混合渠道可以使生产商增加市场覆盖率和利润，但是，由于生产商为同一客户与自己的零售商在混合渠道中竞争，可能导致严重渠道冲突和控制问题。Tsay[68, 69]发现如果存在直销渠道，制造商对电子渠道的零售价格进行调整，可以提高供应链成员的利润。Chiang[70]针对双渠道库存进行了研究。Chen 等[72]考虑了双渠道供应链中存在服务竞争的决策问题。Yan 和 Pei[73]也有类似的研究。Cai[74]则研究了双渠道供应链结构对制造商、零售商以及整个供应链的决策影响。国内的文献中，常良峰[75]、晏妮娜[76]、肖剑[77]等也针对双渠道供应链决策做了相关研究。黄松等[78]研究了双渠道供应链中的制造商与零售商合作广告促销策略。

Cao[79]考虑了信息不对称情况下的双渠道供应链协调，他主要从制造商的成本信息不对称的角度来进行研究。

在具体的契约协调中，Chen[80]考虑了Stackelberg博弈下两部定价契约可以设计用来协调供应链双渠道机制。谢庆华和黄培清[81]研究了通过数量折扣机制能够促使混合渠道达成协调的博弈模型，证明混合渠道采用数量折扣契约可以达到协调，传统零售渠道和电子零售渠道可以合作而不是竞争。但斌等[82]提出了一个转移支付补偿机制使得制造商和零售商存在帕累托改进，可以实现双渠道供应链的协调。徐广业和但斌[83]建立了电子商务环境下双渠道供应链价格折扣模型，并设计了一个转移支付机制使得制造商和零售商存在帕累托改进，他们[84]还通过改进收益共享契约研究了双渠道供应链协调机制。丁正平等[85]分析了存在搭便车问题时供应链整体利润最大化的双渠道定价策略以及三种不同的双渠道供应链结构下各供应链主体分散决策时的定价均衡，并研究了收益共享契约对这种供应链协调策略的应用。

1.3.2.2 随机需求下的双渠道供应链决策与协调

随机需求下的双渠道供应链协调问题研究相对较少，主要是由于随机条件下很难刻画双渠道供应链中的渠道竞争，往往只能研究库存问题，一部分研究是在确定性需求下增加随机因子来进行建模。Yue和Liu[86]在双渠道市场规模中增加了随机因子，而需求与渠道零售价格呈现线性关系。Mahar等[87]考虑了上下游之间的虚拟联合库存。Ryan[88]针对双渠道供应链的确定性需求和随机需求，构建了通过修改后的收益共享合同和收益共享成本共担合同来协调相关渠道的利益。Xu等[89]通过一个双向收益共享契约解决双渠道供应链中的风险厌恶问题。禹爱民和刘丽文[90]针对制造商同时拥有零售渠道和网上直销渠道的双渠道供应链系统，在随机需求和联合促销情况下，对制造商和零售商之间的价格竞争和协调问题进行研究，并证明回购契约能给制造商和零售商双方带来好处，但不能实现双渠道供应链的协调。但斌等[91]针对供应链中同一产品在不同渠道中的替代性，运用报童问题的分析框架，研究了传统渠道和电子渠道间的库存协调问题，建立了能够协调双渠道供应链的两方收益共享契约模型，给出了实现双渠道供应链协调时的契约参数表达式。曾敏刚等[92]建立了需求不确定的环境下制造商主导型双渠道供应链的决策模型，同时考虑直销和传统渠道的需求不确定性提出一个使制造商和零售商缓解渠道冲突、实现共赢的二部线性契约，得到双方合作共赢的批发价格合理区间。

1.3.2.3 考虑成员行为的双渠道供应链决策与协调

近两年关于成员行为的双渠道供应链决策研究逐渐增多。盛昭瀚和徐峰[93]考虑地区化差异背景下的制造商双渠道定价机制，研究引入网络渠道对本身具有地区价格差异定价策略的影响。Liu 等[94]通过公平理论对双渠道供应链进行了构建。邢伟等[95]分析了渠道公平对生产商和零售商均衡策略的影响，发现生产商在零售商市场份额较大时关注渠道公平，渠道公平可以改善双向边际效应。许垒和李勇建[96]构建了依赖网络渠道风险和零售渠道搜索成本的消费者选择模型，在此基础上分析了四类双渠道供应链结构下的厂商最优决策和渠道效率问题，以及不同双渠道供应链结构对在位厂商和供应链效率的影响。李培勤等[97]独辟蹊径，研究了双渠道环境下市场上存在一个制造商、一个强势零售商和一个弱势零售商的情形，他们认为不开辟网上直销渠道时，强弱势零售商的服务水平差别越大，则强势零售商的销售价格越高，市场份额越大。

1.3.2.4 闭环双渠道供应链的决策与补贴

当考虑到环保和再制造的需要时，双渠道供应链的研究就会变得比较复杂而有趣。唐秋生等[98]为了解决 MeRCRM 闭环供应链中的电子直销与传统零售渠道间的冲突问题，建立了 MeRCRM 数量折扣博弈模型。徐兵等[99]分析了生产商、零售商和第三方三种回收方式下的双渠道供应链最优价格和回收率。而许茂增和唐飞[100]基于博弈理论构建了制造商进行网上直销、零售商进行传统零售、第三方负责废旧产品回收的双渠道闭环供应链决策模型，分析和比较了集中决策与分散决策对供应链成员最优定价策略和利润的影响，设计了一个利润共享 – 费用分担契约来实现双渠道闭环供应链的协调。徐峰等[101]研究了再制造背景下的闭环双渠道供应链中的制造商再制造策略。

考虑政府补贴时，Ma 等[102]建立政府补助下的双渠道闭环模型，指出政府回收补贴有利于消费者、制造商和零售商三方。刘慧慧等[103]建立了废旧电器电子产品的双渠道回收竞争模型，刻画了正规与非正规回收企业各自的回收处理途径和盈利模式，求解出了两种渠道均衡时的回收定价和翻修比例。

1.3.2.5 零售商双渠道供应链决策与协调

随着电子商务模式的迅速发展，不仅制造商会开通直销市场，对于传统零售商开通网络销售渠道以及在线零售巨头开通线下体验店的问题，得到越来越多的学者的关注，零售商双渠道供应链的相关研究刚刚兴起。陈云等[104]考虑了电子商务实施程度，采用两阶段博弈模型分析了零售商双渠道的定价行为，并给出了双渠道零售商的均衡利润。张盼等[105]考虑了价格和服务竞争时零售商双渠道策略，并运用Hotelling模型求得了零售商价格和服务水平的均衡解。赵金实等[106]运用电子商务模式中的供应商代发货形式，从不同主导权位置情况下对零售商双渠道策略的绩效进行对比研究。颜永新和徐晓燕[107]发现数量折扣契约可以使零售商双渠道的供应链达到协调，但是不能使供应商双渠道的供应链达到协调，并且讨论了契约参数对供应链绩效的影响。

除了以量化模型作为基本研究方式以外，Frambach和Roest[108]通过实证研究发现，网上购物经验较为丰富的顾客对在线渠道的偏好程度也较高；Lu等[109]通过调查分析指出，缺乏传统渠道购物习惯的年轻人更加偏好在线渠道。

针对以上文献的整理，双渠道相关重要文献涉及需求形态、渠道结构以及供应链契约的分类如表1-4所示。

表1-4 双渠道供应链研究涉及的需求形态、渠道结构以及供应链契约分类

第一作者 （文献年份）	需求		渠道结构			其他条件	供应链契约					
	确定	随机	制造商双渠道	零售商双渠道	闭环双渠道		批发价格	回购契约	收益共享	数量折扣	价格折扣	其他
Chiang（2003）	★		★			效用						
Rhee（2000）	★		★									
Tsay（2004）	★		★									
Cai（2010）	★		★						★			
黄松（2011）	★		★			广告	★					
Cao（2013）	★		★			信息不对称						
Chen（2010）	●		●			两部定价	●					●
谢庆华（2007）	●		●							●		

续　表

第一作者(文献年份)	需求		渠道结构			其他条件	供应链契约					
	确定	随机	制造商双渠道	零售商双渠道	闭环双渠道		批发价格	回购契约	收益共享	数量折扣	价格折扣	其他
但斌(2012)	●		●			转移支付	●					
徐广业(2012)	●		●			转移支付					●	
丁正平(2013)	●		●						●			
Ryan(2013)	●	●	●			成本共担			●			●
Xu(2014)		●	●			风险规避			●			
但斌(2013)		●	●			双向共享			●			
禹爱民(2012)		★	★			联合促销		★				
曾敏刚(2013)			★	★		两部线性						★
邢伟(2013)	★		★			公平	★					
许垒(2013)	★		★	★		搜索成本						
Ma(2013)	★				★	补贴						
徐兵(2012)	★				★	回收方式	★					
唐秋生(2012)	●				●				●			
许茂增(2013)	●				●	费用共担			●			●
陈云(2008)	★			★								
颜永新(2012)	●			●					●			
Lu(2013)			★			实证						

注：★表示存在决策优化，但未实现或者涉及协调；●表示该契约下供应链达到协调。

1.3.3 供应链突发事件应急管理综述

在扰动相关的供应链问题上，李效良教授领导的研究小组在牛鞭效应（bullwhip effect：指供应链上的信息流从最终客户向原始供应商端传递时候，由于无法有效地实现信息的共享，使得信息扭曲而逐渐放大，导致了需求信息出现越来越大的波动）产生原因这个问题上首先取得了突破。Lee[110, 111]发表在 Management Science 和 Sloan Management Review 上的两篇论文被公认为供应链管理中牛鞭效应研究的经典之作。牛鞭效应的产生存在四个具体原因，包括需求信息处理（demand signal processing）、批量订货（order batching）、价格波动（prices variations）以及短缺博弈（shortage game）。随后，针对降低牛鞭效应危害，学术界和工业界分别开展了深入的研究和实践，也取得了很多成果。其实，供应链中除了需求信息放大的牛鞭效应外，由于供应链成员之间存在的经济技术联系，供应链的提前期、价格等因素都有可能使得需求或者利润随着扰动的发生向上游逐级放大或缩小。正是据此，陈宏和韩轶[112]把国民经济中直接经济效益变动所引起的国民经济间接效应总量的变动，即所谓的"波及效应"引入供应链分析中，提出了供应链波及效应，把它作为牛鞭效应的扩展研究。在进入21世纪后，主流研究主要是在供应链突发事件应急管理方面。在设计供应链时，通常是考虑外部环境没有变化的情况下，供应链能够平稳地运行。但是，机器故障、工人罢工、自然灾害和其他突发事件等环境的变化，常常给供应链带来不同程度的扰动，产生波及效应，并给供应链带来不利影响。供应链的应急管理也引起了很多学者的关注和讨论。

应急管理（disruption management）是管理运筹学研究的新兴领域，是对各种干扰的干预，在低成本的原则下平稳连续运行的系统管理方法。在20世纪90年代，应急管理应用于航空工业，"9·11"事件后，于刚[113]教授等人开发的实时应急管理决策支持系统对航班的应急决策起到了非常重要的作用，其应用于美国联合航空公司和大陆航空公司，显著提高它们的实时性能，减少航班延误、航班取消以及降低超过数千万美元的运营成本。

1.3.3.1 单渠道供应链应急管理

应急管理的术语是由 Jens Causen[114] 等人在2001年的 OR/MS Today 期刊上提出的。在突发事件造成扰动的情况下，供应链应急管理的第一篇文献是由 Qi 等[115]提供的，文章研究了一对一二阶段供应链在面临确定的线性需求函数情形下，供应链利用全数量折扣契约如何应对突发事件。其后，在生产领域，Xia 等[116]研究生产存储系统中的实时应急管理问题。Yang 等[117]考虑了生产函数是凸函数情形下，生产费用出现扰动时，如何应用应急管理的方法修改原来的计划，对供应链的生产存储造成影响最小。Xu 等[118]将 Qi 的研究扩展到了非线性需求函数的情形。同时 Xu 等[119]研究了供应链中的成本扰动问题。Huang 等[120]研究了线性需求函数和生产成本函数为凸函数的情形。雷东等[121]研究了线性需求函数下需求和生产成本同时扰动的情形。姚珣等[122]扩展了雷东的研究为非线性需求函数下的扰动协调问题。曹二保等[123]研究指数函数的非线性需求的情形。吴忠和等[124]假设成本为凸函数，研究需求和购买成本同时扰动下的协调策略，这些研究基本都是基于全数量折扣契约和线性能力约束策略来进行的。应急条件下的采用不同契约协调供应链一直都是供应链应急管理研究的重点。于辉等[125]研究了两节点的报童供应链，在需求发生扰动时，如何调整数量折扣契约来应对突发事件所造成的扰动的协调问题。于辉等[126, 127]又研究了回购契约、批发价契约下的供应链如何应对突发事件。吴忠和等[128]讨论了期权契约下需求和成本同时扰动的应对策略，完善了单渠道随机需求供应链扰动管理研究。随着研究的深入，Lei 等[129]把非对称信息应用到突发事件应急管理中，他们主要考虑了成本信息不对称，周建中和陈秀宏[130]则考虑了需求信息不对称的情形。王玉燕[131]将回购契约应用到闭环供应链中，研究了闭环供应链下的回购契约应对问题，同时她[132]还研究了收益共享契约下的情形。王银河和王旭[133]考虑了闭环供应链中存在回收努力的情形。李新然和牟宗玉[134]则提出了新的契约形式，采用收益费用共享契约来协调闭环供应链。胡劲松和王虹[135]把传统供应链中的两阶段延伸到了三阶段，研究了价格折扣契约下的三级供应链应对突发事件的决策行为。随后，庞庆华[136]把收益共享契约应用到了三级供应链中，提出了协调策略。Chen 和 Xiao[137]将传统供应链的供应商主导模式转换成零售商主导模式，研究了零售商主导下的供应链应急决策机制。张欢和汪贤裕[138]从外部环境出发，考虑第三方虚拟控制供应链的扰动决策。高波等[139]从时间角度出发，考虑了需求和价格具有时间敏感性时的供应链应对突发事件。吴忠和等[140]从农产品物流的时间价格理论出发，考虑鲜活农产品的应急协调的全数量折扣契约。这些研究更多还是考虑了需求或者成本的波动。Tomlin[141]从供应中断的角度，研究了供应链应急管理问题，而盛方正等[142]针对供应中断进行了细致研究。

1.3.3.2 多零售商供应链应急管理

随着应急管理研究的不断发展，供应链应急管理研究的渠道结构从单渠道逐渐转变到更为复杂的渠道结构模式，在一个供应商对应两个零售商的供应链结构中，Xiao 等[143]假设两个零售商基于促销投资的竞争关系，在假设需求和投资敏感系数扰动下，研究了供应链的协调策略。Xiao[144]还考虑了一个制造商和两个基于伯特兰德模型博弈竞争零售商的关系，针对单市场需求扰动或双市场需求扰动下，由制造商或零售商承担偏差成本，采用线性数量折扣契约或全单位数量折扣契约的情形。Xiao 等[145]还研究了需求和成本同时扰动时的供应链应急协调问题。曹二保和赖明勇[146, 147]将 Xiao 的模型扩展到了一个供应商对多个零售商的情形，研究了多零售商在古诺均衡下的扰动应对策略，采用了收益共享契约协调该供应链结构。吴忠和等[148]将扰动变量从两个增加到三个，讨论了需求、生产成本以及价格反应系数同时发生扰动时的情形，采用全数量折扣策略协调伯特兰德博弈下的两个均衡零售商。Zhang 等[149]则研究了收益共享契约下的竞争零售商协调策略。王旭等[150]把闭环供应链的结构引入了多零售商供应链应急管理，研究了两零售商竞争下的闭环供应链应对突发事件策略。

1.3.3.3 多供应商供应链应急管理

多供应商的供应链结构中包括了多对一结构，也就是多个供应商面对着一个零售商的供应链结构，也包括了多对多结构，也就是网络结构，在多对一供应链结构中，多源采购成为学者们关注的重要议题。Yu 等[151]研究了供应链中的单源采购和双源采购应对供应链突发事件。Li 等[152]则研究了在双源供应链结构中的供应中断问题。Xanthopoulos 等[153]针对报童模型，对双源供应下的供应风险进行了探讨，多供应商结构的应急管理主要偏向于研究供应问题，而 Hu 等[154]将供应链风险与波动问题延伸到了供应和需求两段，研究了两个供应商和一个零售商下的随机供给与随机需求。滕春贤等[155]将供应链结构再次拓展至网络结构，即多个供应商和多个零售商组成的供应链网络，研究了需求扰动下的供应链网络结构应对策略。Yang 和 Zhao[156]针对收益共享契约下的供应链网络结构应对突发事件进行了分析。徐兵和张小平[157]考虑了二次订货与回购的情形。Baghalian 等[158]将服务进行了分级，研究了存在服务分级的供应链需求扰动问题。除此之外，Matsuo[159]对企业进行了深入了解，分析了丰田汽车供应链在日本9级大地震后的行为和策略，是为数不多的针对具体企业供应链应急管理的研究。

1.3.3.4 双渠道供应链应急管理

双渠道供应链研究起步较晚，但是呈现出快速增长的势头，根据对中国知网的搜索，2007年所有关于双渠道的研究文献一共有40篇，而到了2013年达到了368篇，每年都呈现出递增的趋势，这与电子商务在中国的快速发展有非常大的关系。而由于应急管理的研究也是刚刚出现井喷现象，双渠道供应链本身协调就有一定的难度，在双渠道供应链应急管理方面的研究文献相对较少。周伟刚等[160]通过价值函数针对双渠道供应链的价值扰动进行决策，而Huang等[161]研究了制造商双渠道供应链面临着需求扰动时的决策问题，Huang等[162]还考虑了成本扰动对双渠道供应链定价产生的影响。黄松等[163]针对需求和成本同时扰动时的双渠道供应链决策问题，指出了在不同扰动范围内的生产计划调整区间。Cao[164]针对需求扰动也建立了自己的决策模型。曹二保等[165]提出采用改进收益共享契约协调制造商双渠道供应链需求扰动，其改进的方法主要类似于双渠道供应链协调中的双向收益共享契约。

针对以上供应链突发事件应急管理文献的整理，相关重要文献涉及扰动变量、供应链渠道结构、应急决策以及应急供应链契约的分类如表1-5所示。

表1-5 供应链应急管理相关重要文献中扰动变量与契约的分类

第一作者	扰动变量					供应链契约							供应链结构			
	需求			成本		批发价格	数量折扣	全数量折扣	期权	价格折扣	收益共享	回购	两级			三级
	线性	非线性	随机	变量	函数								一对一	一对二	双渠道	
Qi（2004）	▲							●					●			
于辉（2005）	▲						●						●			
Xu（2005）		▲						●					●			
雷东（2006）	▲			▲				●					●			
Xiao（2008）	▲			▲				●						●		

续 表

第一作者	扰动变量					供应链契约							供应链结构			
	需求			成本		批发价格	数量折扣	全数量折扣	期权	价格折扣	收益共享	回购	两级			三级
	线性	非线性	随机	变量	函数								一对一	一对二	双渠道	
曹二保（2010）	▲			▲							●		●			
吴忠和（2012）	▲				▲			●						●		
胡劲松（2012）	▲					●		●								●
于辉（2005）			▲			★							★			
于辉（2006）			▲								●		●			
王玉燕（2009）			▲									●	●			
吴忠和（2013）			▲	▲					●				●			
Huang（2012）	▲														★	
Huang（2013）				▲											★	
黄松（2014）	▲			▲											★	
Cao（2014）	▲										●		●			

注：▲表示该参数发生扰动；●表示研究协调契约；★表示只研究了应急决策。

1.3.4 研究综述小结

通过以上关于相关研究现状的概要性回顾可以发现，供应链契约协调是供应链研究的主流模式与基础，供应链应急管理是考虑了需求、生产成本、反应系数等条件扰动或者供应中断的情况下，利用决策理论和供应链契约协调机制，针对应急情况下的供应链进行预案或者事后控制。而双渠道供应链是随着电子商务的发展而兴起的一个非常重要的供应链结构，有别于多零售商供应链，双渠道供应链主要通过电子渠道和传统渠道面对同一类型的消费者，研究的对象和方法都有新的含义。

从渠道供应链的研究文献上看，双渠道的决策与协调机制的研究较多，方法也层出不穷，大部分是确定性需求函数下供应链不同契约的协调方法以及广告、资金、质量等约束下的双渠道供应链决策模型，基于特定产业（比如农产品、消费类电子产品）的双渠道供应链协调不多；此外，零售商双渠道供应链协调的研究暂时较少，渠道协调的机制可以考虑针对这几个方向展开研究。对比传统渠道供应链扰动管理的研究，双渠道供应链扰动协调的文献较少，而且这些文献主要是针对制造商双渠道进行分析，而突发事件导致零售商双渠道扰动的决策与协调问题以及O2O条件下的同价机制供应链应急决策与协调还暂时未有相关研究。从系统研究的角度看，本书针对渠道的供应链应急决策与协调机制的研究是对供应链协调理论与供应链应急管理理论的结合，是对这两种供应链管理研究的有益补充。

1.4　研究内容与技术路线

1.4.1　研究内容

供应链协调研究中，除了考虑契约的变化以外，渠道结构也是研究者重点考虑的方向，而双渠道供应链中，建立电子渠道的一方将逐渐拥有一定的话语权，或者是在渠道竞争中占有了一席之地，如图1-1所示，双渠道供应链的研究范围很广，本书主要从制造商建立电子渠道、零售商建立电子渠道、O2O的业务模式以及制造商建立跨境渠道等四个方面进行研究。

图 1-1 渠道结构的研究视角

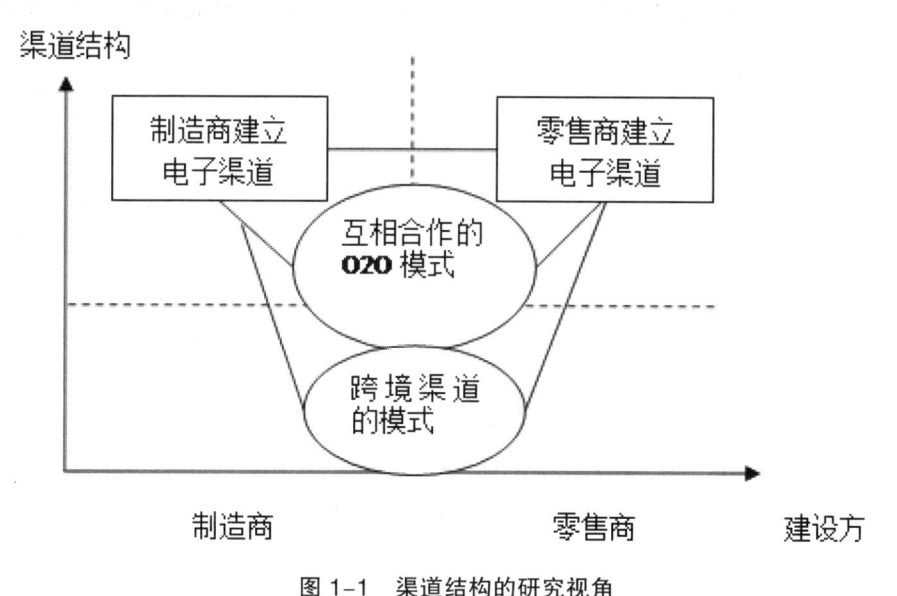

（1）制造商建立电子渠道下渠道价格竞争的供应链应对管理研究。

此部分通过对制造商构建电子渠道的供应链环境下基于扰动的双渠道供应链应急决策与协调问题进行研究，主要研究三个内容。首先，由于双渠道供应链存在渠道之间的价格替代效应，而价格替代系数会随着网络事件等突发事件的产生而发生扰动，比如，支付宝在突然被限制无法一次支付大额的网购后，线上线下渠道之间的价格替代系数就会发生扰动，所以本书考虑双渠道之间的渠道价格替代系数面临消费者需求规模、制造商生产成本以及双渠道价格替代系数同时发生扰动时的双渠道供应链应急决策和协调策略；其次，由于电子渠道的建立，一些短生命周期产品（比如农产品）在不同渠道的流通时间是不一样的，这些短生命周期产品在渠道的路途时间不同，因此本书研究产品在渠道的流通过程中随着时间产生路途损耗时，当面临着路途时间扰动或需求和成本扰动时的双渠道供应链的应急策略；最后，传统零售商在制造商致力于建设电子渠道时不会目睹消费者需求被电子渠道蚕食，因此传统零售商也会采用各种办法进行线下的促销，这些促销行为会影响到消费者的渠道选择和需求，如何在零售商存在促销的条件下，对制造商双渠道供应链面临着需求和生产成本扰动时的应急决策与协调也是本书要研究的内容。以上三个细分研究内容构成了本书的三个章节，分别是第二章"需求、成本和替代系数扰动下的双渠道供应链应对管理"、第三章"需求、成本和路途损耗扰动下的双渠道供应链应对管理"以及第四章"需求和成本扰动下考虑促销的双渠道供应链应对管理"。

（2）零售商建立电子渠道下渠道价格竞争的供应链应对管理研究。

此部分通过零售商构建电子渠道情形下的双渠道供应链，研究在需求和生产成本扰动下，双渠道供应链应对突发事件的应急决策与协调方法，由于零售商双渠道也是双渠道结构中一个重要组成部分，虽然供应链成员之间的协调契约类似于单渠道供应链，但是，由于存在渠道之间的双边际效应，零售商必须在电子渠道和传统渠道之间做出优化，使得存在内部渠道竞争的零售商双渠道供应链能够有一定的抗突发事件能力，同时本书对零售商双渠道条件下的供应链博弈主导方进行了区分，有别于以往的双渠道应急协调研究。本部分的研究内容构成了本书的第五章"需求和成本扰动下的零售商双渠道供应链应对管理"与第六章"需求和成本扰动下强势零售商双渠道供应链应对管理"。

（3）渠道价格协同的O2O渠道供应链应对管理研究。

一般来说，双渠道供应链研究的是渠道之间价格竞争引起的消费者需求变化，随着互联网的发展与普及，线上线下同价营销定价模式的出现使得传统的渠道价格竞争模式出现了巨大的变化，制造商和零售商之间除了价格竞争以外也能存在定价的协同，或者是转变成基于服务的线上线下竞争模式，此部分通过研究O2O环境下的双渠道供应链应急决策方法，考虑了线上线下同价模式下的双渠道供应链应对突发事件造成的扰动，以及考虑服务竞争的O2O供应链应对突发事件带来的需求和服务替代系数同时扰动的情形。本部分的研究内容构成了本书的第七章"需求和成本扰动下的同价双渠道供应链应对管理"与第八章"需求和服务替代系数扰动下的O2O供应链应对管理"。

（4）建立跨境供应链渠道下的供应链应对管理研究。

突发事件带来的汇率和税率剧烈扰动给经济全球化带来了不利影响，这些扰动导致的巨大风险给跨境供应链管理带来了严峻的挑战，如何协调应对突发的税率和汇率扰动，将成为每一条跨境供应链所面临的棘手问题。全球供应链时代给企业运营带来了新的问题和风险因素，汇率扰动、税率扰动等成为扰动因子，显然与传统的供应链扰动身处的市场环境存在本质不同，汇率扰动是研究跨境供应链管理最主要的研究内容之一，汇率问题是研究跨境供应链的基础，此部分是对相关前面几章研究的进一步深入挖掘，构建后期能够拓展成汇率税率双因素扰动的基础模型，主要考虑突发事件造成跨境供应链制造商所在国和销售商所在国之间的外币汇率发生扰动，供应链就会面临着巨大的风险。本部分具体研究内容从单渠道供应链结构出发，考虑制造商和零售商的主导权，构建汇率扰动下的跨境供应链应急决策模型并优化，研究汇率扰动后的跨境供应链中制造商生产、鲁棒性、批发定价、零售商服务水平、提前期、产品定价等方面。本部分的研究内容构成了本书的第九章"需求和汇率扰动下的跨境供应链应对管理"。

具体研究框架如图 1-2 所示。

```
第一章 供应链扰动应对管理研究概述
    │
    ├──────────────────────────┐
    ▼                          ▼
第二章 需求、成本和替代系数扰动下的    第五章 需求和成本扰
双渠道供应链扰动应对管理              动下的零售商双渠道
                                  供应链应对管理
    │
    ├──────────┐                  │
    ▼          ▼                  ▼
第三章 需求、成本  第四章 需求和成本     第六章 需求和成本
和路途损耗扰动下的  扰动下考虑促销的     扰动下强势零售商双
双渠道供应链扰动应  双渠道供应链应对     渠道供应链应对管理
对管理            管理

        价格协同
           │
           ▼
第七章 需求和成本扰动下的
同价双渠道供应链应对管理

制造商建立电子渠道         零售商建立电子渠道
（价格竞争）              （价格竞争）

第八章 需求和服务替代系数
扰动下的 O2O 供应链应对管理

第九章 需求和汇率扰动下的
跨境供应链应对管理

第十章 结论与未来研究展望
```

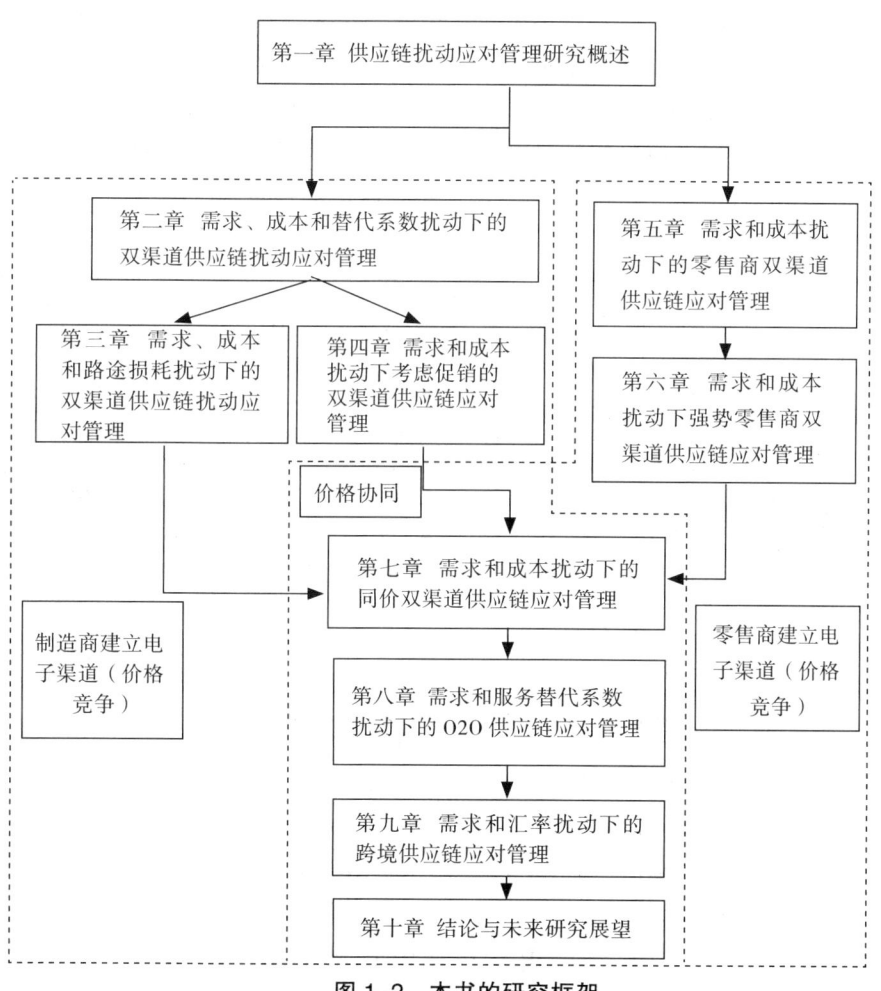

图 1-2　本书的研究框架

1.4.2 技术路线

本书的技术路线主要由供应链扰动应对管理的概念界定、建立扰动下的不同渠道模式的供应链数学模型、设计不同的协调策略、运用数值仿真分析等方面组成。

具体路线：首先，了解现阶段电子商务供应链的企业现状及供应链上下游企业的竞合策略与方法，提出感兴趣的问题，探索研究背景和研究意义，查阅供应链管理和应急管理的相关国内外文献，然后对相关的供应链理论进行综述，包括供应链协调、双渠道供应链、应急供应链等三方面，探索研究的具体内容，并确定了以制造商双渠道供应链应急决策与协调为主，结合零售商双渠道供应链应急决策与协调，再到线上线下融合的O2O渠道供应链协调应对扰动管理，全面把握渠道供应链的各种运作情况，最后考虑了跨境因素，并考虑不同的扰动应对策略。通过数值仿真，使研究更加具有实际价值。

具体研究技术路线如图1-3所示。

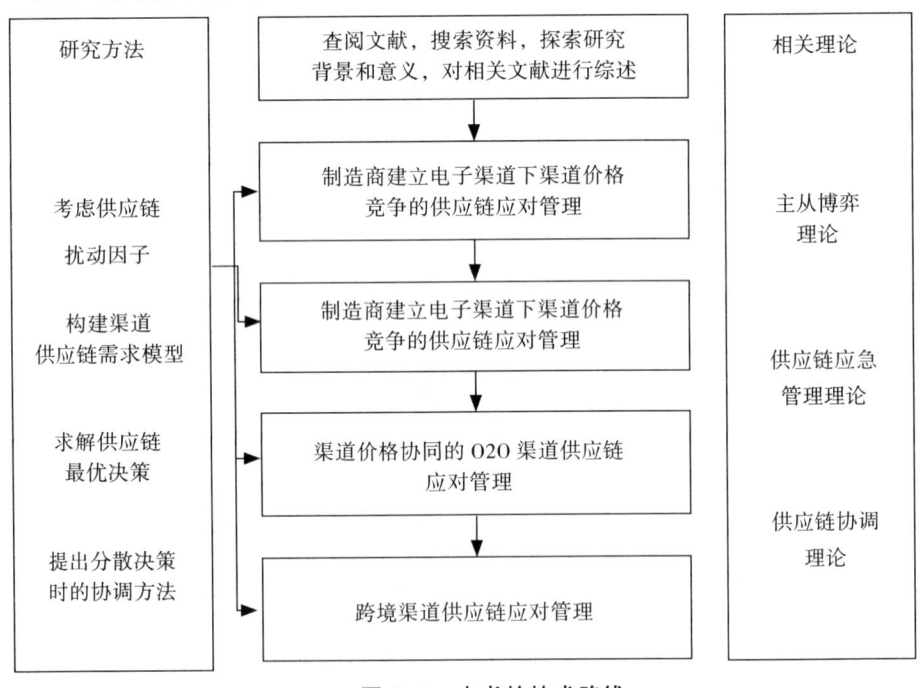

图1-3 本书的技术路线

制造商双渠道篇

第二章　需求、成本和替代系数扰动下的双渠道供应链应对管理

双渠道供应链研究随着电子商务的发展而逐渐成为供应链研究的一个热点问题，然而，双渠道供应链中由于存在渠道之间的竞争，以及供应链上下游之间的竞争，使得研究的问题变得较为复杂，平稳状态下的双渠道供应链的协调策略已经难以应对现阶段供应链组织所面对的各种突发事件，研究双渠道供应链的应急决策与协调非常必要。由于存在渠道间的价格竞争，渠道间的价格替代系数成为影响双渠道供应链决策的一个关键因素，而价格替代系数会因为突发事件而产生扰动。

2.1　引　言

当制造商的生产计划已经制定，突发事件将导致供应链环境发生变化，从而导致扰动的产生，使得平稳状态下的供应链协调策略难以适应突变下的供应链系统。在供应链应急管理研究中，以单渠道的研究居多，从渠道结构来看，渠道竞争下的供应链扰动管理也有一些相关文献对其进行研究。Xiao[145]研究了需求扰动下一个制造商面对两个竞争零售商的供应链协调。除此之外，针对古诺竞争博弈和伯特兰德竞争博弈下存在竞争零售商的供应链应对突发事件问题也有一些相关的研究。这些基于渠道竞争的供应链扰动管理研究一般考虑零售渠道间存在着静态博弈，可以简化利润函数的运算。由于制造商作为供应链的主导方拥有自营电子渠道，动态博弈更能描述双渠道供应链的渠道竞争，据此，曹二保等[165]研究通过改进收益共享契约协调需求扰动下的双渠道供应链。此外还有黄松等[163]研究了需求和生产成本同时扰动下的双渠道供应链决策问题，给出了相应的制造商生产计划决策区域。

供应链突发事件扰动管理的研究文献中,一般考虑突发事件造成供应链消费者需求或制造商生产成本发生扰动,很多研究者也是以此为背景进行研究。然而,双渠道供应链由于其独特的特点决定了供应链中存在着渠道间的相互影响,例如,TCL公司自营电子渠道,而在传统渠道采用了分销商的模式,其生产基地遍布国内各个地方,2011年电视机的3D技术壁垒被突破,使得大屏3D电视的成本大幅度下降,同时当年的"双十一"活动使得消费者需求实现了井喷,支付宝等电子支付的通道也被打通,很多消费者从传统渠道转移到电子渠道购物,使得双渠道之间的价格替代系数发生突变,TCL公司把握住这样的机会,实现了多媒体电子业务(彩电等产品)的扭亏为赢。

信息技术的不断进步使得消费者在实体店购物时,喜欢拿出手机比对网上价格,如果价格存在一定差异,就会通过网络下单。商家的各种营销手段也使得消费者的价格敏感系数不断变化。京东苏宁大战、滴滴和快的打车软件抢单等基于互联网营销的突发事件广泛存在,使得消费者对电子渠道和传统渠道的价格差异更为敏感,消费者的渠道间的价格替代系数发生了突变。当突发事件导致消费者需求、制造商生产成本以及渠道间的替代系数发生扰动时,供应链如何应对这类复杂的环境参数变化,值得人们思考和研究。因此,本章以需要一定生产周期的短生命周期产品为研究对象,建立存在制造商自营电子渠道的双渠道供应链模型,当供应链成员间的博弈为制造商主导下的Stackelberg博弈时,研究突发事件导致消费者需求的规模、制造商单位生产成本、电子渠道及传统渠道之间的价格替代系数同时发生扰动时的双渠道供应链,计算出一体化供应链的最优决策参数,并设计出利润共享契约协调多因素同时扰动下的分散决策双渠道供应链。

2.2 基本模型

2.2.1 基本决策模型

一条二阶段的双渠道供应链存在一个制造商和一个传统零售商,制造商除了通过传统渠道给零售商供货,同时也拥有自营的电子零售渠道,假设市场整体需求规模为$a(a>0)$,电子渠道的需求比例为$\mu(0<\mu<1)$,单位制造成本为$c_m(c_m>0)$,电子渠道的销售价格为p_d,传统渠道零售商的销售价格为p_r,电子渠道和传统渠道之间存在一定的价格竞争关系，替代系数为$\theta(0<\theta<1)$。可以构建双渠道供应链函数，其中，电子渠道和传统渠道面临的需求函数分别为

$$\begin{cases} q_d = \mu a - p_d + \theta p_r \\ q_r = (1-\mu)a - p_r + \theta p_d \end{cases} \quad (2-1)$$

因此，可以得到供应链的最优利润为

$$\begin{cases} \Pi = (p_d - c_m)(\mu a - p_d + \theta p_r) + (p_r - c_m)((1-\mu)a - p_r + \theta p_d) \\ (\bar{p}_d, \bar{p}_r) \in \arg\max \Pi(p_d, p_r) \end{cases} \quad (2-2)$$

函数$\Pi(p_d, p_r)$的黑塞矩阵为负定矩阵，$\Pi(p_d, p_r)$是关于(p_d, p_r)的严格可微凹函数。

求解二阶条件，可以得到电子渠道和传统渠道最优价格为

$$\begin{cases} \bar{p}_d = \dfrac{\theta a + (1-\theta)\mu a + (1-\theta^2)c_m}{2(1-\theta^2)} \\ \bar{p}_r = \dfrac{(1-\mu)a + \theta\mu a + (1-\theta^2)c_m}{2(1-\theta^2)} \end{cases} \quad (2-3)$$

电子渠道和传统渠道的最优销售数量为

$$\begin{cases} \bar{q}_d = \dfrac{\mu a - (1-\theta)c_m}{2} \\ \bar{q}_r = \dfrac{(1-\mu)a - (1-\theta)c_m}{2} \end{cases} \quad (2-4)$$

双渠道供应链总利润为

$$\Pi = \frac{(1-\theta)c_m^2 - ac_m}{2} + \frac{a^2}{8(1-\theta)} + \frac{a^2(1-2\mu)^2}{8(1+\theta)} \quad (2-5)$$

2.2.2 平稳状态下的供应链协调策略

假设制造商和零售商之间存在 Stackelberg 博弈，零售商确定线下零售价格p_r，制造商确定批发价格w和线上零售价格p_d，当存在双渠道供应链分散决策时，零售商的利润函数为

$$\pi_r = (p_r - w)q_r \quad (2-6)$$

制造商的利润函数为

$$\pi_m = (p_d - c_m)q_d + (w - c_m)q_r \quad (2-7)$$

采用利润共享契约协调双渠道供应链，制造商和零售商双方事先确定一定的利润共享比例ϕ,$(0 \leqslant \phi < 1)$，制造商以批发价格w^{RS}销售给零售商，并获得零售商利润的比例为ϕ，同时，制造商宣布的在线零售价格为$p_d^{RS} = \overline{p}_d$。

定理2-1：批发价格契约状态下的双渠道供应链无法实现平稳状态的协调，当存在利润共享契约(w^{RS}, ϕ)时，供应链可以实现协调，此时的批发价格为

$$w^{RS} = \frac{(\mu + \theta - \theta\mu)\theta a}{2(1-\theta^2)} + \frac{(2-\theta)c_m}{2} \quad (2-8)$$

利润共享比例$0.5 \leqslant \phi \leqslant 0.75$，同时，制造商宣布的在线零售价格$p_d^{RS} = \overline{p}_d$。

证明：

批发价格契约下，零售商根据制造商的批发价格和线上零售价格，确定线下零售价格和采购数量，依据主从博弈原理，可以得到零售商关于批发价格w和线上零售价格p_d的反应函数为

$$p_r = \frac{(1-\mu)a + \theta p_d + w}{2} \quad (2-9)$$

将其代入制造商利润函数，求最优解得到：

电子渠道零售价格为

$$p_d^0 = \frac{a\theta}{2(1-\theta^2)} + \frac{a\mu}{2(1+\theta)} + \frac{c_m}{2} = \overline{p}_d \quad (2-10)$$

传统渠道零售价格为

$$p_r^0 = \frac{3(1-\mu)a + \theta(1+\mu)a}{4(1-\theta^2)} + \frac{c_m(1+\theta)}{4} \quad (2-11)$$

批发价格为

$$w^0 = \frac{a}{2(1-\theta^2)} - \frac{a\mu}{2(1+\theta)} + \frac{c_m}{2} \quad (2-12)$$

可以求得批发价格契约下零售商利润为

$$\pi_r^0 = \frac{((1-\mu)a - (1-\theta)c_m)^2}{16} \quad (2-13)$$

制造商利润为

$$\pi_m^0 = \frac{((\theta + \mu - \theta\mu)a - (1-\theta^2)c_m)^2}{4(1-\theta^2)} + \frac{((1-\mu)a - (1-\theta)c_m)^2}{8} \quad (2-14)$$

由于最优利润与批发价格契约下的供应链总利润差为

$$\bar{\Pi} - \pi_m^0 - \pi_r^0 = \frac{((1-\mu)a - (1-\theta)c_m)^2}{16} > 0 \qquad (2\text{-}15)$$

因此，批发价格契约下分权决策无法实现供应链协调。

当存在利润共享契约时，零售商的利润函数为

$$\pi_r^{RS} = (1-\phi)(p_r - w)((1-\mu)a - p_r + \theta p_d) \qquad (2\text{-}16)$$

求解 $p_r^{RS} = \frac{(1-\mu)a + \theta p_d + w^{RS}}{2} = \bar{p}_r$，得到：

$$w^{RS} = \frac{(\mu + \theta - \theta\mu)\theta a}{2(1-\theta^2)} + c_m - \frac{\theta c_m}{2} \qquad (2\text{-}17)$$

此时，零售商利润为

$$\pi_r^{RS} = (1-\phi)\frac{((1-\mu)a - (1-\theta)c_m)^2}{4} \qquad (2\text{-}18)$$

制造商利润为

$$\pi_m^{RS} = \frac{((\theta + \mu - \theta\mu)a - (1-\theta^2)c_m)^2}{4(1-\theta^2)} + \phi\frac{((1-\mu)a - (1-\theta)c_m)^2}{4} \qquad (2\text{-}19)$$

由于 $\pi_m^{RS} + \pi_r^{RS} = \bar{\Pi}$，考虑到帕累托改进，$\pi_r^{RS} \geq \pi_r^0$，$\pi_m^{RS} \geq \pi_m^0$，因此可以求出利润共享系数 ϕ 的取值范围为 [0.5, 0.75]。

证毕。

2.3 需求、成本和渠道替代系数同时扰动下的供应链集中决策

突发事件的种类有很多，地震、洪水、台风等突发自然灾害，恐怖袭击等人为事件，非典等突发公共卫生事件都是在短时间内发生，并造成巨大影响。此外，信息技术进步、法律法规的突然变化等事件也会对双渠道供应链造成影响，导致扰动发生。当突发事件使得平稳的双渠道供应链面临着消费者市场规模、生产成本以及消费者的渠道替代系数同时发生变化，双渠道供应链将如何应对？考虑消费者的渠道替代系数变化主要发现某些突发事件，特别是网络事件，会造成消费者对渠道间的价格反应系数产生突变。假设市场规模变化量为

$\Delta a(\Delta a > -a)$,制造商的单位生产成本的变化量为$\Delta c(\Delta c > -c_m)$,消费者渠道替代系数的变化量为$\Delta\theta(-\theta < \Delta\theta < 1-\theta)$,本章采用$\tilde{X}$代表扰动后自变量$X$的决策值,后面章节中也采用同样的表述方法。

此时,制造商电子渠道的销量为

$$\tilde{q}_d = \mu(a + \Delta a) - \tilde{p}_d + (\theta + \Delta\theta)\tilde{p}_r \qquad (2-20)$$

零售商传统渠道的销量为

$$\tilde{q}_r = (1-\mu)(a + \Delta a) - \tilde{p}_r + (\theta + \Delta\theta)\tilde{p}_d \qquad (2-21)$$

总生产数量变化为

$$\tilde{q}_d + \tilde{q}_r - \bar{q}_d - \bar{q}_r \qquad (2-22)$$

假设制造商增加和减少产量的单位成本为$k_1, k_2(0 < k_1, k_2 < c_m)$,供应链的总利润为

$$\begin{aligned}\tilde{\Pi} = &(\tilde{p}_d - c_m - \Delta c)\tilde{q}_d + (\tilde{p}_r - c_m - \Delta c)\tilde{q}_r \\ &- k_1(\tilde{q}_d + \tilde{q}_r - \bar{q}_d - \bar{q}_r)^+ - k_2(\bar{q}_d + \bar{q}_r - \tilde{q}_d - \tilde{q}_r)^+\end{aligned} \qquad (2-23)$$

其中$(x)^+ = \max(x, 0)$。

函数(2-23)中第三项为增加产量带来的成本,第四项为减少产量带来的成本。

当$\tilde{q}_d + \tilde{q}_r \geq \bar{q}_d + \bar{q}_r$时,供应链的总利润变成

$$\tilde{\Pi}_1 = (\tilde{p}_d - c_m - \Delta c)\tilde{q}_d + (\tilde{p}_r - c_m - \Delta c)\tilde{q}_r - k_1(\tilde{q}_d + \tilde{q}_r - \bar{q}_d - \bar{q}_r) \qquad (2-24)$$

当$\tilde{q}_d + \tilde{q}_r \leq \bar{q}_d + \bar{q}_r$时,供应链的总利润变成

$$\tilde{\Pi}_2 = (\tilde{p}_d - c_m - \Delta c)\tilde{q}_d + (\tilde{p}_r - c_m - \Delta c)\tilde{q}_r - k_2(\bar{q}_d + \bar{q}_r - \tilde{q}_d - \tilde{q}_r) \qquad (2-25)$$

由于供应链的总利润$\tilde{\Pi}_1, \tilde{\Pi}_2$均为零售价格$(\tilde{p}_d, \tilde{p}_r)$的严格可微凹函数,因此可以求出最优渠道零售价格,存在三种情形。

2.3.1 制造商增加生产计划时的供应链决策

当双渠道供应链面临着市场规模、生产成本以及渠道间价格替代系数三个因素同时扰动时,供应链集中决策下,制造商作为供应链的主导方必须做出相应的判断,如果最优决策指向供应链应该增加销量,制造商可以采用增加生产

计划或者在现货市场紧急外购的方式，无论是增加生产计划还是紧急采购，都需要增加相应的处理成本，本章假设制造商采用增加生产计划的方式来应对销量的增加。

求解增加产量时的双渠道供应链利润函数：

$$\tilde{\Pi} = (\tilde{p}_d - c_m - \Delta c)\tilde{q}_d + (\tilde{p}_r - c_m - \Delta c)\tilde{q}_r - k_1(\tilde{q}_d + \tilde{q}_r - \bar{q}_d - \bar{q}_r) \quad (2-26)$$
$$\text{s.t.} \quad \tilde{q}_d + \tilde{q}_r \geq \bar{q}_d + \bar{q}_r$$

可以得到，当 $\Delta a \geq 2(k_1 + \Delta c)(1 - \theta - \Delta\theta) - 2\Delta\theta c_m$ 时，电子渠道和传统渠道的市场销售价格为

$$\begin{cases} \tilde{p}_{d1}^* = \dfrac{c_m + \Delta c + k_1}{2} + \dfrac{(a + \Delta a)(\theta + \Delta\theta + \mu(1 - \theta - \Delta\theta))}{2[1 - (\theta + \Delta\theta)^2]} \\ \tilde{p}_{r1}^* = \dfrac{c_m + \Delta c + k_1}{2} + \dfrac{(a + \Delta a)(1 - \mu(1 - \theta - \Delta\theta))}{2(1 - (\theta + \Delta\theta)^2)} \end{cases} \quad (2-27)$$

电子渠道和传统渠道的销量为

$$\begin{cases} \tilde{q}_{d1}^* = \bar{q}_d + \dfrac{\mu\Delta a + \Delta\theta c_m - (\Delta c + k_1)(1 - \theta - \Delta\theta)}{2} \\ \tilde{q}_{r1}^* = \bar{q}_r + \dfrac{(1 - \mu)\Delta a + \Delta\theta c_m - (\Delta c + k_1)(1 - \theta - \Delta\theta)}{2} \end{cases} \quad (2-28)$$

2.3.2 制造商减少生产计划时的供应链决策

如果最优决策指向供应链应该减少销量，由于产品是短生命周期产品，制造商无法长时间持有产成品，故制造商必须更改生产计划，减少生产数量，或者将多余的产品卖到二级市场，无论是减少生产计划还是卖给二级市场，都需要增加相应的处理成本。

$$\tilde{\Pi} = (\tilde{p}_d - c_m - \Delta c)\tilde{q}_d + (\tilde{p}_r - c_m - \Delta c)\tilde{q}_r - k_2(\bar{q}_d + \bar{q}_r - \tilde{q}_d - \tilde{q}_r) \quad (2-29)$$
$$\text{s.t.} \quad \tilde{q}_d + \tilde{q}_r \leq \bar{q}_d + \bar{q}_r$$

可以得到，当 $\Delta a \leq 2(\Delta c - k_2)(1 - \theta - \Delta\theta) - 2\Delta\theta c_m$ 时，电子渠道和传统渠道的市场销售价格为

$$\begin{cases} \tilde{p}_{d3}^* = \dfrac{c_m + \Delta c - k_2}{2} + \dfrac{(a + \Delta a)(\theta + \Delta\theta + \mu(1 - \theta - \Delta\theta))}{2(1 - (\theta + \Delta\theta)^2)} \\ \tilde{p}_{r3}^* = \dfrac{c_m + \Delta c - k_2}{2} + \dfrac{(a + \Delta a)(1 - \mu(1 - \theta - \Delta\theta))}{2(1 - (\theta + \Delta\theta)^2)} \end{cases} \quad (2-30)$$

电子渠道和传统渠道的销量为

$$\begin{cases} \tilde{q}_{d3}^* = \bar{q}_d + \dfrac{\mu\Delta a + \Delta\theta c_m - (\Delta c - k_2)(1-\theta-\Delta\theta)}{2} \\ \tilde{q}_{r3}^* = \bar{q}_r + \dfrac{(1-\mu)\Delta a + \Delta\theta c_m - (\Delta c - k_2)(1-\theta-\Delta\theta)}{2} \end{cases} \quad (2\text{-}31)$$

2.3.3 制造商不改变生产计划时的供应链决策

由于生产计划有一定的鲁棒性，制造商增加生产计划或者减少生产计划都需要增加相应的处理成本，而在一定的扰动范围内，制造商可以不改变产量，如果能够得到不改变产量的扰动范围，无疑为供应链应对突发事件带来的扰动因素带来了非常好的量化结果。

求解利润函数：

$$\tilde{\Pi} = (\tilde{p}_d - c_m - \Delta c)\tilde{q}_d + (\tilde{p}_r - c_m - \Delta c)\tilde{q}_r \quad (2\text{-}32)$$

$$\text{s.t.} \tilde{q}_d + \tilde{q}_r = \bar{q}_d + \bar{q}_r$$

可以得到，当 $2(\Delta c - k_2)(1-\theta-\Delta\theta) - 2\Delta\theta c_m < \Delta a < 2(k_1 + \Delta c)(1-\theta-\Delta\theta) - 2\Delta\theta c_m$ 时，

$$\tilde{q}_d + \tilde{q}_r = \bar{q}_d + \bar{q}_r, \tilde{p}_{d2} = \dfrac{a + \Delta a + (1-\theta)c_m}{2(1-\theta-\Delta\theta)} - \tilde{p}_{r2} \quad (2\text{-}33)$$

电子渠道和传统渠道的市场销售价格为

$$\begin{cases} \tilde{p}_{d2}^* = \dfrac{(1-\theta)(\theta+\Delta\theta)c_m}{(1-(\theta+\Delta\theta)^2)} - \dfrac{a + 2\Delta a - \mu(a+\Delta a)(1-\theta-\Delta\theta)}{2(1-(\theta+\Delta\theta)^2)} + \dfrac{a + 2\Delta a}{2(1-\theta-\Delta\theta)} \\ \tilde{p}_{r2}^* = \dfrac{(1-\theta)c_m}{(1-(\theta+\Delta\theta)^2)} + \dfrac{a + 2\Delta a - \mu(a+\Delta a)(1-\theta-\Delta\theta)}{2(1-(\theta+\Delta\theta)^2)} \end{cases} \quad (2\text{-}34)$$

电子渠道和传统渠道的销量为

$$\begin{cases} \tilde{q}_{d2}^* = \dfrac{\mu(a+\Delta a)}{2} \\ \tilde{q}_{r2}^* = \dfrac{(1-\mu)a - \mu\Delta a - 2(1-\theta)c_m}{2} \end{cases} \quad (2\text{-}35)$$

定理 2-2：以 Δa、Δc、$\Delta\theta$ 为轴线，定义曲面 $\Delta a = 2(k_1 + \Delta c)(1-\theta-\Delta\theta) - 2\Delta\theta c_m$ 和曲面 $\Delta a = 2(\Delta c - k_2)(1-\theta-\Delta\theta) - 2\Delta\theta c_m$，可以将扰动变量三维决策空间分为三个区域。如图 2-1 所示，当扰动的范围在区域 D_1 内时，制造商应该增加

生产计划，在区域D_2内时，制造商不改变生产计划，在区域D_3内时，制造商减少生产计划。

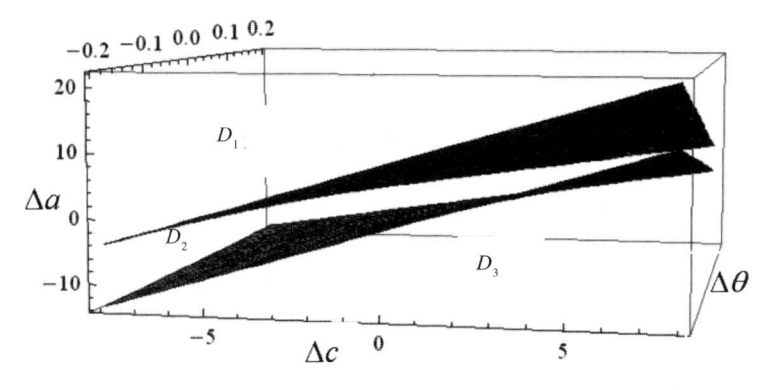

图 2-1 多因素扰动下的双渠道供应链决策区域

在供应链集中决策下，双渠道供应链面临消费者市场需求规模、生产成本和替代系数同时扰动时，电子渠道的市场销售价格为

$$\tilde{p}_d^* = \begin{cases} \dfrac{c_m + \Delta c + k_1}{2} + \dfrac{(a+\Delta a)(\theta + \Delta\theta + \mu(1-\theta-\Delta\theta))}{2(1-(\theta+\Delta\theta)^2)}, \Delta \in D_1 \\ \dfrac{(1-\theta)(\theta+\Delta\theta)c_m}{1-(\theta+\Delta\theta)^2} - \dfrac{a+2\Delta a - \mu(a+\Delta a)(1-\theta-\Delta\theta)}{2(1-(\theta+\Delta\theta)^2)} \\ + \dfrac{a+2\Delta a}{2(1-\theta-\Delta\theta)}, \Delta \in D_2 \\ \dfrac{c_m + \Delta c - k_2}{2} + \dfrac{(a+\Delta a)(\theta+\Delta\theta + \mu(1-\theta-\Delta\theta))}{2(1-(\theta+\Delta\theta)^2)}, \Delta \in D_3 \end{cases} \quad (2\text{-}36)$$

传统渠道的零售价格为

$$\tilde{p}_r^* = \begin{cases} \dfrac{c_m + \Delta c + k_1}{2} + \dfrac{(a+\Delta a)(1-\mu(1-\theta-\Delta\theta))}{2(1-(\theta+\Delta\theta)^2)}, \Delta \in D_1 \\ \dfrac{(1-\theta)c_m}{1-(\theta+\Delta\theta)^2} + \dfrac{a+2\Delta a - \mu(a+\Delta a)(1-\theta-\Delta\theta)}{2(1-(\theta+\Delta\theta)^2)}, \Delta \in D_2 \\ \dfrac{c_m + \Delta c - k_2}{2} + \dfrac{(a+\Delta a)(1-\mu(1-\theta-\Delta\theta))}{2(1-(\theta+\Delta\theta)^2)}, \Delta \in D_3 \end{cases} \quad (2\text{-}37)$$

电子渠道的销售数量为

$$\tilde{q}_d^* = \begin{cases} \overline{q}_d + \dfrac{\mu\Delta a + \Delta\theta c_m - (\Delta c + k_1)(1-\theta-\Delta\theta)}{2}, \Delta \in D_1 \\ \dfrac{\mu(a+\Delta a)}{2}, \Delta \in D_2 \\ \overline{q}_d + \dfrac{\mu\Delta a + \Delta\theta c_m - (\Delta c - k_2)(1-\theta-\Delta\theta)}{2}, \Delta \in D_3 \end{cases} \quad (2\text{-}38)$$

传统渠道的销售数量为

$$\tilde{q}_r^* = \begin{cases} \overline{q}_r + \dfrac{(1-\mu)\Delta a + \Delta\theta c_m - (\Delta c + k_1)(1-\theta-\Delta\theta)}{2}, \Delta \in D_1 \\ \dfrac{(1-\mu)a - \mu\Delta a - 2(1-\theta)c_m}{2}, \Delta \in D_2 \\ \overline{q}_r + \dfrac{(1-\mu)\Delta a + \Delta\theta c_m - (\Delta c - k_2)(1-\theta-\Delta\theta)}{2}, \Delta \in D_3 \end{cases} \quad (2\text{-}39)$$

供应链最优利润为

$$\tilde{\Pi}^* = \begin{cases} (1-2\mu(1-\Delta\theta-\theta)(1-\mu))\dfrac{(a+\Delta a)^2}{4(1-(\theta+\Delta\theta)^2)} \\ + \dfrac{k_1(a-(1-\theta)2c_m) - (a+\Delta a)(c_m+\Delta c+k_1)}{2} \\ + \dfrac{1}{2}(1-\Delta\theta-\theta)(c_m+\Delta c+k_1)^2, \Delta \in D_1 \\ \dfrac{2(a+\Delta a)^2 - (1+\theta+\Delta\theta)\Delta a^2}{8(1-(\theta+\Delta\theta)^2)} \\ + \dfrac{c_m(2a+(1-\theta)(\Delta a-4\Delta c)) - (a+\Delta a)^2(1-\mu)\mu}{2(1+\theta+\Delta\theta)} \\ + \dfrac{(1-\theta)c_m(2\Delta c+c_m) - a(c_m+\Delta c)}{2} \\ - \dfrac{(1-\theta)c_m^2\Delta\theta}{2(1-\theta-\Delta\theta)}, \Delta \in D_2 \\ (1-2\mu(1-\Delta\theta-\theta)(1-\mu))\dfrac{(a+\Delta a)^2}{4(1-(\theta+\Delta\theta)^2)} \\ - \dfrac{k_2(a-(1-\theta)2c_m) + (a+\Delta a)(c_m+\Delta c-k_2)}{2} \\ + \dfrac{1}{2}(1-\Delta\theta-\theta)(c_m+\Delta c-k_2)^2, \Delta \in D_3 \end{cases} \quad (2\text{-}40)$$

从定理 2-2 中可以看出：

（1）当需求、成本以及替代系数变化范围在 $\Delta a \geq 2(k_1 + \Delta c)(1 - \theta - \Delta\theta) - 2\Delta\theta c_m$ 时，制造商增加生产计划，同时制造商和零售商的销量都有所增加。

（2）当需求、成本以及替代系数变化范围在 $\Delta a \leq 2(\Delta c - k_2)(1 - \theta - \Delta\theta) - 2\Delta\theta c_m$ 时，制造商减少生产计划，同时制造商和零售商的销量都有所减少。

（3）当需求、成本以及替代系数变化范围在 $2(\Delta c - k_2)(1 - \theta - \Delta\theta) - 2\Delta\theta c_m < \Delta a < 2(k_1 + \Delta c)(1 - \theta - \Delta\theta) - 2\Delta\theta c_m$ 时，制造商不改变生产计划，双渠道供应链通过改变零售价格以及渠道的销售数量来达到供应链最优，有别于单渠道供应链应急管理中的计划不变时渠道销量不变，双渠道在面临扰动时，电子渠道和传统渠道的销量可以随着扰动产生变化，但由于生产计划不变，因此电子渠道和传统渠道的总销量不变。

2.4 需求、成本和渠道替代系数同时扰动下的利润共享契约协调

根据双渠道供应链协调的定义，双渠道供应链分散决策时供应链总利润和集中决策时相等，即实现了双渠道供应链的协调。为了同时使得供应链各成员接受协调契约，应该使得契约协调下供应链双方的利润不小于传统批发价格契约状态时的利润，即供应链成员之间实现了帕累托改进，设计利润共享契约的目的主要是实现帕累托改进。当消费者需求、制造商生产成本和渠道间的价格替代系数同时扰动时，为了实现供应链的协调，应使得分散决策下制造商的电子渠道零售价格等于集中决策下的电子渠道零售价格，并且使得此时零售商的零售价格也等于集中决策下的传统渠道零售价格，即可实现多因素扰动状态下的双渠道供应链协调。

利润共享契约下零售商利润函数为

$$\tilde{\pi}_r = (1-\phi)(\tilde{p}_r - \tilde{w})\tilde{q}_r \tag{2-41}$$

制造商的利润函数为

$$\tilde{\pi}_m = (\tilde{p}_d - c_m)\tilde{q}_d + (\tilde{w} - c_m - \Delta c)\tilde{q}_r + \phi(\tilde{p}_r - \tilde{w})\tilde{q}_r \tag{2-42}$$

根据主从博弈原理，得到零售商零售价格关于批发价格 $\tilde{w}$ 和线上零售价格 $\tilde{p}_d$ 的反应函数为

$$\tilde{p}_r = \frac{(1-\mu)(a+\Delta a)+(\theta+\Delta\theta)\tilde{p}_d+\tilde{w}}{2} \quad (2\text{-}43)$$

由于制造商是博弈的主导方，是契约的提出者，为了实现双渠道供应链的协调，制造商必须从全局出发，直接制定电子渠道的最优零售价格$\tilde{p}_d^{RS*}=\tilde{p}_d^*$。

情形 2-1：当$(\Delta a,\Delta c,\Delta\theta)\in D_1$时，令

$$w_1^{RS}=\frac{(\mu+(1-\mu)(\theta+\Delta\theta))(\theta+\Delta\theta)(a+\Delta a)}{2(1-(\theta+\Delta\theta)^2)}+\frac{(2-\theta-\Delta\theta)(c_m+\Delta c+k_1)}{2} \quad (2\text{-}44)$$

此时，$\tilde{p}_{d1}^{RS*}=\tilde{p}_{d1}^*$，$\tilde{p}_{r1}^{RS*}=\tilde{p}_{r1}^*$，双渠道供应链实现协调。同定理 2-1 的证明，利润共享系数ϕ不影响供应链总利润，利润共享比例往往是在平稳状态下事先商量好的稳定比例，因此本书沿用无扰动下的利润共享系数($0.5\leq\phi\leq0.75$)，制造商还可以通过调节利润共享系数来调整供应链成员的利润。

情形 2-2：当$(\Delta a,\Delta c,\Delta\theta)\in D_2$时，令

$$\begin{aligned}w_2^{RS}=&\frac{a+2\Delta a+2(1-\theta)c_m-\mu(a+\Delta a)(1-\theta-\Delta\theta)}{1-(\theta+\Delta\theta)^2}\\&-(1-\mu)(a+\Delta a)-\frac{(\theta+\Delta\theta)^2(a+2\Delta a)-\mu(a+\Delta a)}{2(1-(\theta+\Delta\theta)^2)}\end{aligned} \quad (2\text{-}45)$$

此时，$\tilde{p}_{d2}^{RS*}=\tilde{p}_{d2}^*$，$\tilde{p}_{r2}^{RS*}=\tilde{p}_{r2}^*$，供应链实现协调。

情形 2-3：当$(\Delta a,\Delta c,\Delta\theta)\in D_3$时，令

$$w_3^{RS}=\frac{(\mu+(1-\mu)(\theta+\Delta\theta))(\theta+\Delta\theta)(a+\Delta a)}{2(1-(\theta+\Delta\theta)^2)}+\frac{(2-\theta-\Delta\theta)(c_m+\Delta c-k_2)}{2} \quad (2\text{-}46)$$

此时，$\tilde{p}_{d3}^{RS*}=\tilde{p}_{d3}^*$，$\tilde{p}_{r3}^{RS*}=\tilde{p}_{r3}^*$，供应链实现协调。

定理 2-3：双渠道供应链所面临的需求函数如公式（2-1）所示，当供应链面临着市场规模、生产成本以及渠道间价格替代系数同时发生扰动时，采用利润共享契约(w,ϕ)可以实现分权供应链的协调，其中：

$$w^{RS} = \begin{cases} \dfrac{(\mu+(1-\mu)(\theta+\Delta\theta)](\theta+\Delta\theta)(a+\Delta a)}{2(1-(\theta+\Delta\theta)^2)} \\ +\dfrac{(2-\theta-\Delta\theta)(c_m+\Delta c+k_1)}{2}, \Delta \in D_1 \\ \dfrac{a+2\Delta a+2(1-\theta)c_m-\mu(a+\Delta a)(1-\theta-\Delta\theta)}{1-(\theta+\Delta\theta)^2} \\ -(1-\mu)(a+\Delta a) \\ -\dfrac{(\theta+\Delta\theta)^2(a+2\Delta a)-\mu(a+\Delta a)}{2(1-(\theta+\Delta\theta)^2)}, \Delta \in D_2 \\ \dfrac{(\mu+(1-\mu)(\theta+\Delta\theta))(\theta+\Delta\theta)(a+\Delta a)}{2(1-(\theta+\Delta\theta)^2)} \\ +\dfrac{(2-\theta-\Delta\theta)(c_m+\Delta c-k_2)}{2}, \Delta \in D_3 \end{cases} \quad (2\text{-}47)$$

突发事件导致需求和生产成本扰动的情况可以归纳为

（1）当$(\Delta a,\Delta c,\Delta\theta)\in D_1$时，$\Delta a \geqslant (k_1+\Delta c)(b_1+b_2)$，扰动发生后制造商增加相应的生产计划，生产计划改变的单位成本部分加入批发价格，零售商承担相应比例的改变成本。

（2）当$(\Delta a,\Delta c,\Delta\theta)\in D_3$时，$\Delta a \leqslant (\Delta c-k_2)(b_1+b_2)$，扰动发生后制造商减少相应的生产计划，根据生产计划改变的单位成本部分减少批发价格，制造商承担零售商部分相应成本。

（3）当$(\Delta a,\Delta c,\Delta\theta)\in D_2$时，$(\Delta c-k_2)(b_1+b_2)<\Delta a<(k_1+\Delta c)(b_1+b_2)$，扰动发生后制造商不需要改变生产计划，只需要根据需求和渠道价格替代系数的变化改变批发价格达到决策优化。

2.5 数值算例

假设某产品的市场规模$a=100$，电子渠道和传统渠道的替代敏感系数$\theta=0.4$，在线市场规模比例$\mu=0.3$，单位生产成本$c_m=10$，偏离计划的单位成本$k_1=k_2=3$，事先商定的利润共享系数$\phi=0.6$，通过不同情形的需求、生产成本和替代敏感系数同时扰动水平下的数值算例验证推导结果，批发价格和电子渠道以及传统渠道的零售价格可以由表2-1给出。

从表2-1中可以看出，采用利润共享契约协调下的供应链利润大于批发价格契约协调下的供应链利润，同时拥有电子渠道的制造商和零售商的利润均得到了提高。当消费者需求、制造商生产成本以及渠道间的价格替代系数发生扰动后，采用利润共享契约可以实现多因素扰动下的双渠道供应链协调。

表2-1 不同扰动水平下的双渠道供应链决策数值算例

算例编号	Δa	Δc	$\Delta \theta$	情形	p_d	p_r	w	q_d	q_r	Q	π_m	π_r	Π	Π^*
1	0	0	0	批发价格	39.52	69.81	53.81	18.4	16	34.4	1 244.19	256	1 500.19	1 756.19
2	0	0	0	利润共享	39.52	53.81	21.81	12	32	44	1 346.59	409.6	1 756.19	1 756.19
3	20	2	0.2	情形2-1	75	90	51	15	39	54	3 378.6	608.4	3 987	3 987
4	10	4	0.1	情形2-2	55	77	49.5	16.5	27.5	44	2 106.5	302.5	2 409	2 409
5	-10	-2	-0.1	情形2-3	27.72	41.57	11.82	11.8	29.75	41.5	876.26	354.03	1 230.29	1 230.29

2.6 本章小结

本章研究了由一个拥有电子渠道的制造商以及一个拥有传统渠道的零售商组成的二阶段双渠道供应链，双渠道供应链中存在着渠道价格竞争，制造商和零售商之间存在 Stackelberg 博弈。当双渠道供应链处于平稳状态时，由于存在双边际效应，批发价格契约无法实现供应链的协调，而平稳状态下的利润共享契约可以实现帕累托改进与供应链协调；当突发事件导致供应链的市场需求规模、制造商生产成本以及电子渠道和传统渠道之间的替代系数发生同时扰动时，在一体化集中决策下通过 KKT 条件计算出双渠道供应链的最优销售价格、销售数量以及利润，将多因素扰动后的制造商生产决策区域划分出来，在鲁棒区域（区域 D_2）内，制造商可以不改变生产计划，但需要改变渠道价格和产品数量，当扰动带来的影响较大（区域 D_1, D_3）时，制造商还必须改变生产计划。在分权决策下，研究还设计出了新的利润共享契约可以实现多因素扰动下的双渠道供应链应急协调。

第三章 需求、成本和路途损耗扰动下的双渠道供应链应对管理

生鲜农产品是一种非常典型的短生命周期产品，其易逝品的特点非常明显，这个特点决定了随着路途时间的存在，如水果、蔬菜、海鲜等产品在路途中将会发生一定比例的损耗。随着时间的推移，有些产品在运输和仓储过程中会发生挥发、变质等现象，从而造成部分产品无法销售。双渠道供应链中由于渠道的不同，电子渠道和传统渠道下的产品在渠道内的流通时间和损耗比例是不同的，而突发事件导致供应链扰动下有路途损耗的短生命周期产品的协调问题变得更为复杂和敏感。

3.1 引 言

早期互联网购物的对象主要是服装、消费类电子产品等易保存及运输的商品以及电影票、住宿、门票、机票等服务类的 O2O 产品。随着冷链物流的发展和信息系统升级带来供应链响应速度的提高，冰鲜产品等易逝品的双渠道销售开始快速发展，制造商、零售商乃至物流服务提供商根据自身的特点开始搭建电子渠道来拓展此类业务，众多大型生鲜食品生产企业建立自营网络销售平台或在天猫等电子商务平台上开设自营旗舰店，零售商也加入生鲜产品的在线销售，京东商城推出了鲜活农产品的电子渠道销售，与海鲜食品生产企业獐子岛的合作，使得海鲜、蔬果等平时只能在菜市场和超市中见到的生鲜食品在网上可以放心购买。褚时健的励志橙"褚橙"也是采用了经典双渠道销售模式，褚橙的销售除了通过传统商超销售以外，自营电子商务渠道也为褚橙带来了非常好的销售业绩，网络热炒，以及当地政府提供的便利条件，使得褚橙在需求

上突增，而在成本上得到了改善，路途时间也随着顺丰等物流服务提供商的进步大大减少。

短生命周期产品的最大问题是无法长时间保存，或者是产品会在路途中发生损耗，考虑路途损耗的供应链协调主要是从农产品供应链的角度进行研究的。肖勇波等[166]针对远距离运输时鲜活农产品变质风险进行研究，设计了成本分担的机制。陈军和但斌[167]在供应链模型中引入了实体损耗，分析了存在时间相关损耗的生鲜农产品的供应链协调机制，提出了与时间相关的损耗模型。林略等[168]研究了收益共享契约协调下的三级生鲜农产品供应链。王婧和陈旭[169]将流通损耗与期权订货结合起来，分析了生鲜产品的供应链决策。林略等[170]还将时间约束作为变量，考虑生鲜农产品的生命周期，研究了三级供应链下的协调策略。但斌等[171]从天气和投入会影响农产品产出的角度出发，提出了天气与投入影响产量以及质量的供应链决策模型。有路途损耗的短生命周期产品的双渠道供应链如何应对各种扰动因素？本章针对有路途损耗的双渠道供应链短生命周期产品的特点，构建了双渠道供应链模型，并考虑需求和成本同时扰动，以及需求和路途损耗同时扰动的情形，设计出契约协调此类产品的双渠道供应链。

3.2 基本模型

假设供应链存在一个拥有线上销售渠道的制造商和一个线下零售商，市场整体需求为 a，电子渠道的需求比例为 $\mu(0<\mu<1)$，单位生产成本为 c_m，制造商的电子渠道的销售价格为 p_d，零售商的传统渠道销售价格为 p_r，渠道间的价格替代系数为 $\theta(0<\theta<1)$，构建需求函数为

$$\begin{cases} D_d = \mu a - p_d + \theta p_r \\ D_r = (1-\mu)a - p_r + \theta p_d \end{cases} \quad (3-1)$$

考虑易逝品的特点，定义产品的有效生命周期为 T，$0 \leq t_i \leq T(i=d,r)$，运输过程中变化的损耗比例系数 $\varphi(t_i) = e^{t_i \frac{\ln 2}{T}} - 1 (i=d,r)$，则与运输时间有关的有效产品比例因子 $\beta(t_i) = 1 - \varphi(t_i) = 2 - e^{t_i \frac{\ln 2}{T}}, (i=d,r)$，$\beta(t_i) \in [0,1]$。为了简化数学表达式，令 $\beta_i = \beta(t_i)(i=d,r)$，假设制造商电子渠道的运输时间为 t_d，制造商应

为在线渠道准备的供应量为 $q_d = \dfrac{D_d}{\beta_d}$，当零售商传统渠道需求量为 D_r，运输时间为 t_r 时，零售商在利润最大化目标下，向制造商订购 $q_r = \dfrac{D_r}{\beta_r}$。

可以得到双渠道供应链的利润函数为

$$\Pi = p_d(\mu a - p_d + \theta p_r) + p_r((1-\mu)a - p_r + \theta p_d) \\ - c_m\left(\dfrac{\mu a - p_d + \theta p_r}{\beta_d} + \dfrac{(1-\mu)a - p_r + \theta p_d}{\beta_r}\right) \quad (3\text{-}2)$$

利润函数的黑塞矩阵 $\boldsymbol{H} = \begin{bmatrix} -2 & 2\theta \\ 2\theta & -2 \end{bmatrix}$，其顺序主子式为 $\{-2, 4(1-\theta^2)\}$，这样 $\boldsymbol{H}$ 是负定矩阵，黑塞矩阵为负定矩阵，因此是可微凹函数。

通过求解一阶条件 $\dfrac{\partial \Pi}{\partial p_d} = \dfrac{\partial \Pi}{\partial p_r} = 0$，可以得到最优解：

$$\begin{cases} \overline{p}_d = \dfrac{\mu a + (1-\mu)a\theta}{2(1-\theta^2)} + \dfrac{c_m}{2\beta_d} \\ \overline{p}_r = \dfrac{(1-\mu)a + \mu a\theta}{2(1-\theta^2)} + \dfrac{c_m}{2\beta_r} \end{cases} \quad (3\text{-}3)$$

电子渠道和传统渠道的销量为

$$\begin{cases} \overline{D}_d = \dfrac{\mu a}{2} - \dfrac{c_m}{2\beta_d} + \dfrac{\theta c_m}{2\beta_r} \\ \overline{D}_r = \dfrac{(1-\mu)a}{2} - \dfrac{c_m}{2\beta_r} + \dfrac{\theta c_m}{2\beta_d} \end{cases} \quad (3\text{-}4)$$

电子渠道和传统渠道的发货量为

$$\begin{cases} \overline{q}_d = \dfrac{\mu a}{2\beta_d} - \dfrac{c_m}{2\beta_d^2} + \dfrac{\theta c_m}{2\beta_d \beta_r} \\ \overline{q}_r = \dfrac{(1-\mu)a}{2\beta_r} - \dfrac{c_m}{2\beta_r^2} + \dfrac{\theta c_m}{2\beta_d \beta_r} \end{cases} \quad (3\text{-}5)$$

制造商的生产数量为

$$\overline{Q} = \dfrac{\mu a}{2\beta_d} + \dfrac{(1-\mu)a}{2\beta_r} - \dfrac{b_1 c_m}{2\beta_d^2} - \dfrac{b_2 c_m}{2\beta_r^2} + \dfrac{\theta c_m}{\beta_d \beta_r} \quad (3\text{-}6)$$

供应链最优利润为

$$\bar{\Pi} = \frac{c_m^2}{4(1-\theta^2)\beta_r^2} + \frac{c_m^2}{4(1-\theta^2)\beta_d^2} - \frac{c_m(c_m\theta + a\mu\beta_r)}{2(1-\theta^2)\beta_d\beta_r}$$
$$+ \frac{(a^2\mu^2\beta_r^2 - c_m^2\theta^2 - 2ac_m(1-\mu)\beta_r)}{4(1-\theta^2)\beta_r^2}$$
$$+ \frac{(c_m\theta + (a-a\mu)\beta_d)(\beta_d(2c_m\theta^2 + a(2\theta\mu+1-\mu)\beta_r) - c_m\theta\beta_r)}{4(1-\theta^2)\beta_d^2\beta_r} \quad (3-7)$$

3.3 需求和成本同时扰动下的供应链应急决策与协调

假设供应链生产和销售的产品为短生命周期产品（易逝品）且有一定的生产准备期，当制造商已经下好生产计划后，此时突发事件导致双渠道供应链的市场规模和单位生产成本发生变化，再假设市场规模变化量为Δa，单位制造成本变化量为Δc，供应链的需求函数为

$$\begin{cases} \widetilde{D}_d = \mu(a+\Delta a) - \tilde{p}_d + \theta\tilde{p}_r \\ \widetilde{D}_r = (1-\mu)(a+\Delta a) - \tilde{p}_r + \theta\tilde{p}_d \end{cases} \quad (3-8)$$

则渠道产品分配量为

$$\tilde{q}_d = \frac{\widetilde{D}_d}{\beta_d}, \quad \tilde{q}_r = \frac{\widetilde{D}_r}{\beta_r} \quad (3-9)$$

供应链的总利润为

$$\widetilde{\Pi} = \tilde{p}_d \widetilde{D}_d + \tilde{p}_r \widetilde{D}_r - (c_m+\Delta c)(\tilde{q}_d + \tilde{q}_r)$$
$$- k_1(\tilde{q}_d + \tilde{q}_r - \bar{q}_d - \bar{q}_r)^+ - k_2(\bar{q}_d + \bar{q}_r - \tilde{q}_d - \tilde{q}_r)^+ \quad (3-10)$$

其中$(x)^+ = \max(x,0)$。

函数（3-10）中第四项为增加产量带来的成本，第五项为减少产量带来的成本。

当$\tilde{q}_d + \tilde{q}_r \geq \bar{q}_d + \bar{q}_r$时，供应链利润变成

$$\widetilde{\Pi}_1 = \tilde{p}_d \widetilde{D}_d + \tilde{p}_r \widetilde{D}_r - (c_m+\Delta c)(\tilde{q}_d + \tilde{q}_r) - k_1(\widetilde{Q} - \bar{Q}) \quad (3-11)$$

当$\tilde{q}_d + \tilde{q}_r \leq \bar{q}_d + \bar{q}_r$时，供应链利润变成

$$\widetilde{\Pi}_2 = \tilde{p}_d \widetilde{D}_d + \tilde{p}_r \widetilde{D}_r - (c_m+\Delta c)(\tilde{q}_d + \tilde{q}_r) - k_2(\bar{Q} - \widetilde{Q}) \quad (3-12)$$

由于供应链利润Π_1，Π_2均为零售价格$(\tilde{p}_d, \tilde{p}_r)$的凹函数，因此可以求出最优决策值。

3.3.1 供应链集中决策

3.3.1.1 不减少计划产量时的决策

如果双渠道供应链不减少产量，也就意味着扰动后的制造商发货量至少不小于平稳状态下的制造商发货量总和，即$\tilde{q}_d + \tilde{q}_r \geq \bar{q}_d + \bar{q}_r$。

当$\tilde{q}_d + \tilde{q}_r \geq \bar{q}_d + \bar{q}_r$时，求解函数：

$$\tilde{\Pi}_1 = \tilde{p}_d \tilde{D}_d + \tilde{p}_r \tilde{D}_r - (c_m + \Delta c)(\tilde{q}_d + \tilde{q}_r) - k_1(\tilde{q}_d + \tilde{q}_r - \bar{q}_d - \bar{q}_r) \quad (3-13)$$
$$\text{st.} \tilde{q}_d + \tilde{q}_r \geq \bar{q}_d + \bar{q}_r$$

根据Kuhn-Tucker条件，求解函数

$$\begin{cases} \dfrac{\partial \tilde{\Pi}}{\partial \tilde{p}_d} + \lambda\left(\dfrac{\theta}{\beta_r} - \dfrac{1}{\beta_d}\right) = 0, \dfrac{\partial \tilde{\Pi}}{\partial \tilde{p}_r} + \lambda\left(\dfrac{\theta}{\beta_d} - \dfrac{1}{\beta_r}\right) = 0 \\ \tilde{q}_d + \tilde{q}_r - \bar{q}_d - \bar{q}_r \geq 0 \\ \lambda(\tilde{q}_d + \tilde{q}_r - \bar{q}_d - \bar{q}_r) = 0 \\ \lambda \geq 0 \end{cases} \quad (3-14)$$

此时，供应链存在两种情形

情形3-1：若$\lambda = 0$，则当$\Delta a \geq \dfrac{(\Delta c + k_1)(\beta_d^2 - 2\theta\beta_d\beta_r + \beta_r^2)}{\beta_d \beta_r((1-\mu)\beta_d + \mu\beta_r)}$时，最优渠道销售价格为

$$\begin{cases} \tilde{p}_{d1}^* = \dfrac{1}{2}\left(\dfrac{(a + \Delta a)((1-\mu)\theta + \mu)}{1 - \theta^2} + \dfrac{c_m + \Delta c + k_1}{\beta_d}\right) \\ \tilde{p}_{r1}^* = \dfrac{1}{2}\left(\dfrac{(a + \Delta a)(\theta\mu + (1-\mu))}{1 - \theta^2} + \dfrac{c_m + \Delta c + k_1}{\beta_r}\right) \end{cases} \quad (3-15)$$

电子渠道和传统渠道的销量为

$$\begin{cases} \tilde{D}_{d1}^* = \dfrac{\mu(a + \Delta a)}{2} - \dfrac{(c_m + \Delta c + k_1)}{2\beta_d} + \dfrac{\theta(c_m + \Delta c + k_1)}{2\beta_r} \\ \tilde{D}_{r1}^* = \dfrac{(1-\mu)(a + \Delta a)}{2} - \dfrac{(c_m + \Delta c + k_1)}{2\beta_r} + \dfrac{\theta(c_m + \Delta c + k_1)}{2\beta_d} \end{cases} \quad (3-16)$$

制造商的生产数量为

$$\widetilde{Q}_1 = \frac{\widetilde{D}_d}{\beta_d} + \frac{\widetilde{D}_r}{\beta_r}$$

$$= \overline{Q} + \frac{\mu \Delta a}{2\beta_d} + \frac{(1-\mu)\Delta a}{2\beta_r} + \frac{(\Delta c + k_1)\theta}{\beta_d \beta_r} - \frac{(\Delta c + k_1)}{2\beta_d^2} - \frac{(\Delta c + k_1)}{2\beta_r^2} \quad (3\text{-}17)$$

情形 3-2：若 $\lambda > 0$，则最优渠道销售价格为

$$\begin{cases} \widetilde{p}_{d2}^* = \frac{1}{2}\left(\frac{((1-\mu)(a+\Delta a)\theta + \mu(a+2\Delta a)) - \Delta a \theta^2 \mu}{1-\theta^2} + \frac{c_m}{\beta_d} \right. \\ \qquad\qquad \left. + \frac{\Delta a \beta_d ((2\theta\mu + (1-\mu))\beta_r - \mu\beta_d)}{\beta_d^2 + \beta_r^2 - 2\theta\beta_r\beta_d}\right) \\ \widetilde{p}_{r2}^* = \frac{1}{2}\left(\frac{(a+\Delta a)(\theta\mu + (1-\mu))}{1-\theta^2} + \frac{c_m}{\beta_r} + \frac{\Delta a \beta_d ((1-\mu)\beta_d - \mu\beta_r)}{\beta_d^2 + \beta_r^2 - 2\theta\beta_r\beta_d}\right) \end{cases} \quad (3\text{-}18)$$

电子渠道和传统渠道的销量为

$$\begin{cases} \widetilde{D}_{d2}^* = \frac{1}{2}\left(a\mu - \frac{c_m}{\beta_d} + \frac{c_m\theta}{\beta_r} + \frac{\Delta a \beta_d (((1-\mu)\theta + \mu)\beta_d - ((\theta\mu + (1-\mu))\beta_r)}{\beta_d^2 + \beta_r(\beta_r - 2\theta\beta_d)}\right) \\ \widetilde{D}_{r2}^* = \frac{\beta_d\beta_r(c_m\beta_r + \beta_d(\Delta a\mu\beta_r - a(1-\mu)\beta_d^2 - 3c_m\theta))}{2\beta_d\beta_r(\beta_r(2\theta\beta_d - b_1\beta_r) - \beta_d^2)} \\ \qquad\qquad -\frac{(\Delta a\theta\mu\beta_d + (c_m\theta + (a+\Delta a)(1-\mu)\beta_d)\beta_r)}{} \\ \qquad\qquad + \frac{c_m\beta_d^3 + \beta_r^2\theta\beta_d(2c_m\theta + (2a+\Delta a)(1-\mu)\beta_d)}{2\beta_d\beta_r(\beta_r(2\theta\beta_d - \beta_r) - \beta_d^2)} \end{cases} \quad (3\text{-}19)$$

制造商的生产数量为

$$\widetilde{Q}_2^* = \widetilde{q}_{d2}^* + \widetilde{q}_{r2}^* = \frac{\widetilde{D}_{d2}^*}{\beta_d} + \frac{\widetilde{D}_{r2}^*}{\beta_r} = \frac{\mu a}{2\beta_d} + \frac{(1-\mu)a}{2\beta_r} - \frac{c_m}{2\beta_d^2} - \frac{c_m}{2\beta_r^2} + \frac{\theta c_m}{\beta_d\beta_r} = \overline{Q} \quad (3\text{-}20)$$

3.3.1.2 不增加计划产量时的决策

当 $\widetilde{q}_d + \widetilde{q}_r \leq \overline{q}_d + \overline{q}_r$ 时，求解函数：

$$\widetilde{\Pi}_2 = \widetilde{p}_d \widetilde{D}_d + \widetilde{p}_r \widetilde{D}_r - (c+\Delta c)(\widetilde{q}_d + \widetilde{q}_r) - k_2(\overline{q}_d + \overline{q}_r - \widetilde{q}_d - \widetilde{q}_r) \quad (3\text{-}21)$$

$$\text{s.t.} \quad \widetilde{q}_d + \widetilde{q}_r \leq \overline{q}_d + \overline{q}_r$$

根据 Kuhn-Tucker 条件，求解

$$\begin{cases} \dfrac{\partial \tilde{\Pi}}{\partial \tilde{p}_d} + \lambda\left(\dfrac{1}{\beta_d} - \dfrac{\theta}{\beta_r}\right) = 0, \dfrac{\partial \tilde{\Pi}}{\partial \tilde{p}_r} + \lambda\left(\dfrac{1}{\beta_r} - \dfrac{\theta}{\beta_d}\right) = 0 \\ \bar{q}_d + \bar{q}_r - \tilde{q}_d - \tilde{q}_r \geq 0 \\ \lambda(\bar{q}_d + \bar{q}_r - \tilde{q}_d - \tilde{q}_r) = 0 \\ \lambda \geq 0 \end{cases} \quad (3-22)$$

同样也存在两种情形。

情形 3-3：若 $\lambda > 0$，计算过程同情形 3-2，可以得到：

$$\begin{cases} \tilde{p}_{d3}^* = \dfrac{1}{2}\left(\dfrac{((1-\mu)(a+\Delta a)\theta + \mu(a+2\Delta a)) - \Delta a\theta^2\mu}{1-\theta^2} \right. \\ \left. \qquad + \dfrac{c_m}{\beta_d} + \dfrac{\Delta a\beta_d((2\theta\mu + (1-\mu))\beta_r - \mu\beta_d)}{\beta_d^2 + \beta_r^2 - 2\theta\beta_r\beta_d}\right) \\ \tilde{p}_{r3}^* = \dfrac{1}{2}\left(\dfrac{(a+\Delta a)(\theta\mu + (1-\mu))}{1-\theta^2} + \dfrac{c_m}{\beta_r} + \dfrac{\Delta a\beta_d((1-\mu)\beta_d - \mu\beta_r)}{\beta_d^2 + \beta_r^2 - 2\theta\beta_r\beta_d}\right) \end{cases} \quad (3-23)$$

$$\tilde{D}_{d3}^* = \tilde{D}_{d2}^*, \tilde{D}_{r3}^* = \tilde{D}_{r2}^*, \tilde{Q}_3^* = \tilde{Q}_2^* = \bar{Q} \quad (3-24)$$

情形 3-4：当 $\lambda = 0$，则当 $\Delta a \leq \dfrac{(\Delta c - k_2)(\beta_d^2 - 2\theta\beta_d\beta_r + \beta_r^2)}{\beta_d\beta_r((1-\mu)\beta_d + \mu\beta_r)}$ 时，最优市场销售价格为

$$\begin{cases} \tilde{p}_{d4}^* = \dfrac{1}{2}\left(\dfrac{(a+\Delta a)((1-\mu)\theta + \mu)}{1-\theta^2} + \dfrac{c_m + \Delta c - k_2}{\beta_d}\right) \\ \tilde{p}_{r4}^* = \dfrac{1}{2}\left(\dfrac{(a+\Delta a)(\theta\mu + (1-\mu))}{1-\theta^2} + \dfrac{c_m + \Delta c - k_2}{\beta_r}\right) \end{cases} \quad (3-25)$$

电子渠道和传统渠道的销量为

$$\begin{cases} \tilde{D}_{d4}^* = \dfrac{\mu(a+\Delta a)}{2} - \dfrac{(c_m + \Delta c - k_2)}{2\beta_d} + \dfrac{\theta(c_m + \Delta c - k_2)}{2\beta_r} \\ \tilde{D}_{r4}^* = \dfrac{(1-\mu)(a+\Delta a)}{2} - \dfrac{(c_m + \Delta c - k_2)}{2\beta_r} + \dfrac{\theta(c_m + \Delta c - k_2)}{2\beta_d} \end{cases} \quad (3-26)$$

制造商的生产数量为

$$\tilde{Q}_4^* = \bar{Q} - \left(\dfrac{(\Delta c - k_2)}{2\beta_d^2} + \dfrac{(\Delta c - k_2)}{2\beta_r^2} - \dfrac{(\Delta c - k_2)\theta}{\beta_d\beta_r} - \dfrac{\mu\Delta a}{2\beta_d} - \dfrac{(1-\mu)\Delta a}{2\beta_r}\right) \quad (3-27)$$

定理 3-1：双渠道供应链中存在着路途损耗，需求函数如公式（3-1）所示，若面临需求和生产成本同时扰动，当扰动的范围在情形 3-1 内时，制造商应该增加生产计划，在情形 3-2、情形 3-3 时，制造商不改变生产计划，扰动范围在情形 3-4 时，制造商应减少生产计划。

当双渠道供应链中存在集中决策时，电子渠道零售价格为

$$\tilde{p}_d^* = \begin{cases} \dfrac{1}{2}\left(\dfrac{(a+\Delta a)((1-\mu)\theta+\mu)}{1-\theta^2} + \dfrac{c_m+\Delta c+k_1}{\beta_d} \right), \Delta \in 情形3-1 \\ \dfrac{1}{2}\left(\dfrac{((1-\mu)(a+\Delta a)\theta+\mu(a+2\Delta a))-\Delta a\theta^2\mu}{1-\theta^2} + \dfrac{c_m}{\beta_d} \right. \\ \left. + \dfrac{\Delta a\beta_d((2\theta\mu+(1-\mu))\beta_r-\mu\beta_d)}{\beta_d^2+\beta_r^2-2\theta\beta_r\beta_d} \right), \Delta \in 情形3-2, 情形3-3 \\ \dfrac{1}{2}\left(\dfrac{(a+\Delta a)((1-\mu)\theta+\mu)}{1-\theta^2} + \dfrac{c_m+\Delta c-k_2}{\beta_d} \right), \Delta \in 情形3-4 \end{cases} \quad (3-28)$$

零售商传统渠道的零售价格为

$$\tilde{p}_r^* = \begin{cases} \dfrac{1}{2}\left(\dfrac{(a+\Delta a)(\theta\mu+(1-\mu))}{1-\theta^2} + \dfrac{c_m+\Delta c+k_1}{\beta_r} \right), \Delta \in 情形3-1 \\ \dfrac{1}{2}\left(\dfrac{(a+\Delta a)(\theta\mu+(1-\mu))}{1-\theta^2} + \dfrac{c_m}{\beta_r} \right. \\ \left. + \dfrac{\Delta a\beta_d((1-\mu)\beta_d-\mu\beta_r)}{\beta_d^2+\beta_r^2-2\theta\beta_r\beta_d} \right), \Delta \in 情形3-2, 情形3-3 \\ \dfrac{1}{2}\left(\dfrac{(a+\Delta a)(\theta\mu+(1-\mu))}{1-\theta^2} + \dfrac{c_m+\Delta c-k_2}{\beta_r} \right), \Delta \in 情形3-4 \end{cases} \quad (3-29)$$

制造商电子渠道的销量为

$$\tilde{D}_d^* = \begin{cases} \dfrac{\mu(a+\Delta a)}{2} - \dfrac{(c_m+\Delta c+k_1)}{2\beta_d} + \dfrac{\theta(c_m+\Delta c+k_1)}{2\beta_r}, \Delta \in 情形3-1 \\ \dfrac{1}{2}\left(a\mu - \dfrac{c_m}{\beta_d} + \dfrac{c_m\theta}{\beta_r} + \dfrac{\Delta a\beta_d(((1-\mu)\theta+\mu)\beta_d-[\theta\mu+(1-\mu)]\beta_r)}{\beta_d^2+\beta_r(\beta_r-2\theta\beta_d)} \right), \\ \Delta \in 情形3-2, 情形3-3 \\ \dfrac{\mu(a+\Delta a)}{2} - \dfrac{(c_m+\Delta c-k_2)}{2\beta_d} + \dfrac{\theta(c_m+\Delta c-k_2)}{2\beta_r}, \Delta \in 情形3-4 \end{cases} \quad (3-30)$$

零售商传统渠道的销量为

$$\widetilde{D}_r^* = \begin{cases} \dfrac{(1-\mu)(a+\Delta a)}{2} - \dfrac{(c_m+\Delta c+k_1)}{2\beta_r} + \dfrac{\theta(c_m+\Delta c+k_1)}{2\beta_d}, \Delta \in 情形3-1 \\ \dfrac{c_m\beta_d^3 + \theta\beta_d\beta_r^2(2c_m\theta+(2a+\Delta a)(1-\mu)\beta_d) - \beta_r^2(\Delta a\theta\mu\beta_d+c_m\theta\beta_r+(a+\Delta a)(1-\mu)\beta_d\beta_r)}{2\beta_d\beta_r(\beta_r(2\theta\beta_d-\beta_r)-\beta_d^2)} \\ \quad + \dfrac{\beta_d\beta_r^3[c_m\beta_r+\beta_d(\Delta a\mu\beta_r - a(1-\mu)\beta_d^2 - 3c_m\theta))]}{2\beta_d\beta_r(\beta_r(2\theta\beta_d-\beta_r)-\beta_d^2)}, \Delta \in 情形3-2, 情形3-3 \\ \dfrac{(1-\mu)(a+\Delta a)}{2} - \dfrac{(c_m+\Delta c-k_2)}{2\beta_r} + \dfrac{\theta(c_m+\Delta c-k_2)}{2\beta_d}, \Delta \in 情形3-4 \end{cases}$$

(3-31)

制造商的生产数量为

$$\widetilde{Q}^* = \begin{cases} \overline{Q} + \dfrac{\mu\Delta a}{2\beta_d} + \dfrac{(1-\mu)\Delta a}{2\beta_r} + \dfrac{(\Delta c+k_1)\theta}{\beta_d\beta_r} - \dfrac{(\Delta c+k_1)}{2\beta_d^2} - \dfrac{(\Delta c+k_1)}{2\beta_r^2}, \Delta \in 情形3-1 \\ \overline{Q}, \Delta \in 情形3-2, 情形3-3 \\ \overline{Q} - \left(\dfrac{(\Delta c-k_2)}{2\beta_d^2} + \dfrac{(\Delta c-k_2)}{2\beta_r^2} - \dfrac{(\Delta c-k_2)\theta}{\beta_d\beta_r} - \dfrac{\mu\Delta a}{2\beta_d} - \dfrac{(1-\mu)\Delta a}{2\beta_r}\right), \Delta \in 情形3-4 \end{cases}$$

(3-32)

从定理3-1中可以看出：

（1）当 $\Delta a \geq \dfrac{(\Delta c+k_1)(\beta_d^2 - 2\theta\beta_d\beta_r + \beta_r^2)}{\beta_d\beta_r((1-\mu)\beta_d + \mu\beta_r)}$ 时，扰动发生后制造商增加生产计划并重新分配渠道销售数量。

（2）当 $\dfrac{(\Delta c-k_2)(\beta_d^2 - 2\theta\beta_d\beta_r + \beta_r^2)}{\beta_d\beta_r((1-\mu)\beta_d + \mu\beta_r)} < \Delta a < \dfrac{(\Delta c+k_1)(\beta_d^2 - 2\theta\beta_d\beta_r + \beta_r^2)}{\beta_d\beta_r((1-\mu)\beta_d + \mu\beta_r)}$ 时，扰动发生后制造商减少生产计划并重新分配渠道销售数量。

（3）当 $\Delta a \leq \dfrac{(\Delta c-k_2)(\beta_d^2 - 2\theta\beta_d\beta_r + \beta_r^2)}{\beta_d\beta_r((1-\mu)\beta_d + \mu\beta_r)}$ 时，线上和传统渠道的销量变动额受市场份额影响，但是总产量保持不变，供应链不改变生产计划，只需通过改变渠道的零售价格即可实现优化。

3.3.2 供应链收益共享契约协调

假设一条双渠道供应链中，存在以制造商主导的 Stackelberg 博弈，制造商率先给出了电子渠道零售价格 $\tilde{p}_d$ 和产品批发价格 $\tilde{w}$，并提出共享比例 ϕ，零售商再给出传统渠道的零售价格 $\tilde{p}_r$。由于双渠道供应链存在双重边际问题，协调难度比较大，因此，参照文献 [76] 定义的协调方式，分散决策下的供应链利润和集中决策相等即实现供应链协调，制造商设定最优在线销售价格 $\tilde{p}_d^*$，并以供应链利润最大化为目标来设定改进收益共享契约的参数 (w,ϕ)，供应链双方事先商定好零售商将销售收入的一部分（比例为 ϕ）返给制造商，制造商以 $\tilde{w}$ 的批发价格给零售商供货，并以 $\tilde{p}_d^*$ 的价格在电子渠道销售商品。

零售商的利润函数为

$$\pi_r = (1-\phi)\tilde{p}_r D_r - \frac{\tilde{w} D_r}{\beta_r} \quad (3-33)$$

可以求出传统渠道零售价格对制造商提出的批发价格和电子渠道价格的反应函数为

$$\tilde{p}_r(\tilde{w}) = \frac{(a+\Delta a)(1-\mu)+\theta \tilde{p}_d}{2} + \frac{\tilde{w}}{2(1-\phi)\beta_r} \quad (3-34)$$

分散式供应链与集中式供应链的决策值相等时双渠道供应链实现利润最大化。

当 $\Delta a \geq \dfrac{(\Delta c + k_1)(\beta_d^2 - 2\theta\beta_d\beta_r + \beta_r^2)}{\beta_d\beta_r((1-\mu)\beta_d+\mu\beta_r)}$ 时，求解 $\tilde{p}_r(\tilde{w}_1) = \tilde{p}_{r1}^*$，$\tilde{p}_d = \tilde{p}_{d1}^*$，可以求出采用收益共享契约 $(\tilde{w},\phi)$，即

$$\tilde{w}_1 = (1-\phi)\frac{2(1-\theta^2)(c_m+\Delta c+k_1)\beta_d - \theta\beta_r((1-\theta^2)(c_m+\Delta c+k_1)-(a+\Delta a)((1-\mu)\theta+\mu)\beta_d)}{2(1-\theta^2)\beta_d} \quad (3-35)$$

能够实现需求和成本同时扰动下分散式双渠道供应链协调。

联立 $\tilde{p}_r(\tilde{w}_2) = \tilde{p}_{r2}^* = \tilde{p}_{r2}^*$，$\tilde{p}_d = \tilde{p}_{d2}^* = \tilde{p}_{d3}^*$，可以得到：

当 $\dfrac{(\Delta c - k_2)(\beta_d^2 - 2\theta\beta_d\beta_r + \beta_r^2)}{\beta_d\beta_r((1-\mu)\beta_d+\mu\beta_r)} < \Delta a < \dfrac{(\Delta c + k_1)(\beta_d^2 - 2\theta\beta_d\beta_r + \beta_r^2)}{\beta_d\beta_r((1-\mu)\beta_d+\mu\beta_r)}$ 时，采用收益共享契约 $(\tilde{w},\phi)$，即

$$\tilde{w}_2 = \frac{(1-\phi)}{2}\left(\frac{(1-\mu)(a+\Delta a)\theta^2}{1-\theta^2} + \frac{(\Delta a\theta^2+a)\theta\mu}{(1-\theta^2)} - \frac{c_m\theta}{\beta_d} + \frac{2c_m}{\beta_r} \right.$$
$$\left. +\Delta a\beta_d\frac{(\theta\mu+2(1-\mu)]\beta_d + ((2\mu+\mu\theta-\theta)-2\theta^2\mu)\beta_r}{(\beta_d^2+\beta_r(\beta_r-2\theta\beta_d))}\right) \quad (3-36)$$

进行协调。

同时，从本书中可以看出，当 $\Delta a = \Delta c = 0$ 时，双渠道供应链处于平稳的状态，此时电子渠道的零售价格 $\tilde{p}_d^* = \overline{p}_d$，传统渠道的零售价格 $\tilde{p}_r^* = \overline{p}_r$，采用相应的批发价格 $\overline{w} = (1-\overline{\phi})\left(\frac{(1-\mu)a\theta^2}{2(1-\theta^2)} + \frac{\mu a\theta}{2(1-\theta^2)} - \frac{c_m\theta}{2\beta_d} + \frac{c_m}{\beta_r}\right)$，可以得到收益共享契约协调平稳条件下双渠道供应链的相关参数 $(\overline{w}, \overline{\phi})$。

当 $\Delta a \leqslant \frac{(\Delta c - k_2)(\beta_d^2 - 2\theta\beta_d\beta_r + \beta_r^2)}{\beta_d\beta_r((1-\mu)\beta_d + \mu\beta_r)}$ 时，联立 $\tilde{p}_r(\tilde{w}_4) = \tilde{p}_{r4}^*$，$\tilde{p}_d = \tilde{p}_{d4}^*$，可以求出采用收益共享契约 $(\tilde{w}, \phi)$，即

$$\tilde{w}_4 = (1-\phi)\frac{2(1-\theta^2)(c_m+\Delta c-k_2)\beta_d - \theta\beta_r((1-\theta^2)(c_m+\Delta c-k_2)-(a+\Delta a)((1-\mu)\theta+\mu)\beta_d)}{2(1-\theta^2)\beta_d}$$

(3-37)

能够实现需求和成本同时扰动下分散双渠道供应链协调。

定理3-2：双渠道供应链所面临的需求函数如公式（3-1）所示，当供应链面临着市场规模和生产成本同时发生扰动时，采用收益共享契约 (w,ϕ) 可以实现分权供应链的协调，其中：

$$\tilde{w} = \begin{cases} (1-\phi)\dfrac{2(1-\theta^2)(c_m+\Delta c+k_1)\beta_d - \theta\beta_r((1-\theta^2)(c_m+\Delta c+k_1)-(a+\Delta a)((1-\mu)\theta+\mu)\beta_d)}{2(1-\theta^2)\beta_d}, \Delta\in 情形3-1 \\[2mm] \dfrac{(1-\phi)}{2}\left(\dfrac{(1-\mu)(a+\Delta a)\theta^2}{1-\theta^2} + \dfrac{(\Delta a\theta^2+a)\theta\mu}{(1-\theta^2)} - \dfrac{c_m\theta}{\beta_d} + \dfrac{2c_m}{\beta_r}\right. \\[2mm] \left.+\dfrac{\Delta a\beta_d(\theta\mu+2(1-\mu))\beta_d + ((2\mu+\mu\theta-\theta)-2\theta^2\mu)\beta_r}{(\beta_d^2+\beta_r(\beta_r-2\theta\beta_d))}\right), \Delta\in 情形3-2,情形3-3 \\[2mm] (1-\phi)\dfrac{2(1-\theta^2)(c_m+\Delta c-k_2)\beta_d - \theta\beta_r((1-\theta^2)(c_m+\Delta c-k_2)-(a+\Delta a)((1-\mu)\theta+\mu)\beta_d)}{2(1-\theta^2)\beta_d}, \Delta\in 情形3-4 \end{cases}$$

(3-38)

从定理 3-2 中可以看出，以收益共享契约实现分散供应链的协调，突发事件导致需求和生产成本扰动的情况不同可以简单归纳为以下方面：

（1）当 $\Delta a \geq \dfrac{(\Delta c + k_1)(\beta_d^2 - 2\theta\beta_d\beta_r + \beta_r^2)}{\beta_d\beta_r((1-\mu)\beta_d + \mu\beta_r)}$ 时，制造商增加相应的生产计划，批发价格中将生产计划改变的单位成本部分加入单位生产成本，零售商承担相应比例的改变成本。

（2）当 $\Delta a \leq \dfrac{(\Delta c - k_2)(\beta_d^2 - 2\theta\beta_d\beta_r + \beta_r^2)}{\beta_d\beta_r((1-\mu)\beta_d + \mu\beta_r)}$ 时，$\Delta a \leq (\Delta c - k_2)(b_1 + b_2)$，制造商减少相应的生产计划，批发价格中根据生产计划改变的单位成本部分降低批发价格，制造商承担一部分零售商的成本。

（3）当 $\dfrac{(\Delta c - k_2)(\beta_d^2 - 2\theta\beta_d\beta_r + \beta_r^2)}{\beta_d\beta_r((1-\mu)\beta_d + \mu\beta_r)} < \Delta a < \dfrac{(\Delta c + k_1)(\beta_d^2 - 2\theta\beta_d\beta_r + \beta_r^2)}{\beta_d\beta_r((1-\mu)\beta_d + \mu\beta_r)}$ 时，$(\Delta c - k_2)(b_1 + b_2) < \Delta a < (k_1 + \Delta c)(b_1 + b_2)$，扰动发生后制造商不需要改变生产计划，只需要改变批发价格达到供应链协调，批发价格只与需求的变化相关。

（4）当 $\Delta a = \Delta c = 0$ 时，供应链处于平稳状态，同时可以得到平稳状态下的双渠道供应链协调参数 $(\bar{w}, \bar{\phi})$。

3.4 需求和路途损耗同时扰动下的供应链应急决策与协调

假设双渠道供应链生产和销售的产品为短生命周期产品（易逝品）且有一定的生产准备期，当制造商已制定好生产计划后发生突发事件导致双渠道供应链的市场规模和路途损耗比例发生变化，再假设市场规模变化量为 $\Delta a (\Delta a > -a)$，突发事件导致电子渠道和传统渠道的路途损耗比例 $\Delta \varphi_i (i = d, r)(\beta_i > \Delta \varphi_i > -\varphi_i)$ 发生变化，此时有效产品比例因子变化量为 $-\Delta \beta_i (i = d, r)$，可构建扰动状态下双渠道供应链的需求函数：

$$\begin{cases} \widetilde{D}_d = \mu(a + \Delta a) - \widetilde{p}_d + \theta \widetilde{p}_r \\ \widetilde{D}_r = (1-\mu)(a + \Delta a) - \widetilde{p}_r + \theta \widetilde{p}_d \end{cases} \quad (3\text{-}39)$$

扰动发生后，电子渠道的有效产品比例因子 $\widetilde{\beta}_d = \beta_d - \Delta\beta_d$，传统渠道的有效产品比例因子 $\widetilde{\beta}_r = \beta_r - \Delta\beta_r$。电子渠道产品分配发货量 $\widetilde{q}_d = \dfrac{\widetilde{D}_d}{\beta_d - \Delta\beta_d} = \dfrac{\widetilde{D}_d}{\widetilde{\beta}_d}$，

传统渠道产品分配发货量 $\tilde{q}_r = \dfrac{\widetilde{D}_r}{\beta_r - \Delta\beta_r} = \dfrac{\widetilde{D}_r}{\widetilde{\beta}_r}$，令 $\widetilde{Q} = \tilde{q}_d + \tilde{q}_r$。双渠道供应链的总利润函数为

$$\widetilde{\Pi} = \tilde{p}_d \widetilde{D}_d + \tilde{p}_r \widetilde{D}_r - c_m \widetilde{Q} - k_1(\widetilde{Q} - \overline{Q})^+ - k_2(\overline{Q} - \widetilde{Q})^+ \tag{3-40}$$

其中，$(x)^+ = \max(x, 0)$。

式（3-40）中，第四项为产量增加所带来的成本，第五项为减少产量所带来的成本。

当 $\tilde{q}_d + \tilde{q}_r \geq \overline{q}_d + \overline{q}_r$ 时，供应链利润函数可写为

$$\widetilde{\Pi}_1 = \tilde{p}_d \widetilde{D}_d + \tilde{p}_r \widetilde{D}_r - c_m(\tilde{q}_d + \tilde{q}_r) - k_1(\tilde{q}_d + \tilde{q}_r - \overline{q}_d - \overline{q}_r) \tag{3-41}$$

当 $\tilde{q}_d + \tilde{q}_r \leq \overline{q}_d + \overline{q}_r$ 时，供应链利润函数可以写为

$$\widetilde{\Pi}_2 = \tilde{p}_d \widetilde{D}_d + \tilde{p}_r \widetilde{D}_r - c_m(\tilde{q}_d + \tilde{q}_r) - k_2(\overline{q}_d + \overline{q}_r - \tilde{q}_d - \tilde{q}_r) \tag{3-42}$$

由于供应链利润 $\widetilde{\Pi}_1$、$\widetilde{\Pi}_2$ 均为零售价格 $(\tilde{p}_d, \tilde{p}_r)$ 的凹函数，因此可求出最优的零售价格。

3.4.1 供应链集中决策

3.4.1.1 不减少计划产量时的决策

当 $\tilde{q}_d + \tilde{q}_r \geq \overline{q}_d + \overline{q}_r$ 时，求解如下函数：

$$\widetilde{\Pi}_1 = \tilde{p}_d \widetilde{D}_d + \tilde{p}_r \widetilde{D}_r - c_m(\tilde{q}_d + \tilde{q}_r) - k_1(\tilde{q}_d + \tilde{q}_r - \overline{q}_d - \overline{q}_r) \tag{3-43}$$
$$\text{s.t.} \ \tilde{q}_d + \tilde{q}_r \geq \overline{q}_d + \overline{q}_r$$

根据 Kuhn-Tucker 条件，求解

$$\begin{cases} \dfrac{\partial \widetilde{\Pi}_1}{\partial \tilde{p}_d} + \lambda\left(\dfrac{\theta}{\widetilde{\beta}_r} - \dfrac{1}{\widetilde{\beta}_d}\right) = 0, \dfrac{\partial \widetilde{\Pi}_1}{\partial \tilde{p}_r} + \lambda\left(\dfrac{\theta}{\widetilde{\beta}_d} - \dfrac{1}{\widetilde{\beta}_r}\right) = 0 \\ \tilde{q}_d + \tilde{q}_r - \overline{q}_d - \overline{q}_r \geq 0 \\ \lambda(\tilde{q}_d + \tilde{q}_r - \overline{q}_d - \overline{q}_r) = 0 \\ \lambda \geq 0 \end{cases} \tag{3-44}$$

存在以下两种情形。

情形 3-5：若 $\lambda = 0$，则当

$$\Delta a \geqslant \left(\frac{\mu a}{\beta_d} + \frac{(1-\mu)a}{\beta_r} + \frac{2\theta c_m}{\beta_d \beta_r} - \frac{c_m}{\beta_d^2} - \frac{c_m}{\beta_r^2} - \frac{\mu a}{\tilde{\beta}_d} - \frac{(1-\mu)a}{\tilde{\beta}_r} \right.$$

$$\left. + \frac{(c_m+k_1)}{\tilde{\beta}_d^2} + \frac{(c_m+k_1)}{\tilde{\beta}_r^2} - \frac{2\theta(c_m+k_1)}{\tilde{\beta}_d \tilde{\beta}_r} \right) \left(\frac{\tilde{\beta}_d \tilde{\beta}_r}{\mu \tilde{\beta}_r + (1-\mu)\tilde{\beta}_d} \right)$$

时，市场销售价格为

$$\begin{cases} \tilde{p}_{d1}^* = \frac{1}{2} \left(\frac{(a+\Delta a)((1-\mu)\theta + \mu)}{1-\theta^2} + \frac{c_m + k_1}{\tilde{\beta}_d} \right) \\ \tilde{p}_{r1}^* = \frac{1}{2} \left(\frac{(a+\Delta a)(\theta\mu + (1-\mu))}{1-\theta^2} + \frac{c_m + k_1}{\tilde{\beta}_r} \right) \end{cases} \quad (3\text{-}45)$$

电子渠道和传统渠道的销量分别为

$$\begin{cases} \tilde{D}_{d1}^* = \frac{\mu(a+\Delta a)}{2} + \frac{\theta(c_m + k_1)}{2\tilde{\beta}_r} - \frac{(c_m + k_1)}{2\tilde{\beta}_d} \\ \tilde{D}_{r1}^* = \frac{(1-\mu)(a+\Delta a)}{2} + \frac{\theta(c_m + k_1)}{2\tilde{\beta}_d} - \frac{(c_m + k_1)}{2\tilde{\beta}_r} \end{cases} \quad (3\text{-}46)$$

制造商的生产数量为

$$\tilde{Q}_1 = \tilde{q}_{d1} + \tilde{q}_{r1} = \frac{\mu(a+\Delta a)}{2\tilde{\beta}_d} + \frac{(1-\mu)(a+\Delta a)}{2\tilde{\beta}_r} + \frac{(c_m+k_1)\theta}{\tilde{\beta}_d \tilde{\beta}_r} - \frac{(c_m+k_1)}{2\tilde{\beta}_d^2} - \frac{(c_m+k_1)}{2\tilde{\beta}_r^2}$$

$$(3\text{-}47)$$

情形 3-6：若 $\lambda > 0$，市场销售价格为

$$\begin{cases} \tilde{p}_{d2}^* = \dfrac{(1-\theta^2)\tilde{\beta}_r^2 \tilde{\beta}_d \left(\dfrac{c_m}{\beta_d^2} - \dfrac{a\mu}{\beta_d} - \dfrac{2c_m\theta}{\beta_r \beta_d} + \dfrac{c_m - (1-\mu)a\beta_r}{\beta_r^2} + \dfrac{2(a+\Delta a)\mu}{\tilde{\beta}_d} + \dfrac{2(1-\mu)(a+\Delta a)}{\tilde{\beta}_r} \right)}{2(1-\theta^2)(\tilde{\beta}_d^2 - \tilde{\beta}_r(2\theta \tilde{\beta}_d - \tilde{\beta}_r))} \\ \qquad\quad +(a+\Delta a)((\theta - \theta\mu + \mu)\tilde{\beta}_d - (\theta\mu + 1 - \mu)\tilde{\beta}_r)(\tilde{\beta}_d - \theta\tilde{\beta}_r) \\[2pt]
\tilde{p}_{r2}^* = \dfrac{\tilde{\beta}_r \tilde{\beta}_d}{\theta \tilde{\beta}_r - \tilde{\beta}_d} \left(\dfrac{\beta_r((1-\mu)a\beta_d^2 - c_m\beta_r + \beta_d(2c_m\theta + a\mu\beta_r)) - c_m\beta_d^2}{2\beta_d^2 \beta_r^2} - \dfrac{(a+\Delta a)\mu}{\tilde{\beta}_d} - \dfrac{(1-\mu)(a+\Delta a)}{\tilde{\beta}_r} \right) \\ \qquad +(\dfrac{\theta\tilde{\beta}_d - \tilde{\beta}_r}{\theta\tilde{\beta}_r - \tilde{\beta}_d})(\dfrac{(\theta^2-1)\tilde{\beta}_r^2 \tilde{\beta}_d \left(\dfrac{c_m}{\beta_d^2} - \dfrac{a\mu}{\beta_d} - \dfrac{2c_m\theta}{\beta_r \beta_d} + \dfrac{c_m - (1-\mu)a\beta_r}{\beta_r^2} + \dfrac{2(a+\Delta a)\mu}{\tilde{\beta}_d} + \dfrac{2(1-\mu)(a+\Delta a)}{\tilde{\beta}_r} \right)}{2(1-\theta^2)(\tilde{\beta}_d^2 - \tilde{\beta}_r(2\theta \tilde{\beta}_d - \tilde{\beta}_r))}) \\ \qquad\quad -(\tilde{\beta}_d - \theta\tilde{\beta}_r)(a+\Delta a)((\theta-\theta\mu+\mu)\tilde{\beta}_d - (\theta\mu+1-\mu)\tilde{\beta}_r)
\end{cases}$$

$$(3\text{-}48)$$

电子渠道和传统渠道的销量分别为

$$\begin{cases} \widetilde{D}_{d2}^* = \mu(a+\Delta a) - \widetilde{p}_{d2}^* + \theta \widetilde{p}_{r2}^* \\ \widetilde{D}_{r2}^* = (1-\mu)(a+\Delta a) - \widetilde{p}_{r2}^* + \theta \widetilde{p}_{d2}^* \end{cases} \quad (3-49)$$

制造商的生产数量为

$$\widetilde{Q}_2^* = \frac{\widetilde{D}_{d2}^*}{\widetilde{\beta}_d} + \frac{\widetilde{D}_{r2}^*}{\widetilde{\beta}_r} = \frac{\mu a}{2\beta_d} + \frac{(1-\mu)a}{2\beta_r} + \frac{\theta c_m}{\beta_d \beta_r} - \frac{c_m}{2\beta_d^2} - \frac{c_m}{2\beta_r^2} = \overline{Q} \quad (3-50)$$

3.4.1.2 不增加计划产量时的决策

当 $\widetilde{q}_d + \widetilde{q}_r \leq \overline{q}_d + \overline{q}_r$ 时，求解如下函数：

$$\widetilde{\Pi}_2 = \widetilde{p}_d \widetilde{D}_d + \widetilde{p}_r \widetilde{D}_r - c(\widetilde{q}_d + \widetilde{q}_r) - k_2(\overline{q}_d + \overline{q}_r - \widetilde{q}_d - \widetilde{q}_r) \quad (3-51)$$

$$\text{s.t.} \ \widetilde{q}_d + \widetilde{q}_r \leq \overline{q}_d + \overline{q}_r$$

根据 Kuhn-Tucker 条件，求解

$$\begin{cases} \dfrac{\partial \widetilde{\Pi}_2}{\partial \widetilde{p}_d} + \lambda\left(\dfrac{1}{\beta_d} - \dfrac{\theta}{\beta_r}\right) = 0, \dfrac{\partial \widetilde{\Pi}_2}{\partial \widetilde{p}_r} + \lambda\left(\dfrac{1}{\beta_r} - \dfrac{\theta}{\beta_d}\right) = 0 \\ \overline{q}_d + \overline{q}_r - \widetilde{q}_d - \widetilde{q}_r \geq 0 \\ \lambda(\overline{q}_d + \overline{q}_r - \widetilde{q}_d - \widetilde{q}_r) = 0 \\ \lambda \geq 0 \end{cases} \quad (3-52)$$

同样也存在以下两种情形。

情形 3-7：若 $\lambda > 0$，计算同情形 3-2，可得

$$\begin{cases} \widetilde{p}_{d3}^* = \dfrac{(1-\theta^2)\widetilde{\beta}_d \widetilde{\beta}_r \left(\dfrac{c_m}{\beta_d^2} - \dfrac{a\mu}{\beta_d} - \dfrac{2c_m\theta}{\beta_r\beta_d} + \dfrac{c_m - (1-\mu)a\beta_r}{\beta_r^2} + \dfrac{2(a+\Delta a)\mu}{\widetilde{\beta}_d} + \dfrac{2(1-\mu)(a+\Delta a)}{\widetilde{\beta}_r}\right)}{2(1-\theta^2)(\widetilde{\beta}_d^2 - \widetilde{\beta}_r(2\theta\widetilde{\beta}_d - \widetilde{\beta}_r))} \\ \quad + (a+\Delta a)((\theta - \theta\mu + \mu)\widetilde{\beta}_d - (\theta\mu + 1 - \mu)\widetilde{\beta}_r)(\widetilde{\beta}_d - \theta\widetilde{\beta}_r) \\[4pt] \widetilde{p}_{r3}^* = \dfrac{\widetilde{\beta}_d \widetilde{\beta}_r}{\theta \widetilde{\beta}_r - \widetilde{\beta}_d} \left(\dfrac{\beta_r((1-\mu)a\beta_d^2 - c_m\beta_r + \beta_d(2c_m + a\mu\beta_r)) - c_m\beta_r^2}{2\beta_d^2\beta_r^2} - \dfrac{(a+\Delta a)\mu}{\widetilde{\beta}_d} - \dfrac{(1-\mu)(a+\Delta a)}{\widetilde{\beta}_r}\right) \\ \quad + (\dfrac{\theta\widetilde{\beta}_d - \widetilde{\beta}_r}{\theta\widetilde{\beta}_r - \widetilde{\beta}_d}) \times (\theta^2 - 1)\widetilde{\beta}_d^2 \widetilde{\beta}_r \left(\dfrac{c_m}{\beta_d^2} - \dfrac{a\mu}{\beta_d} - \dfrac{2c_m\theta}{\beta_r\beta_d} + \dfrac{c_m - (1-\mu)a\beta_r}{\beta_r^2} + \dfrac{2(a+\Delta a)\mu}{\widetilde{\beta}_d} + \dfrac{2(1-\mu)(a+\Delta a)}{\widetilde{\beta}_r}\right) \\ \quad \dfrac{-(\widetilde{\beta}_d - \theta\widetilde{\beta}_r)(a+\Delta a)((\theta - \theta\mu + \mu)\widetilde{\beta}_d - (\theta\mu + 1 - \mu)\widetilde{\beta}_r)}{2(1-\theta^2)(\widetilde{\beta}_d^2 - \widetilde{\beta}_r(2\theta\widetilde{\beta}_d - \widetilde{\beta}_r))} \end{cases}$$

$$(3-53)$$

此时有

$$\widetilde{D}_{d3}^* = \widetilde{D}_{d2}^*, \widetilde{D}_{r3}^* = \widetilde{D}_{r2}^*, \widetilde{Q}_3^* = \widetilde{Q}_2^* = \overline{Q} \qquad (3-54)$$

情形 3-8：当 $\lambda = 0$，当

$$\Delta a \leqslant \left(\frac{\mu a}{\beta_d} + \frac{(1-\mu)a}{\beta_r} + \frac{2\theta c_m}{\beta_d \beta_r} - \frac{c_m}{\beta_d^2} - \frac{c_m}{\beta_r^2} - \frac{\mu a}{\widetilde{\beta}_d} - \frac{(1-\mu)a}{\widetilde{\beta}_r} \right.$$

$$\left. + \frac{(c_m - k_2)}{\widetilde{\beta}_d^2} + \frac{(c_m - k_2)}{\widetilde{\beta}_r^2} - \frac{2\theta(c_m - k_2)}{\widetilde{\beta}_d \widetilde{\beta}_r} \right) \left(\frac{\widetilde{\beta}_d \widetilde{\beta}_r}{\mu \widetilde{\beta}_r + (1-\mu)\widetilde{\beta}_d} \right)$$

时，电子渠道和传统渠道的销售价格为

$$\begin{cases} \widetilde{p}_{d4}^* = \frac{1}{2} \left(\frac{(a+\Delta a)((1-\mu)\theta + \mu)}{1-\theta^2} + \frac{c_m - k_2}{\widetilde{\beta}_d} \right) \\ \widetilde{p}_{r4}^* = \frac{1}{2} \left(\frac{(a+\Delta a)(\theta\mu + (1-\mu))}{1-\theta^2} + \frac{c_m - k_2}{\widetilde{\beta}_r} \right) \end{cases} \qquad (3-55)$$

电子渠道和传统渠道的销量分别为

$$\begin{cases} \widetilde{D}_{d4}^* = \frac{\mu(a+\Delta a)}{2} - \frac{(c_m - k_2)}{2\widetilde{\beta}_d} + \frac{\theta(c_m - k_2)}{2\widetilde{\beta}_r} \\ \widetilde{D}_{r4}^* = \frac{(1-\mu)(a+\Delta a)}{2} - \frac{(c_m - k_2)}{2\widetilde{\beta}_r} + \frac{\theta(c_m - k_2)}{2\widetilde{\beta}_d} \end{cases} \qquad (3-56)$$

制造商的生产数量为

$$\widetilde{Q}_4^* = \widetilde{q}_{d4}^* + \widetilde{q}_{r4}^* = \frac{\mu(a+\Delta a)}{2\widetilde{\beta}_d} + \frac{(1-\mu)(a+\Delta a)}{2\widetilde{\beta}_r}$$

$$+ \frac{(c_m - k_2)\theta}{\widetilde{\beta}_d \widetilde{\beta}_r} - \frac{(c_m - k_2)}{2\widetilde{\beta}_d^2} - \frac{(c_m - k_2)}{2\widetilde{\beta}_r^2} \qquad (3-57)$$

令 $A = \left(\frac{\mu a}{\beta_d} + \frac{(1-\mu)a}{\beta_r} + \frac{2\theta c_m}{\beta_d \beta_r} - \frac{c_m}{\beta_d^2} - \frac{c_m}{\beta_r^2} \right)$，可得定理 3-3。

定理 3-3：当双渠道供应链的需求函数如式（3-1）所示时，面临需求和路途损耗的同时扰动，双渠道供应链的收益函数如式（3-40）所示。

电子渠道的销售价格为

$$\tilde{p}_d^* = \begin{cases} \dfrac{1}{2}\left(\dfrac{(a+\Delta a)((1-\mu)\theta+\mu)}{1-\theta^2}+\dfrac{c_m+k_1}{\tilde{\beta}_d}\right), \Delta \in 情形3-5 \\ \dfrac{(1-\theta^2)\tilde{\beta}_r^2\tilde{\beta}_d\left(\dfrac{c_m}{\beta_d^2}-\dfrac{a\mu}{\beta_d}-\dfrac{2c_m\theta}{\beta_r\beta_d}+\dfrac{c_m-(1-\mu)a\beta_r}{\beta_r^2}+\dfrac{2(a+\Delta a)\mu}{\tilde{\beta}_d}+\dfrac{2(1-\mu)(a+\Delta a)}{\tilde{\beta}_r}\right)}{2(1-\theta^2)(\tilde{\beta}_d^2-\tilde{\beta}_r(2\theta\tilde{\beta}_d-\tilde{\beta}_r))} \\ \quad +(a+\Delta a)((\theta-\theta\mu+\mu)\tilde{\beta}_d-(\theta\mu+1-\mu)\tilde{\beta}_r)(\tilde{\beta}_d-\theta\tilde{\beta}_r) \\ \Delta \in 情形3-6, 情形3-7 \\ \dfrac{1}{2}\left(\dfrac{(a+\Delta a)((1-\mu)\theta+\mu)}{1-\theta^2}+\dfrac{c_m-k_2}{\tilde{\beta}_d}\right), \Delta \in 情形3-8 \end{cases}$$

(3-58)

传统渠道的销售价格为

$$\tilde{p}_d^* = \begin{cases} \dfrac{1}{2}\left(\dfrac{(a+\Delta a)(\theta\mu+(1-\mu))}{1-\theta^2}+\dfrac{c_m+k_1}{\tilde{\beta}_r}\right), \Delta \in 情形3-5 \\ \dfrac{\tilde{\beta}_r\tilde{\beta}_d}{\theta\tilde{\beta}_r-\tilde{\beta}_d}\left(\dfrac{-c_m\beta_d^2+\beta_r((1-\mu)a\beta_d^2-c_m\beta_r+\beta_d(2c_m\theta+a\mu\beta_r))}{2\beta_d^2\beta_r^2}-\dfrac{(a+\Delta a)\mu}{\tilde{\beta}_d}\right. \\ \quad -\dfrac{(1-\mu)(a+\Delta a)}{\tilde{\beta}_r}\bigg)+\left(\dfrac{\theta\tilde{\beta}_d-\tilde{\beta}_r}{\theta\tilde{\beta}_r-\tilde{\beta}_d}\right)\times(\theta^2-1)\tilde{\beta}_r^2\tilde{\beta}_d\left(\dfrac{c_m}{\beta_d^2}-\dfrac{a\mu}{\beta_d}-\dfrac{2c_m\theta}{\beta_r\beta_d}+\dfrac{c_m-(1-\mu)a\beta_r}{\beta_r^2}\right. \\ \quad +\dfrac{2\mu(a+\Delta a)}{\tilde{\beta}_d}+\dfrac{2(1-\mu)(a+\Delta a)}{\tilde{\beta}_r}\bigg)-(a+\Delta a)(\tilde{\beta}_d-\theta\tilde{\beta}_r)((\theta-\theta\mu+\mu)\tilde{\beta}_d-(\theta\mu+1-\mu)\tilde{\beta}_r) \\ \overline{\qquad\qquad\qquad 2(1-\theta^2)(\tilde{\beta}_d^2-\tilde{\beta}_r(2\theta\tilde{\beta}_d-\tilde{\beta}_r))\qquad\qquad\qquad} \\ \Delta \in 情形3-6, 情形3-7 \\ \dfrac{1}{2}\left(\dfrac{(a+\Delta a)(\theta\mu+(1-\mu))}{1-\theta^2}+\dfrac{c_m-k_2}{\tilde{\beta}_r}\right), \Delta \in 情形3-8 \end{cases}$$

(3-59)

制造商的生产数量为

$$\widetilde{Q}^* = \begin{cases} \dfrac{\mu(a+\Delta a)}{2\widetilde{\beta}_d} + \dfrac{(1-\mu)(a+\Delta a)}{2\widetilde{\beta}_r} + \dfrac{(c_m+k_1)\theta}{\widetilde{\beta}_d\widetilde{\beta}_r} - \dfrac{(c_m+k_1)}{2\widetilde{\beta}_d^2} - \dfrac{(c_m+k_1)}{2\widetilde{\beta}_r^2}, \Delta \in 情形3-5 \\ \dfrac{\mu a}{2\beta_d} + \dfrac{(1-\mu)a}{2\beta_r} + \dfrac{\theta c}{\beta_d\beta_r} - \dfrac{c_m}{2\beta_d^2} - \dfrac{c_m}{2\beta_r^2}, \Delta \in 情形3-6,情形3-7 \\ \dfrac{\mu(a+\Delta a)}{2\widetilde{\beta}_d} + \dfrac{(1-\mu)(a+\Delta a)}{2\widetilde{\beta}_r} + \dfrac{(c_m-k_2)\theta}{\widetilde{\beta}_d\widetilde{\beta}_r} - \dfrac{(c_m-k_2)}{2\widetilde{\beta}_d^2} - \dfrac{(c_m-k_2)}{2\widetilde{\beta}_r^2}, \Delta \in 情形3-8 \end{cases}$$

（3-60）

从定理3-3可以看出：

当 $\Delta a \geq \left(A - \dfrac{\mu a}{\widetilde{\beta}_d} - \dfrac{(1-\mu)a}{\widetilde{\beta}_r} + \dfrac{(c_m+k_1)}{\widetilde{\beta}_d^2} + \dfrac{(c_m+k_1)}{\widetilde{\beta}_r^2} - \dfrac{2\theta(c_m+k_1)}{\widetilde{\beta}_d\widetilde{\beta}_r} \right) \left(\dfrac{\widetilde{\beta}_d\widetilde{\beta}_r}{\mu\widetilde{\beta}_r + (1-\mu)\widetilde{\beta}_d} \right)$

时，供应链决策者增加生产计划并重新分配电子渠道和传统渠道的产品销售数量；当 $\Delta a \leq \left(A - \dfrac{\mu a}{\widetilde{\beta}_d} - \dfrac{(1-\mu)a}{\widetilde{\beta}_r} + \dfrac{(c_m-k_2)}{\widetilde{\beta}_d^2} + \dfrac{(c_m-k_2)}{\widetilde{\beta}_r^2} - \dfrac{2\theta(c_m-k_2)}{\widetilde{\beta}_d\widetilde{\beta}_r} \right) \times \left(\dfrac{\widetilde{\beta}_d\widetilde{\beta}_r}{\mu\widetilde{\beta}_r + (1-\mu)\widetilde{\beta}_d} \right)$

时，供应链决策者减少生产计划并重新分配电子渠道和传统渠道的产品销售数量；当 $\left(A - \dfrac{\mu a}{\widetilde{\beta}_d} - \dfrac{(1-\mu)a}{\widetilde{\beta}_r} + \dfrac{(c_m-k_2)}{\widetilde{\beta}_d^2} + \dfrac{(c_m-k_2)}{\widetilde{\beta}_r^2} - \dfrac{2\theta(c_m-k_2)}{\widetilde{\beta}_d\widetilde{\beta}_r} \right) \times \left(\dfrac{\widetilde{\beta}_d\widetilde{\beta}_r}{\mu\widetilde{\beta}_r + (1-\mu)\widetilde{\beta}_d} \right) < \Delta a < \left(A - \dfrac{\mu a}{\widetilde{\beta}_d} - \dfrac{(1-\mu)a}{\widetilde{\beta}_r} + \dfrac{(c_m+k_1)}{\widetilde{\beta}_d^2} + \dfrac{(c_m+k_1)}{\widetilde{\beta}_r^2} - \dfrac{2\theta(c_m+k_1)}{\widetilde{\beta}_d\widetilde{\beta}_r} \right) \times \left(\dfrac{\widetilde{\beta}_d\widetilde{\beta}_r}{\mu\widetilde{\beta}_r + (1-\mu)\widetilde{\beta}_d} \right)$ 时，分配电子渠道和传统渠道的销售数量依据优化调整后的渠道零售价格的变动而变动，但是总产量保持不变，供应链不改变生产计划而只需改变渠道零售价格即可达到优化。

3.4.2 供应链收益共享契约协调

零售商的利润函数为

$$\pi_r = (1-\phi)\widetilde{p}_r D_r - \dfrac{\widetilde{w} D_r}{\widetilde{\beta}_r} \tag{3-61}$$

可以求出传统渠道零售价格对批发价格和电子渠道价格的反应函数：

$$\widetilde{p}_r = \dfrac{(a+\Delta a)(1-\mu) + \theta \widetilde{p}_d}{2} + \dfrac{\widetilde{w}}{2(1-\phi)\widetilde{\beta}_r} \tag{3-62}$$

分散式供应链实现利润最大化，联立 $\tilde{p}_{r1}=\tilde{p}_{r1}^{*}$，$\tilde{p}_{d1}=\tilde{p}_{d1}^{*}$，可以算出，当 $\Delta a \geqslant \left(A - \dfrac{\mu a}{\tilde{\beta}_d} - \dfrac{(1-\mu)a}{\tilde{\beta}_r} + \dfrac{(c_m+k_1)}{\tilde{\beta}_d^2} + \dfrac{(c_m+k_1)}{\tilde{\beta}_r^2} - \dfrac{2\theta(c_m+k_1)}{\tilde{\beta}_d\tilde{\beta}_r} \right) \times \left(\dfrac{\tilde{\beta}_d\tilde{\beta}_r}{\mu\tilde{\beta}_r+(1-\mu)\tilde{\beta}_d} \right)$ 时，可以采用收益共享契约 $(\tilde{w},\phi)$，即

$$\tilde{w}_1 = (1-\phi)\dfrac{2(1-\theta^2)(c_m+k_1)\tilde{\beta}_d - \theta\tilde{\beta}_r((1-\theta^2)(c_m+k_1)-(a+\Delta a)((1-\mu)\theta+\mu)\tilde{\beta}_d)}{2(1-\theta^2)\tilde{\beta}_d}$$

（3-63）

进行协调。

联立 $\tilde{p}_{r4}=\tilde{p}_{r4}^{*}$，$\tilde{p}_{d4}=\tilde{p}_{d4}^{*}$，可以算出，当：$\Delta a \leqslant \left(A - \dfrac{\mu a}{\tilde{\beta}_d} - \dfrac{(1-\mu)a}{\tilde{\beta}_r} + \dfrac{(c_m-k_2)}{\tilde{\beta}_d^2} + \dfrac{(c_m-k_2)}{\tilde{\beta}_r^2} - \dfrac{2\theta(c_m-k_2)}{\tilde{\beta}_d\tilde{\beta}_r} \right)\left(\dfrac{\tilde{\beta}_d\tilde{\beta}_r}{\mu\tilde{\beta}_r+(1-\mu)\tilde{\beta}_d} \right)$ 时，可以采用收益共享契约 $(\tilde{w},\phi)$，即

$$\tilde{w}_4 = (1-\phi)\dfrac{2(1-\theta^2)(c_m-k_2)\tilde{\beta}_d - \theta\tilde{\beta}_r((1-\theta^2)(c_m+k_1)-(a+\Delta a)((1-\mu)\theta+\mu)\tilde{\beta}_d)}{2(1-\theta^2)\tilde{\beta}_d}$$

（3-64）

进行协调。

联立

$$\tilde{p}_{r2}=\tilde{p}_{r3}=\tilde{p}_{r2}^{*}=\tilde{p}_{r3}^{*}，\tilde{p}_{d2}=\tilde{p}_{d3}=\tilde{p}_{d2}^{*}=\tilde{p}_{d3}^{*} \quad (3-65)$$

可以算出，当 $\left(A - \dfrac{\mu a}{\tilde{\beta}_d} - \dfrac{(1-\mu)a}{\tilde{\beta}_r} + \dfrac{(c_m-k_2)}{\tilde{\beta}_d^2} + \dfrac{(c_m-k_2)}{\tilde{\beta}_r^2} - \dfrac{2\theta(c_m-k_2)}{\tilde{\beta}_d\tilde{\beta}_r} \right) \times \left(\dfrac{\tilde{\beta}_d\tilde{\beta}_r}{\mu\tilde{\beta}_r+(1-\mu)\tilde{\beta}_d} \right) < \Delta a < \left(A - \dfrac{\mu a}{\tilde{\beta}_d} - \dfrac{(1-\mu)a}{\tilde{\beta}_r} + \dfrac{(c_m+k_1)}{\tilde{\beta}_d^2} + \dfrac{(c_m+k_1)}{\tilde{\beta}_r^2} - \dfrac{2\theta(c_m+k_1)}{\tilde{\beta}_d\tilde{\beta}_r} \right) \times \left(\dfrac{\tilde{\beta}_d\tilde{\beta}_r}{\mu\tilde{\beta}_r+(1-\mu)\tilde{\beta}_d} \right)$ 时，可以采用收益共享契约 $(\tilde{w},\phi)$，即

$$\tilde{w}_{2,3} = (1-\phi)\tilde{\beta}_r \begin{pmatrix} \dfrac{(a+\Delta a)(\theta\mu + 2(1-\mu) - \theta^2(1-\mu))\tilde{\beta}_d^2}{2(1-\theta^2)(\tilde{\beta}_d^2 + \tilde{\beta}_r(\tilde{\beta}_r - 2\theta\tilde{\beta}_d))} \\ + \tilde{\beta}_d \tilde{\beta}_r \dfrac{(a+\Delta a)((2\mu - \theta + \mu\theta - 4\theta^2\mu) - (1-\mu)\theta^3)}{2(1-\theta^2)(\tilde{\beta}_d^2 + \tilde{\beta}_r(\tilde{\beta}_r - 2\theta\tilde{\beta}_d))} \\ + \dfrac{(a+\Delta a)\theta^2(\theta\mu + (1-\mu))\tilde{\beta}_r^2}{2(1-\theta^2)(\tilde{\beta}_d^2 + \tilde{\beta}_r(\tilde{\beta}_r - 2\theta\tilde{\beta}_d))} \\ +(\tilde{\beta}_d^2\tilde{\beta}_r - \tilde{\beta}_d\tilde{\beta}_r^2)\dfrac{c_m\beta_d^2 + \beta_r(c_m\beta_r - a(1-\mu)\beta_r^2 - \beta_d(2c_m\theta + a\mu\beta_r))}{\beta_d^2\beta_r^2(\tilde{\beta}_d^2 + \tilde{\beta}_r(\tilde{\beta}_r - 2\theta\tilde{\beta}_d))} \end{pmatrix}$$

（3-66）

进行协调。

同时，可以看出，当 $\Delta a = 0$、$\Delta\varphi_i = 0 (i=d,r)$ 时，供应链处于平稳状态，此时 $\tilde{p}_d^* = \bar{p}_d$，$\tilde{p}_r^* = \bar{p}_r$，采用

$$\bar{w} = \frac{1}{2}(1-\bar{\phi})\left(2c_m + \frac{\theta(c_m\theta^2 - c_m + a(\theta - \theta\mu + \mu)\beta_d)\beta_r}{(1-\theta^2)\beta_d}\right) \quad (3\text{-}67)$$

可以得到收益共享契约协调平稳条件下双渠道供应链的相关参数 $(\bar{w},\bar{\phi})$。

以收益共享契约实现双渠道供应链的分散协调，随着突发事件导致需求和路途损耗扰动的情况不同可以简单归纳为以下方面：

（1）当 $\Delta a \geq \left(A - \dfrac{\mu a}{\tilde{\beta}_d} - \dfrac{(1-\mu)a}{\tilde{\beta}_r} + \dfrac{(c_m+k_1)}{\tilde{\beta}_d^2} + \dfrac{(c_m+k_1)}{\tilde{\beta}_r^2} - \dfrac{2\theta(c_m+k_1)}{\tilde{\beta}_d\tilde{\beta}_r}\right)\left(\dfrac{\tilde{\beta}_d\tilde{\beta}_r}{\mu\tilde{\beta}_r + (1-\mu)\tilde{\beta}_d}\right)$

时，制造商增加相应的生产计划，将生产计划改变的单位成本加入批发价格，零售商承担相应销量的改变成本。

（2）当 $\Delta a \leq \left(A - \dfrac{\mu a}{\tilde{\beta}_d} - \dfrac{(1-\mu)a}{\tilde{\beta}_r} + \dfrac{(c_m-k_2)}{\tilde{\beta}_d^2} + \dfrac{(c_m-k_2)}{\tilde{\beta}_r^2} - \dfrac{2\theta(c_m-k_2)}{\tilde{\beta}_d\tilde{\beta}_r}\right)\left(\dfrac{\tilde{\beta}_d\tilde{\beta}_r}{\mu\tilde{\beta}_r + (1-\mu)\tilde{\beta}_d}\right)$

时，制造商减少相应的生产计划，从批发价中减去生产计划改变的单位成本，制造商补贴零售商相应销量的改变成本。

（3）当 $\left(A - \dfrac{\mu a}{\tilde{\beta}_d} - \dfrac{(1-\mu)a}{\tilde{\beta}_r} + \dfrac{(c_m-k_2)}{\tilde{\beta}_d^2} + \dfrac{(c_m-k_2)}{\tilde{\beta}_r^2} - \dfrac{2\theta(c_m-k_2)}{\tilde{\beta}_d\tilde{\beta}_r}\right)\left(\dfrac{\tilde{\beta}_d\tilde{\beta}_r}{\mu\tilde{\beta}_r + (1-\mu)\tilde{\beta}_d}\right) <$
$\Delta a < \left(A - \dfrac{\mu a}{\tilde{\beta}_d} - \dfrac{(1-\mu)a}{\tilde{\beta}_r} + \dfrac{(c_m+k_1)}{\tilde{\beta}_d^2} + \dfrac{(c_m+k_1)}{\tilde{\beta}_r^2} - \dfrac{2\theta(c_m+k_1)}{\tilde{\beta}_d\tilde{\beta}_r}\right)\left(\dfrac{\tilde{\beta}_d\tilde{\beta}_r}{\mu\tilde{\beta}_r + (1-\mu)\tilde{\beta}_d}\right)$ 时，发生

扰动后制造商不需要改变生产计划，只需要根据需求化程度改变批发价格达到决策优化。

（4）当$\Delta a = \Delta \varphi_d = \Delta \varphi_r = 0$时，供应链处于平稳状态，同时可以得到平稳状态下的双渠道供应链协调参数$(\bar{w},\bar{\phi})$。

3.5 数值算例

假设某产品的市场规模$a=100$，渠道间价格替代敏感系数$\theta=0.4$，在线市场规模比例$\mu=0.3$，单位生产成本$c_m=10$，电子渠道的路途损耗比例为$\varphi(t_d)=30\%$，传统渠道的路途损耗比例为$\varphi(t_r)=50\%$，偏离计划的单位成本$k_1=k_2=4$，通过不同情形的扰动水平下的数值算例验证推导结果。

发生需求和生产成本同时扰动后，供应链依然沿用平稳状态的线上线下零售价格（不作为）的双渠道供应链利润和采用扰动管理后（作为）下双渠道供应链决策利润、销售价格、销售数量以及产量，由表3-1给出。如果事先商定的收益共享系数$\phi=0.4$，制造商采用的收益共享契约协调下的批发价格、分散决策时的供应链利润以及集中决策时的利润由表3-2给出。

从表3-1中可以看出，供应链集中决策时，在需求和生产成本发生同时扰动后，采用应急管理（作为）可以改善双渠道供应链的利润，在扰动范围为情形3-1时，供应链追加生产计划并改变零售价格，当扰动范围为情形3-4时，供应链减少生产计划并改变零售价格，当扰动范围为情形3-2和情形3-3时，供应链不改变生产计划，但是需要改变渠道的零售价格。

当发生需求和路途损耗同时扰动后，供应链依然沿用平稳状态的线上线下零售价格（不作为）的双渠道供应链利润和采用扰动管理后（作为）下双渠道供应链决策利润、销售价格、销售数量以及制造商产量，由表3-3给出，制造商采用的收益共享契约协调下的批发价格、分散决策时的供应链利润以及集中决策时利润由表3-4给出。

从表3-3中可以看出，集中式供应链中，在需求和路途损耗同时发生扰动时，采用应急管理（作为）可以改善供应链的利润，在情形3-5下，供应链追加生产计划并改变零售价格，在情形3-8下，供应链减少生产计划并改变零售价格，在情形3-6和情形3-7下，供应链不改变生产计划，但是需要改变零售价格。从表3-2和表3-4中可以看出，分散式供应链中，在收益共享契约下，制造商以较低的批发价格$\tilde{w}$供给零售商，同时收取零售商ϕ比例的销售收入作为转移支付，双渠道分散供应链的利润与集中决策时的利润相等，供应链实现了供应链协调。现实交易中双渠道供应链存在制造商的批发价格大于电子渠道零售价格的可能，导致零售商放弃从制造商提货而从在线渠道串货，而收益共享契约中较低的批发价格降低了渠道间串货的可能性，使得供应链结构更加稳定。

表3-1 需求和成本同时扰动时制造商不作为和作为下的集中决策比较

算例编号	Δa	Δc	情形	$\tilde{p}_d^*$	$\tilde{p}_r^*$	$\tilde{D}_d^*$	$\tilde{D}_r^*$	$\tilde{Q}^*$	$\tilde{\Pi}^*$（作为）	Π（不作为）	$\tilde{\Pi}^* - \Pi$
1	0	0	3-2	52.86	74.57	12.97	30.57	79.67	1 981.22	1 748.71	232.51
2	20	2	3-1	48.60	68.56	11.83	27.88	72.65	1 885.90	1 811.80	74.10
3	10	4	3-2	34.74	49.06	11.89	27.84	72.65	1 481.50	1 443.90	37.60
4	−10	−2	3-3	36.79	51.93	10.99	25.79	67.27	914.40	870.08	44.32
5	−10	2	3-4	52.86	74.57	12.97	30.57	79.67	1 981.22	1 748.71	232.51

表3-2 需求和成本同时扰动时制造商作为下双渠道供应链分散决策数值

算例编号	Δa	Δc	情形	$\tilde{p}_d^{RS}$	$\tilde{p}_r^{RS}$	$\tilde{w}^{RS}$	π_m^{RS}	π_r^{RS}	$\tilde{\Pi}^{RS}$	$\tilde{\Pi}^*$
1	0	0	3-2	41.67	58.81	9.80	864.69	541.09	1 405.78	1 405.78
2	20	2	3-1	52.86	74.57	13.20	1420.45	560.77	1 981.22	1 981.22
3	10	4	3-2	48.60	68.56	12.20	1475.08	410.82	1 885.90	1 885.90
4	−10	−2	3-3	34.74	49.06	6.37	1397.01	84.49	1 481.50	1 481.50
5	−10	2	3-4	36.79	51.93	7.84	791.73	122.67	914.40	914.40

表3-3 需求和路途损耗同时扰动时制造商作为和不作为时的集中决策比较

算例编号	Δa	$\Delta\varphi_d$	$\Delta\varphi_r$	情形	$\tilde{p}_d^*$	$\tilde{p}_r^*$	$\tilde{D}_d^*$	$\tilde{D}_r^*$	$\tilde{Q}^*$	$\tilde{\Pi}^*$	Π	$\tilde{\Pi}^* - \Pi$
1	0	0	0	3-6	41.67	58.81	11.86	27.86	72.65	1 405.78	1 405.78	—
2	20	−0.2	−0.2	3-5	55.43	81.90	13.33	24.27	107.56	1 651.05	1 511.44	139.61
3	−10	−0.1	−0.1	3-7	39.44	56.48	10.15	22.29	72.65	933.07	903.61	29.47
4	−20	0.2	0.2	3-8	35.40	49.05	11.22	21.11	52.63	1 329.84	1 066.98	262.86

表3-4 需求和路途损耗同时扰动时制造商作为下双渠道供应链分散决策数值

算例编号	Δa	$\Delta\varphi_d$	$\Delta\varphi_r$	情形	$\tilde{p}_d^{RS}$	$\tilde{p}_r^{RS}$	$\tilde{w}^{RS}$	π_m^{RS}	π_r^{RS}	$\tilde{\Pi}^{RS}$	$\tilde{\Pi}^*$
1	0	0	0	3-6	41.67	58.81	9.80	864.69	541.09	1 405.78	1 405.78
2	20	−0.2	−0.2	3-5	55.43	81.90	10.37	1 297.73	353.32	1 651.05	1 651.05
3	−10	−0.1	−0.1	3-7	39.44	56.48	8.21	634.88	298.19	933.07	933.07
4	−20	0.2	0.2	3-8	30.95	43.33	4.74	629.27	700.57	1 329.84	1 329.84

3.6 本章小结

本章研究了短生命周期产品（易逝品），当采用制造商主导的双渠道供应链模式时，渠道之间存在着价格竞争，并且存在路途损耗。当供应链面临着需求和生产成本同时扰动时，以及需求和路途损耗同时扰动时，通过建立带有路途损耗比例因子的双渠道供应链利润模型，通过数学推导，得到需求和生产成本同时扰动下以及需求和路途损耗同时扰动下的供应链集中决策值，包括了电子渠道和传统渠道的零售价格、最优销售数量以及制造商的最优生产数量，由于双渠道供应链中存在鲁棒性，制造商在一定扰动范围内不用调整生产计划。当双渠道供应链面临着分散决策时，收益共享契约可以协调需求和成本同时扰动下的双渠道供应链以及需求和路途损耗同时扰动下的双渠道供应链。

零售商双渠道篇

第四章　需求和成本扰动下考虑促销的双渠道供应链应对管理

双渠道供应链中，由于制造商自建电子渠道，使得传统零售商的竞争力大大降低，此时，零售商一般会采取促销等方式来应对制造商的行为，促销使得传统渠道的消费者需求增加，同时带来一定的促销费用。存在突发事件扰动下，双渠道供应链考虑零售商促销时该如何实现优化，成为人们研究的一个视角。

4.1　引　言

随着电子商务的快速发展，制造商们纷纷建立了自营网络销售平台或在平台电商的网络商城中开设自营旗舰店，挑战着传统零售业寡头垄断的方式，制造商的电子渠道和零售商的传统零售渠道就组成了双渠道销售模式。电子渠道的建立给制造商的产业发展以及主导权的转变带来了非常重要的机会，而对于电子渠道的竞争，零售商采用了各种促销方式促进传统渠道的销售，零售商的努力取得了一定效果，大型商超在各种节假日里也是人头攒动，电子渠道和传统渠道的竞争和合作的时代已经到来。

在涉及零售商促销的供应链研究文献中，王素娟和胡奇英[172]对零售业的两个巨头国美和苏宁进行了研究，提出了关于零售业中的促销和贸易的商业模式的供应链模型。张汉江等[173]考虑到促销效果不确定，设计了促销费用分摊模型。慕银平等[174]则研究了折扣券促销在供应链中的作用以及决策。李新然等[175]设计了销量折扣契约，用来协调VMI模式下的零售商促销供应链系统。周永务和王圣东[176]建立了随机需求下一个制造商两个零售商的广告促销协调策略，计算了最优广告投入的数量并设计了利润共享契约协调两个竞争零售商。禹爱民针对制造商同时拥有零售渠道和网上直销渠道的双渠道供应链系统，在随机需求和联合促销情况下，对制造商和零售商之间的价格竞争和协调问题进行了研究，并证明回购契约能给制造商和零售商双方带来好处，但不能实现双渠道供应链的协调，张智勇等[177]通过微分对策研究了分摊成本对渠道供应链广告合作决策的影响。这些相关文献并没有考虑突发事件对零售商促销努力以及供应链其他决策值的影响。因此，本章考虑零售商促销会影响传统渠道的需求，研究需求和生产成本同时扰动下双渠道供应链集中决策时的最优渠道价格、销售数量以及促销投入，讨论了批发价格契约下供应链分散决策的情形，然后设计零售商促销增量价格折扣契约协调分散供应链，并通过算例验证了推导结果。

4.2 基本模型

供应链存在一个制造商和一个传统零售商，制造商拥有电子零售渠道，假设市场整体需求为 a，电子渠道的需求比例为 $\mu(0<\mu<1)$，单位制造成本为 c_m，电子渠道的销售价格为 p_d，传统渠道零售商的销售价格为 p_r，渠道间的替代系数为 $\theta(0<\theta<1)$，β 为零售商通过销售努力（广告、现场促销等方式）增加的传统渠道销量，销售努力投入（成本）是关于传统渠道销量增加的二次函数 $\dfrac{\eta\beta^2}{2}$，为了使讨论有意义，假设 $\dfrac{\eta>1}{2(1-\theta^2)}$。

构建零售商促销下电子渠道和传统渠道面临的需求函数为

$$\begin{cases} q_d = \mu a - p_d + \theta p_r \\ q_r = (1-\mu)a - p_r + \theta p_d + \beta \end{cases} \quad (4-1)$$

可以得到供应链的利润为

$$\begin{cases} \Pi = (p_d - c_m)(\mu a - p_d + \theta p_r) + (p_r - c_m)((1-\mu)a - p_r + \theta p_d + \beta) - \dfrac{\eta\beta^2}{2} \\ (\overline{p}_d, \overline{p}_r, \overline{\beta}) \in \arg\max \Pi(p_d, p_r, \beta) \end{cases} \quad (4-2)$$

$\Pi(p_d, p_r, \beta)$ 的黑塞矩阵 $\boldsymbol{H} = \begin{bmatrix} -2 & 2\theta & 0 \\ 2\theta & -2 & 1 \\ 0 & 1 & -\eta \end{bmatrix}$ 为负定矩阵，其顺序主子式为 $\{-2, 4(1-\theta^2), -2(2\eta(1-\theta^2)-1)\}$，因此是可微凹函数。

通过求解一阶条件 $\frac{\partial \Pi}{\partial p_d} = \frac{\partial \Pi}{\partial p_r} = \frac{\partial \Pi}{\partial \beta} = 0$，可以得到最优解为

$$\begin{cases} \bar{p}_d = \dfrac{a\mu + c_m(1+\theta)(1-2\eta(1-\theta)) - 2\eta a(\mu + \theta - \theta\mu)}{2(1-2(1-\theta^2)\eta)} \\ \bar{p}_r = \dfrac{a\eta(1-\mu+\theta\mu) - c_m(1-\eta(1-\theta^2))}{2(1-\theta^2)\eta - 1} \\ \bar{\beta} = \dfrac{a(1-\mu+\theta\mu) - (1-\theta^2)c_m}{2(1-\theta^2)\eta - 1} \end{cases} \quad (4\text{-}3)$$

所以，双渠道供应链的最优销售数量为

$$\begin{cases} \bar{q}_d = \dfrac{\mu a - (1-\theta)c_m}{2} \\ \bar{q}_r = \dfrac{(1-\mu)a - (1-\theta)c_m}{2} + \dfrac{a(1-\mu+\theta\mu) - c_m(1-\theta^2)}{2(2(1-\theta^2)\eta - 1)} \end{cases} \quad (4\text{-}4)$$

供应链最优利润为

$$\bar{\Pi} = \frac{(1-\theta)c_m^2 - ac_m}{2} + \frac{a^2(1-2\mu(1-\theta)(1-\mu))}{4(1-\theta^2)} - \frac{(c_m(1-\theta^2) - a(1-\mu+\theta\mu))^2}{4(1-\theta^2)(1-2(1-\theta^2)\eta)} \quad (4\text{-}5)$$

4.3 需求和成本同时扰动下双渠道供应链集中决策

假设供应链生产和销售的产品为短生命周期产品且有较长的生产准备期，当制造商已经下好生产计划后，此时突发事件导致双渠道闭环供应链的市场规模和单位生产成本发生变化，再假设市场规模变化量为Δa，单位制造成本变化量为Δc，此时扰动（当$\Delta a = 0, \Delta c = 0$时处于平稳状态）下的供应链的需求函数为

$$\begin{cases} \tilde{q}_d = \mu(a + \Delta a) - \tilde{p}_d + \theta \tilde{p}_r \\ \tilde{q}_r = (1-\mu)(a + \Delta a) - \tilde{p}_r + \theta \tilde{p}_d + \tilde{\beta} \end{cases} \quad (4\text{-}6)$$

供应链的总利润变为：

$$\tilde{\Pi} = (\tilde{p}_d - c_m - \Delta c)\tilde{q}_d + (\tilde{p}_r - c_m - \Delta c)\tilde{q}_r - \frac{\eta \tilde{\beta}^2}{2} - k_1(\tilde{q}_d + \tilde{q}_r - \bar{q}_d - \bar{q}_r)^+ \\ - k_2(\bar{q}_d + \bar{q}_r - \tilde{q}_d - \tilde{q}_r)^+ \quad (4\text{-}7)$$

其中：$(x)^+ = \max(x, 0)$。

函数（4-7）中第四项为增加产量带来的成本，第五项为减少产量带来的成本。

当 $\tilde{q}_d + \tilde{q}_r \geq \bar{q}_d + \bar{q}_r$ 时，供应链利润变成

$$\tilde{\Pi}_1 = (\tilde{p}_d - c_m - \Delta c)\tilde{q}_d + (\tilde{p}_r - c_m - \Delta c)\tilde{q}_r - \frac{\eta \tilde{\beta}^2}{2} - k_1(\tilde{q}_d + \tilde{q}_r - \bar{q}_d - \bar{q}_r) \quad (4-8)$$

当 $\tilde{q}_d + \tilde{q}_r \leq \bar{q}_d + \bar{q}_r$ 时，供应链利润变成

$$\tilde{\Pi}_2 = (\tilde{p}_d - c_m - \Delta c)\tilde{q}_d + (\tilde{p}_r - c_m - \Delta c)\tilde{q}_r - \frac{\eta \tilde{\beta}^2}{2} - k_2(\bar{q}_d + \bar{q}_r - \tilde{q}_d - \tilde{q}_r) \quad (4-9)$$

由于供应链利润 $\tilde{\Pi}_1$，$\tilde{\Pi}_2$ 均为零售价格 $(\tilde{p}_d, \tilde{p}_r, \tilde{\beta})$ 的严格凹函数，因此可以求出最优的零售价格，存在三种情形。

4.3.1 制造商增加生产计划时的供应链决策

当突发事件带来的需求和生产成本扰动导致供应链指向制造商应该增加生产计划，而生产计划的增加导致增加产量部分的单位成本更高，有些企业在外部市场有临时采购的替代产品时，可以用紧急采购来增加供给，但是不管如何，一定会带来一定的成本。

此时，供应链的利润函数为

$$\tilde{\Pi}_1 = (\tilde{p}_d - c_m - \Delta c)(\mu a - \tilde{p}_d + \theta \tilde{p}_r)$$

$$+ (p_r - c_m - \Delta c)((1-\mu)a - \tilde{p}_r + \theta \tilde{p}_d + \tilde{\beta}) - \frac{\eta \tilde{\beta}^2}{2} - k_1(\tilde{q}_d + \tilde{q}_r - \bar{q}_d - \bar{q}_r) \quad (4-10)$$

$$\text{s.t.} \ \tilde{q}_d + \tilde{q}_r \geq \bar{q}_d + \bar{q}_r$$

根据 Kuhn-Tucker 条件

可以得到当 $\Delta a \geq \dfrac{(1-\theta)(k_1 + \Delta c)(4(1+\theta)\eta - 1)}{2(1+\theta)\eta - \mu}$ 时，

电子渠道和传统渠道的市场销售价格为

$$\begin{cases} \tilde{p}_{d1}^* = \bar{p}_d + \dfrac{\mu \Delta a + (1+\theta)(1-2\eta(1-\theta))(\Delta c + k_1) - 2\eta \Delta a(1-\mu+\theta\mu)}{2(1-2(1-\theta^2)\eta)} \\ \tilde{p}_{r1}^* = \bar{p}_r + \dfrac{\eta \Delta a(1-\mu+\theta\mu) - (\Delta c + k_1)(1-\eta(1-\theta^2))}{2(1-\theta^2)\eta - 1} \end{cases} \quad (4-11)$$

传统渠道中零售商的努力程度为

$$\tilde{\beta}_1^* = \bar{\beta} + \dfrac{\Delta a(1-\mu+\theta\mu) - (1-\theta^2)(\Delta c + k_1)}{2(1-\theta^2)\eta - 1} \quad (4-12)$$

电子渠道和传统渠道的销量为

$$\begin{cases} \tilde{q}_{d1}^* = \bar{q}_d + \dfrac{\mu\Delta a - (1-\theta)(\Delta c + k_1)}{2} \\ \tilde{q}_{r1}^* = \bar{q}_r + \dfrac{(1-\mu)\Delta a - (1-\theta)(\Delta c + k_1)}{2} + \dfrac{\Delta a(1-\mu+\theta\mu) - (\Delta c + k_1)(1-\theta^2)}{2(2(1-\theta^2)\eta - 1)} \end{cases} \quad (4\text{-}13)$$

4.3.2 制造商减少生产计划时的供应链决策

当突发事件带来的需求和生产成本扰动导致供应链指向制造商应该减少生产计划，或者制造商无法改变产量时，需要制造商在二级市场以较低的价格销售掉产品（短生命周期产品的特点），会带来一定的处理成本。

此时供应链的利润函数为

$$\tilde{\Pi}_2 = (\tilde{p}_d - c_m - \Delta c)(\mu a - \tilde{p}_d + \theta\tilde{p}_r)$$
$$+ (p_r - c_m - \Delta c)((1-\mu)a - \tilde{p}_r + \theta\tilde{p}_d + \tilde{\beta}) - \dfrac{\eta\tilde{\beta}^2}{2} - k_2(\bar{q}_d + \bar{q}_r - \tilde{q}_d - \tilde{q}_r) \quad (4\text{-}14)$$
$$\text{s.t.} \ \tilde{q}_d + \tilde{q}_r \leq \bar{q}_d + \bar{q}_r$$

可以得到当：$\Delta a \leq \dfrac{(1-\theta)(\Delta c - k_2)(4(1+\theta)\eta - 1)}{2(1+\theta)\eta - \mu}$ 时，电子渠道和传统渠道的市场销售价格为

$$\begin{cases} \tilde{p}_{d2}^* = \bar{p}_d + \dfrac{\mu\Delta a + (1+\theta)(1-2\eta(1-\theta))(\Delta c - k_2) - 2\eta\Delta a(\mu+\theta-\theta\mu)}{2(1-2(1-\theta^2)\eta)} \\ \tilde{p}_{r2}^* = \bar{p}_r + \dfrac{\eta\Delta a(\mu+\theta-\theta\mu) - (\Delta c - k_2)(1-\eta(1-\theta^2))}{2(1-\theta^2)\eta - 1} \end{cases} \quad (4\text{-}15)$$

传统渠道中零售商的销售努力程度为

$$\tilde{\beta}_2^* = \bar{\beta} + \dfrac{\Delta a(1-\mu+\theta\mu) - (1-\theta^2)(\Delta c - k_2)}{2(1-\theta^2)\eta - 1} \quad (4\text{-}16)$$

电子渠道和传统渠道的销量为

$$\begin{cases} \tilde{q}_{d2}^* = \bar{q}_d + \dfrac{\mu\Delta a - (1-\theta)(\Delta c - k_2)}{2} \\ \tilde{q}_{r2}^* = \bar{q}_r + \dfrac{(1-\mu)\Delta a - (1-\theta)(\Delta c - k_2)}{2} + \dfrac{\Delta a(1-\mu+\theta\mu) - (\Delta c - k_2)(1-\theta^2)}{2(2(1-\theta^2)\eta - 1)} \end{cases} \quad (4\text{-}17)$$

4.3.3 制造商不改变生产计划时的供应链决策

无论增加还是减少生产计划都需要额外的成本,如果扰动的规模较小,供应链的鲁棒性使得制造商无须调整生产计划。

当 $\dfrac{(1-\theta)(\Delta c - k_2)(4(1+\theta)\eta - 1)}{2(1+\theta)\eta - \mu} < \Delta a < \dfrac{(1-\theta)(k_1 + \Delta c)(4(1+\theta)\eta - 1)}{2(1+\theta)\eta - \mu}$ 时,

由于鲁棒性存在,因此 $\tilde{q}_d + \tilde{q}_r = \bar{q}_d + \bar{q}_r$,求解函数

$$\tilde{\Pi}_3 = (\tilde{p}_d - c_m - \Delta c)(\mu a - \tilde{p}_d + \theta \tilde{p}_r)$$
$$+ (\tilde{p}_r - c_m - \Delta c)((1-\mu)a - \tilde{p}_r + \theta \tilde{p}_d + \tilde{\beta}) - \dfrac{\eta \tilde{\beta}^2}{2} \quad (4\text{-}18)$$
$$\text{s.t.} \tilde{q}_d + \tilde{q}_r = \bar{q}_d + \bar{q}_r$$

存在约束 $\tilde{p}_{d3} = \dfrac{a + \Delta a + \tilde{\beta} - (\bar{q}_d + \bar{q}_r)}{(1-\theta)} - \tilde{p}_{r3}$,可以求得以下参数:

电子渠道和传统渠道的市场销售价格为

$$\begin{cases} \tilde{p}_{d3}^* = \bar{p}_d + \dfrac{\Delta a((1+3\theta)\eta + 2(1-\theta)\mu\eta - \mu)}{(1-\theta)(4(1+\theta)\eta - 1)} \\ \tilde{p}_{r3}^* = \bar{p}_r + \dfrac{\Delta a((3+\theta)\eta - 2(1-\theta)\mu\eta - \mu)}{(1-\theta)(4(1+\theta)\eta - 1)} \end{cases} \quad (4\text{-}19)$$

传统渠道中零售商的努力程度为

$$\tilde{\beta}_3^* = \bar{\beta} + \dfrac{(1-2\mu)\Delta a}{4(1+\theta)\eta - 1} \quad (4\text{-}20)$$

电子渠道和传统渠道的销量为

$$\begin{cases} \tilde{q}_{d3}^* = \bar{q}_d + \dfrac{\Delta a(2\mu - 1)(1+\theta)\eta}{(4(1+\theta)\eta - 1)} \\ \tilde{q}_{r3}^* = \bar{q}_r - \dfrac{\Delta a(2\mu - 1)(1+\theta)\eta}{(4(1+\theta)\eta - 1)} \end{cases} \quad (4\text{-}21)$$

$$\tilde{q}_{d3}^* + \tilde{q}_{r3}^* = \bar{q}_d + \bar{q}_r \quad (4\text{-}22)$$

定理4-1:若双渠道供应链存在需求函数如式(4-1)所示,当面临需求和生产成本同时扰动时,收益函数如式(4-7)所示,得到供应链最优决策。

电子渠道最优零售价格为

$$\tilde{p}_d^* = \begin{cases} \overline{p}_d + \dfrac{\mu\Delta a + (1+\theta)(1-2\eta(1-\theta))(\Delta c + k_1) - 2\eta\Delta a(1-\mu+\theta\mu)}{2(1-2(1-\theta^2)\eta)}, \\ \Delta a \geqslant \dfrac{(1-\theta)(k_1 + \Delta c)(4(1+\theta)\eta - 1)}{2(1+\theta)\eta - \mu} \\ \overline{p}_d + \dfrac{\mu\Delta a + (1+\theta)(1-2\eta(1-\theta))(\Delta c - k_2) - 2\eta\Delta a(\mu + \theta - \theta\mu)}{2(1-2(1-\theta^2)\eta)}, \\ \Delta a \leqslant \dfrac{(1-\theta)(\Delta c - k_2)(4(1+\theta)\eta - 1)}{2(1+\theta)\eta - \mu} \\ \overline{p}_d + \dfrac{\Delta a((1+3\theta)\eta + 2(1-\theta)\mu\eta - \mu)}{(1-\theta)(4(1+\theta)\eta - 1)}, \\ \dfrac{(1-\theta)(\Delta c - k_2)(4(1+\theta)\eta - 1)}{2(1+\theta)\eta - \mu} < \Delta a < \dfrac{(1-\theta)(k_1 + \Delta c)(4(1+\theta)\eta - 1)}{2(1+\theta)\eta - \mu} \end{cases} \quad (4\text{-}23)$$

传统渠道最优零售价格为

$$\tilde{p}_r^* = \begin{cases} \overline{p}_r + \dfrac{\eta\Delta a(1-\mu+\theta\mu) - (\Delta c + k_1)(1-\eta(1-\theta^2))}{2(1-\theta^2)\eta - 1}, \\ \Delta a \geqslant \dfrac{(1-\theta)(k_1 + \Delta c)(4(1+\theta)\eta - 1)}{2(1+\theta)\eta - \mu} \\ \overline{p}_r + \dfrac{\eta\Delta a(\mu + \theta - \theta\mu) - (\Delta c - k_2)(1-\eta(1-\theta^2))}{2(1-\theta^2)\eta - 1}, \\ \Delta a \leqslant \dfrac{(1-\theta)(\Delta c - k_2)(4(1+\theta)\eta - 1)}{2(1+\theta)\eta - \mu} \\ \overline{p}_r + \dfrac{\Delta a((3+\theta)\eta - 2(1-\theta)\mu\eta - \mu)}{(1-\theta)(4(1+\theta)\eta - 1)}, \\ \dfrac{(1-\theta)(\Delta c - k_2)(4(1+\theta)\eta - 1)}{2(1+\theta)\eta - \mu} < \Delta a < \dfrac{(1-\theta)(k_1 + \Delta c)(4(1+\theta)\eta - 1)}{2(1+\theta)\eta - \mu} \end{cases} \quad (4\text{-}24)$$

电子渠道销量为

$$\tilde{q}_d^* = \begin{cases} \overline{q}_d + \dfrac{\mu\Delta a - (1-\theta)(\Delta c + k_1)}{2}, \Delta a \geqslant \dfrac{(1-\theta)(k_1 + \Delta c)(4(1+\theta)\eta - 1)}{2(1+\theta)\eta - \mu} \\ \overline{q}_d + \dfrac{\mu\Delta a - (1-\theta)(\Delta c - k_2)}{2}, \Delta a \leqslant \dfrac{(1-\theta)(\Delta c - k_2)(4(1+\theta)\eta - 1)}{2(1+\theta)\eta - \mu} \\ \overline{q}_d + \dfrac{\Delta a(2\mu - 1)(1+\theta)\eta}{(4(1+\theta)\eta - 1)}, \\ \dfrac{(1-\theta)(\Delta c - k_2)(4(1+\theta)\eta - 1)}{2(1+\theta)\eta - \mu} < \Delta a < \dfrac{(1-\theta)(k_1 + \Delta c)(4(1+\theta)\eta - 1)}{2(1+\theta)\eta - \mu} \end{cases} \quad (4\text{-}25)$$

传统渠道销量为

$$\tilde{q}_r^* = \begin{cases} \overline{q}_r + \dfrac{(1-\mu)\Delta a - (1-\theta)(\Delta c + k_1)}{2} + \dfrac{\Delta a(1-\mu+\theta\mu) - (\Delta c + k_1)(1-\theta^2)}{2(2(1-\theta^2)\eta - 1)}, \\ \Delta a \geqslant \dfrac{(1-\theta)(k_1 + \Delta c)(4(1+\theta)\eta - 1)}{2(1+\theta)\eta - \mu} \\ \overline{q}_r + \dfrac{(1-\mu)\Delta a - (1-\theta)(\Delta c - k_2)}{2} + \dfrac{\Delta a(1-\mu+\theta\mu) - (\Delta c - k_2)(1-\theta^2)}{2(2(1-\theta^2)\eta - 1)}, \\ \Delta a \leqslant \dfrac{(1-\theta)(\Delta c - k_2)(4(1+\theta)\eta - 1)}{2(1+\theta)\eta - \mu} \\ \overline{q}_r - \dfrac{\Delta a(2\mu - 1)(1+\theta)\eta}{(4(1+\theta)\eta - 1)}, \\ \dfrac{(1-\theta)(\Delta c - k_2)(4(1+\theta)\eta - 1)}{2(1+\theta)\eta - \mu} < \Delta a < \dfrac{(1-\theta)(k_1 + \Delta c)(4(1+\theta)\eta - 1)}{2(1+\theta)\eta - \mu} \end{cases} \quad (4\text{-}26)$$

零售商促销努力的程度为：

$$\tilde{\beta}^* = \begin{cases} \bar{\beta} + \dfrac{\Delta a(1-\mu+\theta\mu)-(1-\theta^2)(\Delta c+k_1)}{2(1-\theta^2)\eta-1}, \\ \Delta a \geqslant \dfrac{(1-\theta)(k_1+\Delta c)(4(1+\theta)\eta-1)}{2(1+\theta)\eta-\mu} \\ \bar{\beta} + \dfrac{\Delta a(1-\mu+\theta\mu)-(1-\theta^2)(\Delta c-k_2)}{2(1-\theta^2)\eta-1}, \\ \Delta a \leqslant \dfrac{(1-\theta)(\Delta c-k_2)(4(1+\theta)\eta-1)}{2(1+\theta)\eta-\mu} \\ \bar{\beta} + \dfrac{(1-2\mu)\Delta a}{4(1+\theta)\eta-1}, \\ \dfrac{(1-\theta)(\Delta c-k_2)(4(1+\theta)\eta-1)}{2(1+\theta)\eta-\mu} < \Delta a < \dfrac{(1-\theta)(k_1+\Delta c)(4(1+\theta)\eta-1)}{2(1+\theta)\eta-\mu} \end{cases} \quad (4\text{-}27)$$

从定理 4-1 可以看出：

（1）当 $\Delta a \geqslant \dfrac{(1-\theta)(k_1+\Delta c)(4(1+\theta)\eta-1)}{2(1+\theta)\eta-\mu}$ 时，制造商增加生产计划并重新分配渠道销售数量，需求的增加将导致传统渠道销售努力 $\tilde{\beta}_1^*$ 增加，而生产成本的增加将导致销售努力降低，同时单位产量增加成本 k_1 使得销售努力降低。

（2）当 $\Delta a \leqslant \dfrac{(1-\theta)(\Delta c-k_2)(4(1+\theta)\eta-1)}{2(1+\theta)\eta-\mu}$ 时，制造商减少生产计划并重新分配渠道销售数量，需求的减少将导致传统渠道销售努力 $\tilde{\beta}_2^*$ 降低，而生产成本的减少将导致销售努力增加，同时单位产量减少成本 k_2 使得销售努力增加。

（3）当 $\dfrac{(1-\theta)(\Delta c-k_2)(4(1+\theta)\eta-1)}{2(1+\theta)\eta-\mu} < \Delta a < \dfrac{(1-\theta)(k_1+\Delta c)(4(1+\theta)\eta-1)}{2(1+\theta)\eta-\mu}$ 时，制造商不改变生产计划，零售商和制造商分配的销量变动额受市场份额影响，但是总销量保持不变。生产成本扰动不影响销售努力程度，传统渠道销售努力 $\tilde{\beta}_3^*$ 增减由电子渠道份额 μ 以及需求扰动程度 Δa 决定，当电子渠道份额大于传统渠道份额，需求增加时努力程度降低，当电子渠道份额小于传统渠道份额，需求增加时努力程度增加。

（4）制造商改变生产计划的扰动临界点和渠道份额、渠道替代系数、促销投入系数、单位改变成本有关，鲁棒区域由这四个方面的因素来决定。

4.4 需求和成本同时扰动下双渠道供应链分散决策

4.4.1 制造商主导时供应链批发价格契约

双渠道供应链中，在制造商主导的Stackelberg博弈情形下，且在批发价格契约状态下，制造商根据自身最优先给出批发价格契约下的电子渠道零售价格p_d^{WP}和批发价格w，零售商再根据自身最优给出传统渠道的零售价格p_r^{WP}以及促销努力程度β^{WP}。

此时，零售商的利润函数为

$$\tilde{\pi}_r^{WP} = (\tilde{p}_r^{WP} - w)((1-\mu)(a+\Delta a) - \tilde{p}_r^{WP} + \theta \tilde{p}_d^{WP} + \tilde{\beta}^{WP}) - \frac{\eta \tilde{\beta}^{WP2}}{2} \quad (4-28)$$

可以求出零售商对批发价格w和电子渠道价格$\tilde{p}_d$的反应函数：

$$\begin{cases} \tilde{p}_r^{WP} = \dfrac{(1-\eta)w - (1-\mu)(a+\Delta a)\eta - \theta\eta\tilde{p}_d^{WP}}{1-2\eta} \\ \tilde{\beta}^{WP} = \dfrac{w - (1-\mu)(a+\Delta a) - \theta\tilde{p}_d^{WP}}{1-2\eta} \end{cases} \quad (4-29)$$

同样分为三种情形讨论。

情形4-1：$\tilde{q}_d + \tilde{q}_r \geq \bar{q}_d + \bar{q}_r$，制造商增加产量。

此时，制造商的利润函数为

$$\tilde{\pi}_m = (\tilde{p}_d^{WP} - c_m - \Delta c)\tilde{q}_d + (w - c_m - \Delta c)\tilde{q}_r - k_1(\tilde{q}_d + \tilde{q}_r - \bar{q}_d - \bar{q}_r) \quad (4-30)$$
$$\text{s.t.} \quad \tilde{q}_d + \tilde{q}_r \geq \bar{q}_d + \bar{q}_r$$

利润函数$\tilde{\pi}_m^{WP}(\tilde{p}_m^{WP}, w)$的黑塞矩阵为负定矩阵。

令 $A = \dfrac{2\eta(4\eta^2(1-\theta^2)^2 + 2\eta(\theta+3\theta^2+\theta^3-1) - \theta(1+\theta+\theta^2)) + \mu\theta^2}{2\eta(1-2\eta(1-\theta^2))(\theta+2\mu-2\eta(1+\theta)(1+\theta+\mu-\theta\mu))} \cdot \dfrac{-4\mu\eta(\theta^2-\eta(1-\theta^2)(1-2\eta+2\eta\theta^2))}{}$,

$$B = \frac{\begin{array}{l}(1-\theta)(4\eta\theta(1+\theta)^2\\+4\eta^2(1+\theta)(1-3\theta+2\theta^2)\\-\theta^2-8\eta^3(1-\theta^2)^2)\end{array}}{2\eta(1-2\eta(1-\theta^2))(\theta+2\mu-2\eta(1+\theta)(1+\theta+\mu-\theta\mu))}, \quad C = \frac{\begin{array}{l}2(1-\theta^2)\\(1-\eta(3+\theta))\end{array}}{\theta+2\mu-2\eta(1+\theta)(1+\theta+\mu-\theta\mu)},$$

可以得到：

当 $\Delta a \geq aA + c_m B + (\Delta c + k_1)C$ 时，制造商的最优销售价格和批发价格：

$$\begin{cases} \tilde{p}_{d1}^{WP} = \dfrac{\begin{array}{l}(a+\Delta a)\eta((4\eta-1)(\theta+\mu-\theta\mu)-\mu)+(c_m+\Delta c+k_1)(\eta(4\eta-3)(1-\theta^2)\\+(1-\theta)\eta-\theta^2)\end{array}}{4\eta(2\eta-1)(1-\theta^2)-\theta^2} \\ w_1 = \dfrac{\eta((1-\mu)(a+\Delta a)+(c_m+\Delta c+k_1)(4\eta+\theta-1))}{8\eta^2-4\eta+1} \\ +\dfrac{\begin{array}{l}2\eta(2\eta-1)^2((1-\mu)(a+\Delta a)(4\eta-1)-(c_m+\Delta c+k_1))\\+\theta(2\eta-1)^2(\mu(a+\Delta a)(8\eta^2-4\eta+1)+(2\eta-1)(c_m+\Delta c+k_1))\end{array}}{(8\eta^2-4\eta+1)((1-\theta^2)(8\eta^2-4\eta+1)-1)} \end{cases} \quad (4\text{-}31)$$

零售商的最优销售价格和努力程度为

$$\begin{cases} \tilde{p}_{r1}^{WP} = \dfrac{\begin{array}{l}\mu(a+\Delta a)\big(\theta+\eta[2-3\theta-2\eta(1-\theta)(3+\theta)]\big)\\-(a+\Delta a)2\eta(1-\eta(3-\theta^2))\\+(c_m+\Delta c+\Delta k_1)\big(\eta(1-\theta)(2\eta(1+\theta)^2-\theta-2)-\theta\big)\end{array}}{4\eta(2\eta-1)(1-\theta^2)-\theta^2} \\ \tilde{\beta}_1^{WP} = \dfrac{\begin{array}{l}(a+\Delta a)(2\eta(1-\theta^2)(1-\mu)+\theta(\theta+\mu-\theta\mu))\\+(c_m+\Delta c+\Delta k_1)(1-\theta^2)(2\eta(1-\theta)-\theta)\end{array}}{4\eta(2\eta-1)(1-\theta^2)-\theta^2} \end{cases} \quad (4\text{-}32)$$

情形 4-2：当 $\tilde{q}_d + \tilde{q}_r \leq \bar{q}_d + \bar{q}_r$ 时，制造商的利润函数：

$$\tilde{\pi}_m^{WP} = (\tilde{p}_d^{WP} - c_m - \Delta c)\tilde{q}_d + (w - c_m - \Delta c)\tilde{q}_r - k_2(\bar{q}_d + \bar{q}_r - \tilde{q}_d - \tilde{q}_r) \quad (4\text{-}33)$$
$$\text{s.t.} \ \tilde{q}_d + \tilde{q}_r \leq \bar{q}_d + \bar{q}_r$$

当$\Delta a \leqslant aA + c_m B + (\Delta c - k_2)C$时，求得制造商的最优销售价格和批发价格：

$$\begin{cases} \tilde{p}_{d2}^{WP} = \dfrac{\begin{array}{l}(a+\Delta a)\eta((4\eta-1)(\theta+\mu-\theta\mu)-\mu)\\+(c_m+\Delta c-k_2)(\eta(4\eta-3)(1-\theta^2)+(1-\theta)\eta-\theta^2)\end{array}}{4\eta(2\eta-1)(1-\theta^2)-\theta^2} \\ w_2 = \dfrac{\eta(1-\mu)(a+\Delta a)+(c_m+\Delta c-k_2)(4\eta+\theta-1))}{8\eta^2-4\eta+1} \\ \dfrac{\begin{array}{l}2\eta(2\eta-1)^2((1-\mu)(a+\Delta a)(4\eta-1)\\-(c_m+\Delta c-k_2))+\theta(2\eta-1)^2(\mu(a+\Delta a)(8\eta^2-4\eta+1)\\+(2\eta-1)(c_m+\Delta c-k_2))\end{array}}{(8\eta^2-4\eta+1)((1-\theta^2)(8\eta^2-4\eta+1)-1)} \end{cases} \quad (4\text{-}34)$$

零售商的最优销售价格和努力程度为

$$\begin{cases} \tilde{p}_{r2}^{WP} = \dfrac{\begin{array}{l}\mu(a+\Delta a)\bigl(\theta+\eta(2-3\theta-2\eta(1-\theta)(3+\theta))\bigr)\\-(a+\Delta a)2\eta(1-\eta(3-\theta^2))\\+(c_m+\Delta c-\Delta k_2)\bigl(\eta(1-\theta)(2\eta(1+\theta)^2-2-\theta)-\theta\bigr)\end{array}}{4\eta(2\eta-1)(1-\theta^2)-\theta^2} \\ \tilde{\beta}_{2}^{WP} = \dfrac{\begin{array}{l}(a+\Delta a)(2\eta(1-\theta^2)(1-\mu)\\+\theta(\theta+\mu-\theta\mu))\\+(c_m+\Delta c-\Delta k_2)(1-\theta^2)(2\eta(1-\theta)-\theta)\end{array}}{4\eta(2\eta-1)(1-\theta^2)-\theta^2} \end{cases} \quad (4\text{-}35)$$

情形 4-3：$\tilde{q}_d + \tilde{q}_r = \bar{q}_d + \bar{q}_r$。

当制造商不改变产量时，制造商的利润函数为

$$\tilde{\pi}_m^{WP} = (\tilde{p}_d^{WP} - c_m - \Delta c)\tilde{q}_d + (w - c_m - \Delta c)\tilde{q}_r \quad (4\text{-}36)$$
$$\text{s.t.} \tilde{q}_d + \tilde{q}_r = \bar{q}_d + \bar{q}_r$$

当 $aA+c_mB+(\Delta c-k_2)C<\Delta a<aA+c_mB+(\Delta c+k_1)C$ 时，根据 Kuhn-Tucker 定理，求得制造商的最优销售价格和批发价格：

$$\begin{cases}\tilde{P}_{d3}^{WP}=a\dfrac{\begin{aligned}&2\eta\theta(1+\theta+\theta^2)-\theta^2\mu+\eta(2+\theta(3\theta-1))\mu\\&+4\eta^3(\theta^2-1)(1-4\mu+(\mu2\theta^2+2\mu\theta-3\theta-2\theta^2))\\&-2\eta^2(6\mu+\theta(4+4\theta+\theta^2-2\mu-4\mu\theta)-1)\end{aligned}}{4\eta(1-\theta)(1+\theta)(1-\eta(3+\theta))(1-2\eta(1-\theta^2))}\\\qquad+c_m\dfrac{(1-4\eta(1+\theta))(\theta^2+\eta(2+\theta-3\theta^2)-4\eta^2(1-\theta^2))}{4\eta(1+\theta)(1-\eta(3+\theta))(1-2\eta(1-\theta^2))}\\\qquad+\dfrac{2\Delta a\eta\left(\theta+2\mu+\eta(\theta(2\theta\mu+2\mu-5-2\theta)-1-4\mu)\right)}{4\eta(1-\theta)(1+\theta)(1-\eta(3+\theta))}\\w_3=a\dfrac{\begin{aligned}&2\eta(1+\theta+\theta^2)-\theta\mu-\eta(2+\theta(\theta-3)(2+\theta))\mu\\&+4\eta^3(1-\theta^2)(2+\theta+\theta^2+2(\theta-1)\mu)\\&+\eta^2(8+8\mu-2\theta(3+6\mu+2\theta+2\mu\theta-\theta^3-4\theta^2\mu))\end{aligned}}{4\eta(1-\theta)(1+\theta)(1-\eta(3+\theta))(1-2\eta(1-\theta^2))}\\\qquad+c_m\dfrac{(1-4\eta(1+\theta))(\theta+\eta(\theta-1)(\theta^2+4\eta+4\eta\theta-2))}{4\eta(1+\theta)(1-\eta(3+\theta))(1-2\eta(1-\theta^2))}\\\qquad+\dfrac{2\Delta a\eta(1-2\eta(1-\theta^2))(1+2\theta\mu-\eta(4+3\theta+\theta^2+2\mu\theta-2\mu))}{4\eta(1-\theta)(1+\theta)(1-\eta(3+\theta))(1-2\eta(1-\theta^2))}\end{cases}$$

（4-37）

零售商的最优销售价格和努力程度为

$$\begin{cases}\tilde{p}_{r3}^{WP}=a\dfrac{\begin{aligned}&2\eta+2\eta\theta+2\eta\theta^2+4\eta^3(1-\theta^2)(4-\theta^2+\theta)-2\eta^2(5+2\theta+\theta^3)\\&+\mu(\theta+2\eta(1-\theta^2))(5\eta+4\eta^2(\theta+\theta^2-2)-\theta\eta-1)\end{aligned}}{4\eta(1-\theta^2)(1-\eta(3+\theta))(1-2\eta(1-\theta^2))}\\\qquad+c_m\dfrac{(1-4\eta(1+\theta))(\theta-\eta(1-\theta)(2\eta+4\eta\theta+2\eta\theta^2-2-\theta))}{4\eta(1+\theta)[1-\eta(3+\theta))(1-2\eta(1-\theta^2))}\\\qquad+\dfrac{\Delta a(1+2\theta\mu-\eta(5+3\theta+2\mu+2\mu\theta^2-4\mu))}{2(1-\theta^2)(1-\eta(3+\theta))}\\\tilde{\beta}_3^{WP}=\dfrac{a(8\eta^2(1-\theta^2)(1-\mu)+\theta\mu-2\eta(\mu+\theta+\theta^2+\mu\theta-1))}{4\eta(1-\eta(3+\theta))(1-2\eta(1-\theta^2))}\\\qquad+c_m\dfrac{(1-\theta)(2\eta(1-\theta)+\theta)(4\eta(1+\theta)-1)}{4\eta(1-\eta(3+\theta))(1-2\eta(1-\theta^2))}+\dfrac{\Delta a(1-2\mu)}{2(1-\eta(3+\theta))}\end{cases}$$

（4-38）

当 $\Delta a = \Delta c = 0$ 时，同时可以计算平稳状态时批发价格契约下制造商主导的分散供应链决策。

从以上决策值可以看出，需求和生产成本同时扰动时，批发价格契约状态下的分散双渠道供应链的销售价格 $(\widetilde{p}_d^{WP}, \widetilde{p}_r^{WP})$ 和集中决策时的销售价格 $(\widetilde{p}_d^*, \widetilde{p}_r^*)$ 不一致，零售商的促销努力 $\widetilde{\beta}^{WP} \neq \widetilde{\beta}^*$，因此批发价格契约状态下无法实现供应链的协调。

4.4.2 努力价格折扣契约下的供应链分散协调

双渠道供应链中，由于存在双边际现象，当制造商考虑自身最优时，传统的契约往往无法实现供应链协调，因此，定义双渠道供应链协调为当某契约约束下的分散决策的供应链总利润和集中决策时相等，由于制造商是博弈的主导方，率先提出批发价格和电子渠道零售价格，供应链协调需要制造商率先提出 $\widetilde{p}_d^{TP} = \widetilde{p}_d^*$ 策略。

促销折扣契约指的是通过与零售商促销努力投入相关的折扣批发价格来实现供应链的最优利润，批发价格 $w^{TP} = \overline{w} - \phi \widetilde{\beta}$ 是关于零售商销售促销努力程度（促销增加的传统渠道销售数量）的线性递减函数，ϕ 是关于零售商努力程度的单位折扣系数。由于制造商是博弈的主导方，可以任意分配供应链的利润，当制造商考虑增加自身收益时，可以考虑采用增加一次性转移支付 T 的方式提高自身利润，同时降低零售商利润，供应链总利润不变，一次性转移支付范围的计算公式比较烦琐，后面不再说明。

零售商的利润函数为

$$\widetilde{\pi}_r^{TP} = (\widetilde{p}_r^{TP} - \overline{w} + \phi \widetilde{\beta})((1-\mu)(a+\Delta a) - \widetilde{p}_r^{TP} + \theta \widetilde{p}_d + \widetilde{\beta}) - \frac{\eta \widetilde{\beta}^2}{2} - T \quad (4-39)$$

可以求出零售商的传统渠道零售价格和销售努力对制造商批发价格 w^{TP} 的反应函数：

$$\begin{cases} \tilde{p}_r^{TP} = \dfrac{\overline{w}(\eta - \phi - 1) + (1-\mu)(a+\Delta a)(\eta - \phi(1+\phi)) + \theta(\eta - \phi(1+\phi))\tilde{p}_d^*}{2\eta - (1+\phi)^2} \\ \tilde{\beta}^{TP} = (1+\phi)\dfrac{\theta p_d^* + (a+\Delta a)(1-\mu) - \overline{w}}{2\eta - (1+\phi)^2} \end{cases}$$

（4-40）

采用同需求生产成本同时扰动时集中决策下一致的约束范围。联立 $\tilde{p}_r^{TP} = \tilde{p}_r^*$，$\tilde{\beta}^{TP} = \tilde{\beta}^*$，可以求得以下情形。

情形 4-4：当 $\Delta a \geqslant \dfrac{(1-\theta)(k_1 + \Delta c)(4(1+\theta)\eta - 1)}{2(1+\theta)\eta - \mu}$ 时，采用折扣契约 $(\overline{w}, \phi)$，即

$$\begin{cases} \overline{w}_1 = \dfrac{(c_m + \Delta c + k_1)^2(1-\theta)}{2(1-2\eta(1-\theta^2))} \\ \quad \times \dfrac{\begin{aligned}&(\theta^2(1-3\theta) + 4\eta^2(2-\theta)(1-\theta^2)^2 \\ &-2\eta(2+2\theta^2+\theta^3-4\theta^4-\theta)) \\ &+(a+\Delta a)^2\theta(\mu - 2\eta(1-\theta)\mu \\ &-2\eta\theta)(2+2\eta(1-\theta^2)(1-\mu)+3\theta\mu-2\mu)\end{aligned}}{(a+\Delta a)((1-\mu)2\eta(1-\theta^2)+\mu\theta)+(1-\theta)(2\eta\theta^2-2\eta-\theta)(c_m+\Delta c+k_1)} \\ \quad + \dfrac{2(a+\Delta a)(c_m+\Delta c+k_1)}{2(1-2\eta(1-\theta^2))} \\ \quad \times \dfrac{\begin{aligned}&\theta(\theta+\mu-3\mu\theta(1-\theta)-1) \\ &-2\eta^2(1-\theta)^2(1+\theta)(2+\theta-2\theta^2-2\mu-2\mu\theta(1-\theta)) \\ &+\eta(2-2\mu+\theta(1+\theta-4\theta^3-2\mu+4\theta\mu))\end{aligned}}{(a+\Delta a)((1-\mu)2\eta(1-\theta^2)+\mu\theta)+(1-\theta)(2\eta\theta^2-2\eta-\theta)(c_m+\Delta c+k_1)} \\ \phi_1 = \theta \times \dfrac{(a+\Delta a)(2\eta\theta + 2\mu\eta(1-\theta)-\mu)+(1-\theta)(1-2\eta(1+\theta))(c_m+\Delta c+k_1)}{(a+\Delta a)((1-\mu)2\eta(1-\theta^2)+\mu\theta)+(1-\theta)(2\eta\theta^2-2\eta-\theta)(c_m+\Delta c+k_1)} \end{cases}$$

（4-41）

进行协调，此时，

$$\tilde{p}_{r1}^{TP} = \tilde{p}_{r1}^*, \quad \tilde{\beta}_1^{TP} = \tilde{\beta}_1^*$$

（4-42）

扰动状态下的双渠道供应链实现了协调。

情形 4-5：当 $\Delta a \leqslant \dfrac{(1-\theta)(\Delta c - k_2)(4(1+\theta)\eta - 1)}{2(1+\theta)\eta - \mu}$ 时，采用促销折扣契约 $(\overline{w}, \phi)$，即

$$\begin{cases}\overline{w}_2 = \dfrac{(c_m+\Delta c-k_2)^2(1-\theta)}{2(1-2\eta(1-\theta^2))} \\
\quad\quad\times\dfrac{\begin{matrix}(\theta^2(1-3\theta)+4\eta^2(2-\theta)(1-\theta^2)^2\\-2\eta(2+2\theta^2+\theta^3-4\theta^4-\theta))\\+(a+\Delta a)^2\theta(\mu-2\eta(1-\theta)\mu\\-2\eta\theta)(2+2\eta(1-\theta^2)(1-\mu)+3\theta\mu-2\mu)\end{matrix}}{(a+\Delta a)((1-\mu)2\eta(1-\theta^2)+\mu\theta)+(1-\theta)(2\eta\theta^2-2\eta-\theta)(c_m+\Delta c-k_2)} \\
\quad +\dfrac{2(a+\Delta a)(c_m+\Delta c-k_2)}{2(1-2\eta(1-\theta^2))} \\
\quad\quad\times\dfrac{\begin{matrix}\theta(\theta+\mu-3\mu\theta(1-\theta)-1)\\-2\eta^2(1-\theta)^2(1+\theta)(2+\theta-2\theta^2-2\mu-2\mu\theta(1-\theta))\\+\eta(2-2\mu+\theta(1+\theta-4\theta^3-2\mu+4\theta\mu))\end{matrix}}{(a+\Delta a)((1-\mu)2\eta(1-\theta^2)+\mu\theta)+(1-\theta)(2\eta\theta^2-2\eta-\theta)(c_m+\Delta c-k_2)} \\
\phi_2 = \theta\times\dfrac{(a+\Delta a)(2\eta\theta+2\mu\eta(1-\theta)-\mu)+(1-\theta)(1-2\eta(1+\theta))(c_m+\Delta c-k_2)}{(a+\Delta a)((1-\mu)2\eta(1-\theta^2)+\mu\theta)+(1-\theta)(2\eta\theta^2-2\eta-\theta)(c_m+\Delta c-k_2)}\end{cases}$$

（4-43）

进行协调，此时，

$$\widetilde{p}_{r2}^{TP}=\widetilde{p}_{r2}^{*},\quad \widetilde{\beta}_2^{TP}=\widetilde{\beta}_2^{*} \tag{4-44}$$

扰动状态下的双渠道供应链实现了协调。

情形 4-6：当 $\dfrac{(1-\theta)(\Delta c-k_2)(4(1+\theta)\eta-1)}{2(1+\theta)\eta-\mu}<\Delta a<\dfrac{(1-\theta)(k_1+\Delta c)(4(1+\theta)\eta-1)}{2(1+\theta)\eta-\mu}$

时，采用 $(\overline{w},\phi)$，即

$$\left\{\begin{array}{l}
\overline{w}_3 = \dfrac{\theta a^2(1-4\eta(1+\theta))(\mu-2\eta\theta-2\eta(1-\theta)\mu)}{2(1-2\eta(1-\theta^2))\begin{pmatrix}2(1-2\mu)\Delta a\eta(1+\theta)(1-2\eta(1-\theta^2))\\+a(1-4\eta(1+\theta))((1-\theta)2\eta(1-\theta^2)+\mu\theta)\\-(1-\theta)(1-4\eta(1+\theta))(\theta+2\eta(1-\theta^2))c_m\end{pmatrix}} \\[2em]
+\dfrac{\begin{array}{c}2(1-2\mu)\eta\Delta a^2(1-2\eta(1-\theta^2))(\theta+\mu-\theta\mu-\theta^2(1-2\mu))\\+\eta(1+\theta)(2\theta^2\mu-2-\theta-\theta^2-2\theta\mu))\end{array}}{(1-\theta)(1-4\eta(1+\theta))\begin{pmatrix}2(1-2\mu)\Delta a\eta(1+\theta)(1-2\eta(1-\theta^2))\\+a(1-4\eta(1+\theta))((1-\mu)2\eta(1-\theta^2)+\mu\theta)\\-(1-\theta)(1-4\eta(1+\theta))(\theta+2\eta(1-\theta^2))c_m\end{pmatrix}} \\[2em]
+\eta a\Delta a\dfrac{\begin{array}{c}2(1-\theta)^2\theta+2+13\theta^2\mu-10\theta^3\mu-9\theta\mu-2(1-\theta)(1-2\theta+6\theta^2)\mu^2\\+\theta\mu(1-\mu-\theta(1-2\mu))-2\eta^2(1-\theta^2)(2-2\mu+\theta(1+2\theta+2\mu+4\theta\mu^2-6\theta\mu-4\mu^2))\end{array}}{(1-\theta)\begin{pmatrix}2(1-2\mu)\Delta a\eta(1+\theta)(1-2\eta(1-\theta^2))\\+a(1-4\eta(1+\theta))((1-\mu)2\eta(1-\theta^2)+\mu\theta)-(1-\theta)[1-4\eta(1+\theta))(\theta+2\eta(1-\theta^2))c_m\end{pmatrix}} \\[2em]
+\dfrac{c_m}{2\eta(1-\theta^2)-1} \\[2em]
\phi_3 = \theta \times \begin{pmatrix}\dfrac{\begin{array}{c}a(1-4\eta(1+\theta))(\theta-\eta(1-\theta)(2+3\theta+4\theta^2+4\theta^3-4\mu\theta-2\mu)\\+2\eta^2(1-\theta)^2(1+\theta)(2+\theta+\mu2\theta^2-2\mu-2\theta\mu-2\theta^2)-\theta^2-\mu\theta+3(1-\theta)\theta^2\mu)\end{array}}{\begin{array}{c}2(1-2\mu)\Delta a\eta(1+\theta)(1-2\eta(1-\theta^2))+a(1-4\eta(1+\theta))((1-\mu)2\eta(1-\theta^2)+\mu\theta)\\-(1-\theta)(1-4\eta(1+\theta))(\theta+2\eta(1-\theta^2))c_m\end{array}}\\[2em]
+\dfrac{\begin{array}{c}\Delta a(2\eta(1-\theta^2)-1)(\theta(\theta+\mu-2\theta\mu-1)+4\eta^2(1-\theta^2)(\theta^2+2\mu+2\mu\theta-2\mu\theta^2)\\+\eta(2+3\theta+\theta^2+2\theta^3+4\theta\mu^2-2\mu\theta-6\mu-4\theta^3\mu))\end{array}}{\begin{array}{c}2(1-2\mu)\Delta a\eta(1+\theta)(1-2\eta(1-\theta^2))+a(1-4\eta(1+\theta))((1-\mu)2\eta(1-\theta^2)+\mu\theta)\\-(1-\theta)(1-4\eta(1+\theta))(\theta+2\eta(1-\theta^2))c_m\end{array}}\\[2em]
+\dfrac{\begin{array}{c}c_m(1-\theta)(1-4\eta(1+\theta))(\theta^2(3\theta-1)+4\eta^2(\theta-2)(1-\theta^2)^2\\+4\eta-2\theta\eta+2\eta\theta^2(2+\theta-4\theta^2))\end{array}}{\begin{array}{c}2(1-2\mu)\Delta a\eta(1+\theta)(1-2\eta(1-\theta^2))+a(1-4\eta(1+\theta))((1-\mu)2\eta(1-\theta^2)+\mu\theta)\\-(1-\theta)(1-4\eta(1+\theta))(\theta+2\eta(1-\theta^2))c_m\end{array}}\\[2em]
\dfrac{\begin{array}{c}a(1-4\eta(1+\theta))(2\eta\theta+2\eta\mu(1-\theta)-\mu)-2(1-2\mu)\Delta a\eta(1-2\eta(1-\theta^2))\\+(1-\theta)(1+2\eta(1+\theta)(4\eta+4\theta\eta-3))c_m\end{array}}{\begin{array}{c}2(1-2\mu)\Delta a\eta(1+\theta)(1-2\eta(1-\theta^2))+a(1-4\eta(1+\theta))((1-\mu)2\eta(1-\theta^2)+\mu\theta)\\-(1-\theta)(1-4\eta(1+\theta))(\theta+2\eta(1-\theta^2))c_m\end{array}}\end{pmatrix}
\end{array}\right.$$

(4-45)

进行协调，此时，

$$\tilde{p}_{r3}^{TP} = \tilde{p}_{r3}^{*}, \quad \tilde{\beta}_{3}^{TP} = \tilde{\beta}_{3}^{*} \tag{4-46}$$

供应链实现协调，同样，通过 $\Delta a = \Delta c = 0$ 可以得到平稳状态下的供应链促销折扣契约的协调参数 $(\overline{w}, \overline{\phi})$。

4.5 数值算例

双渠道结构下使得扰动时供应链协调的利润的数学表达式篇幅过大，下面用算例来验证推导结果，假设某产品的市场规模 $a=100$，电子渠道和传统渠道的替代敏感系数 $\theta=0.4$，在线市场规模比例 $\mu=0.3$，单位生产成本 $c_m=10$，零售商努力投入系数 $\eta=30$，偏离计划的单位成本 $k_1=k_2=4$，一次性转移支付 $T=0$，通过不同情形的需求和生产成本扰动水平下的数值算例验证推导结果。集中决策时的双渠道供应链决策数值由表 4-1 给出。如果供应链为分散决策，批发价格契约协调，发生扰动后的供应链渠道零售价格、批发价格、零售商努力投入值和供应链利润由表 4-2 给出。如果供应链为促销折扣契约协调，发生扰动后的供应链渠道零售价格、批发价格、零售商努力投入值和供应链利润由表 4-3 给出。

从表 4-1 中可以看出，随着需求减少，成本增加，零售商的促销努力降低，在鲁棒区域上部，供应链增加产量，同时提高零售价格，在鲁棒区域下部，供应链减少产量，同时降低零售价格，而在鲁棒区域内（情形 4-3），供应链的产量不变。

从表 4-2 中可以看出，供应链处于批发价格契约状态下，供应链的利润小于收益共享契约时的供应链利润，同样的扰动范围下（甚至平稳状态时）制造商将减少产量以实现自身优化，将可能导致零售商利润为负，因此退出供应链，而促销投入为负，意味着零售商宁可减少正常投入来减少亏损，同时，制造商的批发价格大于电子渠道的零售价格，也可能导致零售商放弃从制造商提货，而从电子渠道直接购买并在传统渠道销售，反映了现实中渠道串货的情况。

从表 4-3 中可以看出，设计的促销折扣契约实现了分散决策时的供应链总利润与集中决策时的供应链总利润相等，双渠道供应链达到协调。

表4-1 扰动时双渠道供应链集中决策数值

算例编号	Δa	Δc	情形	$\tilde{p}_d^*$	$\tilde{p}_r^*$	$\tilde{\beta}^*$	$\tilde{q}_d^*$	$\tilde{q}_r^*$	$\tilde{Q}^*$	$\tilde{\Pi}^*$
1	0	0	4–3	46.95	72.37	31.19	12.00	47.59	59.59	2 439.32
2	20	−2	4–1	56.34	86.85	37.42	14.40	57.11	71.51	3 751.00
3	10	2	4–3	54.83	81.82	31.58	10.90	48.69	59.59	2 869.16
4	−20	4	4–2	38.39	58.47	24.24	9.00	37.12	46.12	1 229.00

表4-2 扰动时批发价格契约下双渠道供应链分散决策数值

算例编号	Δa	Δc	情形	p_d^{WP}	w	p_r^{WP}	β^{WP}	π_m^{WP}	π_r^{WP}	Π^{WP}
1	0	0	4–3	40.43	49.53	73.96	−12.21	421.05	−149.19	271.86
2	20	−2	4–1	47.01	57.70	87.77	−15.03	798.11	−226.01	572.10
3	10	2	4–3	45.14	55.24	81.78	−13.27	525.79	−176.13	349.66
4	−20	4	4–2	34.80	42.44	60.76	−9.16	96.53	−83.91	12.62

表4-3 扰动时促销折扣契约协调下双渠道供应链分散决策数值

算例编号	Δa	Δc	情形	p_d^{TP}	p_r^{TP}	β^{TP}	w^{TP}	ϕ	π_m^{TP}	π_r^{TP}	Π^{TP}
1	0	0	4–3	46.95	72.37	31.19	34.46	0.31	1 146.80	1 292.52	2 439.32
2	20	−2	4–1	56.34	86.85	37.42	41.36	0.32	1 879.58	1 871.42	3 751.00
3	10	2	4–3	54.83	81.82	31.58	42.51	0.30	1 495.53	1 373.63	2 869.16
4	−20	4	4–2	38.39	58.47	24.24	28.77	0.31	438.65	790.35	1 229.00

4.6 本章小结

本章研究制造商主导的双渠道供应链模式，渠道之间存在价格竞争而零售商可以通过促销提高传统渠道的销量，当供应链面临着需求和生产成本同时扰动时，得到不同扰动情形下的双渠道供应链集中决策，制造商在一定范围内不用调整生产计划。当供应链面临分散决策时，批发价格契约下零售商利润无法实现，容易降低销售投入或者退出供应链，而基于批发价格和促销折扣系数的折扣契约可以协调需求和生产成本同时扰动下的双渠道供应链。

第五章 需求和成本扰动下的零售商双渠道供应链应对管理

零售商构建电子渠道是双渠道供应链中的一种特有模式，其本身依然是制造商没有直接面对消费者，而零售商通过电子渠道和传统渠道面对同一消费者，这种方式随着传统零售商的电商平台的壮大而逐渐进入我们的研究视野，当突发事件导致供应链发生需求和生产成本同时扰动时，如何协调零售商构建双渠道供应链成为一个亟待解决的问题。

5.1 引　言

现今，消费者越来越习惯于通过网络购买商品，制造商借助各种平台或者自建平台试图摆脱零售商的垄断，而传统零售商也看到了电子渠道带来的商机，纷纷开始重新规划自己的商业模式，从只经营传统的线下门店到开拓电子渠道双线作战，以满足顾客的不同需要，零售商的电子渠道和传统渠道组成了零售商双渠道供应链模式。零售商双渠道供应链模式发展非常迅速，苏宁易购和苏宁电器的实体卖场，国美电器的实体卖场和国美在线，优衣库在中国大陆市场的双渠道下沉等模式都是零售商双渠道的经典案例，零售商双渠道在自营的线上线下渠道之间也形成了一定的竞争和合作。

天猫与银泰合作O2O、沃尔玛收购1号店等现象表明传统零售巨头对于零售商双渠道模式是抱以厚望的，零售商双渠道成为供应链中一个非常重要的渠道结构，但是在供应链研究中，并没有太多的文献涉及零售商双渠道的结构，更多是作为双渠道供应链的一种扩展研究。从集中决策的角度来说，零售商双渠道与制造商双渠道以及多零售商的模型是类似的，而在分散决策时，供应链就呈现出和制造商双渠道不一样的决策行为，首先，零售商为了优化利润，必须解决电子渠道和传统渠道的冲突。同时，零售商在拥有了电子渠道和零售渠道两个优势后，在供应链的主导地位也会发生一定变化，如果存在垄断零售商，采用传统的制造商领导的 Stackelberg 博弈也难以模拟真实的情况。肖剑等[178]考虑供应链中存在着渠道冲突，因此把电子渠道的订单交给零售商来完成，其实也就是在运营中的零售商双渠道供应链，同时他们还研究了零售商和制造商服务合作的模型，后来文献[104]至文献[107]做了一些供应链决策方面的研究。张辉[179]将收益共享契约应用在零售商双渠道上，验证了三种不同的收益共享契约的协调性，而突发事件导致零售商双渠道扰动的决策与协调问题还未有相关研究。本章针对由一个制造商和一个零售商组成的零售商双渠道供应链，研究了突发事件导致市场需求和生产成本同时发生扰动时的零售商双渠道运营决策问题，给出在需求和生产成本同时扰动下的零售商双渠道供应链最优渠道价格、生产数量以及供应链利润，分析了不同范围下的扰动信息价值，设计了数量折扣契约协调扰动情形下的零售商双渠道供应链。

5.2 基本模型

一条两阶段供应链中，存在一个制造商和一个零售商，制造商生产过程需要一段周期，而该供应链生产和销售的产品属于易逝品，零售商同时拥有电子渠道和传统渠道，市场需求为 a，电子渠道的需求比例为 $\mu(0<\mu<1)$，单位制造成本为 c_m，电子渠道的销售价格为 p_e，传统渠道零售商的销售价格为 p_t，电子渠道和传统渠道中存在一定的价格竞争关系，替代系数为 $\theta(0<\theta<1)$。参照文献[143]，构建供应链中电子渠道和传统渠道面临的需求函数为

$$\begin{cases} q_e = \mu a - p_e + \theta p_t \\ q_t = (1-\mu)a - p_t + \theta p_e \end{cases} \quad (5-1)$$

因此，可以得到供应链的最优利润为

$$\begin{cases} \Pi = (p_e - c_m)(\mu a - p_e + \theta p_t) + (p_t - c_m)((1-\mu)a - p_t + \theta p_e) \\ (\bar{p}_e, \bar{p}_t) \in \arg\max \Pi(p_e, p_t) \end{cases} \quad (5-2)$$

$\Pi(p_e, p_t)$ 是关于 (p_e, p_t) 的严格可微凹函数。

因此，可以得到双渠道供应链的最优零售价格为

$$\begin{cases} \bar{p}_e = \dfrac{\theta a + (1-\theta)\mu a + (1-\theta^2)c_m}{2(1-\theta^2)} \\ \bar{p}_t = \dfrac{(1-\mu)a + \theta\mu a + (1-\theta^2)c_m}{2(1-\theta^2)} \end{cases} \quad (5\text{-}3)$$

渠道销售数量为

$$\begin{cases} \bar{q}_e = \dfrac{\mu a - (1-\theta)c_m}{2} \\ \bar{q}_t = \dfrac{(1-\mu)a - (1-\theta)c_m}{2} \end{cases} \quad (5\text{-}4)$$

制造商的产量为

$$\bar{Q} = \bar{q}_e + \bar{q}_t = \dfrac{a}{2} - (1-\theta)c_m \quad (5\text{-}5)$$

双渠道供应链利润为

$$\bar{\Pi} = \dfrac{(1-\theta)c_m^2 - ac_m}{2} + \dfrac{a^2}{8(1-\theta)} + \dfrac{a^2(1-2\mu)^2}{8(1+\theta)} \quad (5\text{-}6)$$

5.3 需求和成本同时扰动下的双渠道供应链集中决策

突发事件的产生方式有很多，地震、洪水、台风等突发自然灾害，恐怖袭击等人为事件，"非典"等突发公共卫生事件都是在短时间内发生，并造成巨大影响；此外，还有技术进步、法律法规变化等突发事件，都会对供应链造成影响，导致扰动的发生，假设突发事件使得供应链市场规模以及生产成本发生变化，市场规模变化量为Δa，单位生产成本的变化量为Δc。

此时，零售商电子渠道的销量为

$$\tilde{q}_e = \mu(a+\Delta a) - \tilde{p}_e + \theta\tilde{p}_t \quad (5\text{-}7)$$

零售商传统渠道的销量为

$$\tilde{q}_t = (1-\mu)(a+\Delta a) - \tilde{p}_t + \theta\tilde{p}_e \quad (5\text{-}8)$$

总生产数量变化为$\tilde{q}_e + \tilde{q}_t - \bar{q}_e - \bar{q}_t$。假设制造商增加和减少产量的单位成本为$k_1, k_2 (0 < k_1, k_2 < c_m)$。

需求和生产成本同时扰动下的双渠道供应链利润函数为

$$\tilde{\Pi} = (\tilde{p}_e - c_m - \Delta c)\tilde{q}_e + (\tilde{p}_t - c_m - \Delta c)\tilde{q}_t - k_1(\tilde{q}_e + \tilde{q}_t - \overline{Q})^+ - k_2(\overline{Q} - \tilde{q}_e - \tilde{q}_t)^+ \quad (5-9)$$

其中：$(x)^+ = \max(x, 0)$。

函数（5-9）中第三项为增加产量带来的成本，第四项为减少产量带来的成本。

5.3.1 不减少生产计划的情形

当 $\tilde{q}_e + \tilde{q}_t \geq \overline{q}_e + \overline{q}_t$ 时，供应链利润函数变成

$$\tilde{\Pi}_1 = (\tilde{p}_e - c_m - \Delta c)\tilde{q}_e + (\tilde{p}_t - c_m - \Delta c)\tilde{q}_t - k_1(\tilde{q}_e + \tilde{q}_t - \overline{Q}) \quad (5-10)$$
$$\text{s.t. } \tilde{q}_e + \tilde{q}_t \geq \overline{q}_e + \overline{q}_t$$

由于供应链利润 $\tilde{\Pi}$ 是关于零售价格 $(\tilde{p}_e, \tilde{p}_t)$ 的严格凹函数，因此可以求出最优的渠道零售价格。

根据 Kuhn-Tucker 条件，求解函数

$$\begin{cases} \dfrac{\partial \tilde{\Pi}_1}{\partial \tilde{p}_e} + \lambda(\theta - 1) = 0, \dfrac{\partial \tilde{\Pi}_1}{\partial \tilde{p}_t} + \lambda(\theta - 1) = 0 \\ \tilde{q}_e + \tilde{q}_t - \overline{q}_e - \overline{q}_t \geq 0 \\ \lambda(\tilde{q}_e + \tilde{q}_t - \overline{q}_e - \overline{q}_t) = 0 \\ \lambda \geq 0 \end{cases} \quad (5-11)$$

可以得到两种情形。

情形 5-1：若 $\lambda = 0$，则当 $\Delta a \geq 2(1-\theta)(\Delta c + k_1)$ 时，电子渠道和传统渠道的市场销售价格为

$$\begin{cases} \tilde{p}_{e1}^* = \overline{p}_e + \dfrac{\Delta c + k_1}{2} + \dfrac{\Delta a(\theta + \mu(1-\theta))}{2(1-\theta^2)} \\ \tilde{p}_{t1}^* = \overline{p}_t + \dfrac{\Delta c + k_1}{2} + \dfrac{\Delta a(1 - \mu(1-\theta))}{2(1-\theta^2)} \end{cases} \quad (5-12)$$

电子渠道和传统渠道的销量为

$$\begin{cases} \tilde{q}_{e1}^* = \overline{q}_e + \dfrac{\mu \Delta a - (1-\theta)(\Delta c + k_1)}{2} \\ \tilde{q}_{t1}^* = \overline{q}_t + \dfrac{(1-\mu)\Delta a - (1-\theta)(\Delta c + k_1)}{2} \end{cases} \quad (5-13)$$

情形 5-2：若 $\lambda > 0$，则当 $\Delta a < 2(1-\theta)(\Delta c + k_1)$ 时，电子渠道和传统渠道的市场销售价格为

$$\begin{cases} \tilde{p}_{e2}^* = \bar{p}_e + \dfrac{\Delta a(1 + 3\theta + 2\mu(1-\theta))}{4(1-\theta^2)} \\ \tilde{p}_{t2}^* = \bar{p}_t + \dfrac{\Delta a(3 + \theta - 2\mu(1-\theta))}{4(1-\theta^2)} \end{cases} \quad (5-14)$$

电子渠道和传统渠道的销量为

$$\begin{cases} \tilde{q}_{e2}^* = \dfrac{\mu(a + \Delta a)}{2} \\ \tilde{q}_{t2}^* = \dfrac{(1-\mu)a - \mu\Delta a - 2(1-\theta)c_m}{2} \end{cases} \quad (5-15)$$

$$\tilde{q}_{e2}^* + \tilde{q}_{t2}^* = \bar{q}_e + \bar{q}_t = \dfrac{a}{2} - (1-\theta)c_m \quad (5-16)$$

因此，情形 5-2 下制造商的生产计划不变。

5.3.2 不增加生产计划的情形

当 $\tilde{q}_e + \tilde{q}_t \leq \bar{q}_e + \bar{q}_t$ 时，供应链利润函数变成

$$\tilde{\Pi}_2 = (\tilde{p}_e - c_m - \Delta c)\tilde{q}_e + (\tilde{p}_t - c_m - \Delta c)\tilde{q}_t - k_2(\bar{Q} - \tilde{q}_e - \tilde{q}_t) \quad (5-17)$$
$$\text{s.t.} \ \tilde{q}_e + \tilde{q}_t \leq \bar{q}_e + \bar{q}_t$$

根据 Kuhn-Tucker 条件，求解：

$$\begin{cases} \dfrac{\partial \tilde{\Pi}_2}{\partial \tilde{p}_e} + \lambda(1-\theta) = 0, \dfrac{\partial \tilde{\Pi}_2}{\partial \tilde{p}_t} + \lambda(1-\theta) = 0 \\ \bar{q}_e + \bar{q}_t - \tilde{q}_e - \tilde{q}_t \geq 0 \\ \lambda(\bar{q}_e + \bar{q}_t - \tilde{q}_e - \tilde{q}_t) = 0 \\ \lambda \geq 0 \end{cases} \quad (5-18)$$

同样也存在两种情形。

情形 5-3：若 $\lambda > 0$，计算同情形 5-2，得到当 $\Delta a > 2(1-\theta)(\Delta c - k_2)$ 时，电子渠道和传统渠道的市场销售价格为

$$\begin{cases}\tilde{p}_{e3}^{*}=\bar{p}_{e}+\dfrac{\Delta a(1+3\theta+2\mu(1-\theta))}{4(1-\theta^{2})}\\ \tilde{p}_{t3}^{*}=\bar{p}_{t}+\dfrac{\Delta a(3+\theta-2\mu(1-\theta))}{4(1-\theta^{2})}\end{cases}\qquad(5\text{-}19)$$

电子渠道和传统渠道的销量为

$$\begin{cases}\tilde{q}_{e3}^{*}=\dfrac{\mu(a+\Delta a)}{2}\\ \tilde{q}_{t3}^{*}=\dfrac{(1-\mu)a-\mu\Delta a-2(1-\theta)c_{m}}{2}\end{cases}\qquad(5\text{-}20)$$

$$\tilde{q}_{e3}^{*}+\tilde{q}_{t3}^{*}=\bar{q}_{e}+\bar{q}_{t}=\dfrac{a}{2}-(1-\theta)c_{m}\qquad(5\text{-}21)$$

情形 5-4：若 $\lambda=0$，则当 $\Delta a\leqslant 2(1-\theta)(\Delta c-k_{2})$ 时，电子渠道和传统渠道的市场销售价格为

$$\begin{cases}\tilde{p}_{e4}^{*}=\bar{p}_{e}+\dfrac{\Delta c-k_{2}}{2}+\dfrac{\Delta a(\theta+\mu(1-\theta))}{2(1-\theta^{2})}\\ \tilde{p}_{t4}^{*}=\bar{p}_{t}+\dfrac{\Delta c-k_{2}}{2}+\dfrac{\Delta a(1-\mu(1-\theta))}{2(1-\theta^{2})}\end{cases}\qquad(5\text{-}22)$$

电子渠道和传统渠道的销量为

$$\begin{cases}\tilde{q}_{e4}^{*}=\bar{q}_{e}+\dfrac{\mu\Delta a-(1-\theta)(\Delta c-k_{2})}{2}\\ \tilde{q}_{t4}^{*}=\bar{q}_{t}+\dfrac{(1-\mu)\Delta a-(1-\theta)(\Delta c-k_{2})}{2}\end{cases}\qquad(5\text{-}23)$$

定理 5-1：双渠道供应链集中决策，面临需求和生产成本同时扰动时，收益函数如式（5-9）所示，供应链存在最优决策。

最优电子渠道销售价格为

$$\tilde{p}_{e}^{*}=\begin{cases}\bar{p}_{e}+\dfrac{\Delta c+k_{1}}{2}+\dfrac{\Delta a(\theta+\mu(1-\theta))}{2(1-\theta^{2})},\Delta a\geqslant 2(1-\theta)(\Delta c+k_{1})\\ \bar{p}_{e}+\dfrac{\Delta a(1+3\theta+2\mu(1-\theta))}{4(1-\theta^{2})},2(1-\theta)(\Delta c-k_{2})<\Delta a<2(1-\theta)(\Delta c+k_{1})\\ \bar{p}_{e}+\dfrac{\Delta c-k_{2}}{2}+\dfrac{\Delta a(\theta+\mu(1-\theta))}{2(1-\theta^{2})},\Delta a\leqslant 2(1-\theta)(\Delta c-k_{2})\end{cases}\quad(5\text{-}24)$$

最优传统渠道价格为

$$\tilde{p}_t^* = \begin{cases} \bar{p}_t + \dfrac{\Delta c + k_1}{2} + \dfrac{\Delta a(1-\mu(1-\theta))}{2(1-\theta^2)}, \Delta a \geq 2(1-\theta)(\Delta c + k_1) \\ \bar{p}_t + \dfrac{\Delta a(3+\theta-2\mu(1-\theta))}{4(1-\theta^2)}, 2(1-\theta)(\Delta c - k_2) < \Delta a < 2(1-\theta)(\Delta c + k_1) \\ \bar{p}_t + \dfrac{\Delta c - k_2}{2} + \dfrac{\Delta a(1-\mu(1-\theta))}{2(1-\theta^2)}, \Delta a \leq 2(1-\theta)(\Delta c - k_2) \end{cases} \quad (5-25)$$

最优生产数量为

$$\tilde{Q}^* = \tilde{q}_e^* + \tilde{q}_t^* = \begin{cases} \bar{Q} + \dfrac{\Delta a}{2} - (1-\theta)(\Delta c + k_1), \Delta a \geq 2(1-\theta)(\Delta c + k_1) \\ \bar{Q}, 2(1-\theta)(\Delta c - k_2) < \Delta a < 2(1-\theta)(\Delta c + k_1) \\ \bar{Q} + \dfrac{\Delta a}{2} - (1-\theta)(\Delta c - k_2), \Delta a \leq 2(1-\theta)(\Delta c - k_2) \end{cases} \quad (5-26)$$

定义直线 $\Delta a = 2(1-\theta)(\Delta c + k_1)$ 和直线 $\Delta a = 2(1-\theta)(\Delta c - k_2)$，如图 5-1 所示，可以得到制造商的生产计划决策区域：当扰动范围处于区域 D_1 时，制造商增加生产计划；当扰动范围处于区域 D_2 时，制造商减少生产计划；当扰动范围处于区域 D_3 时，制造商不改变生产计划。

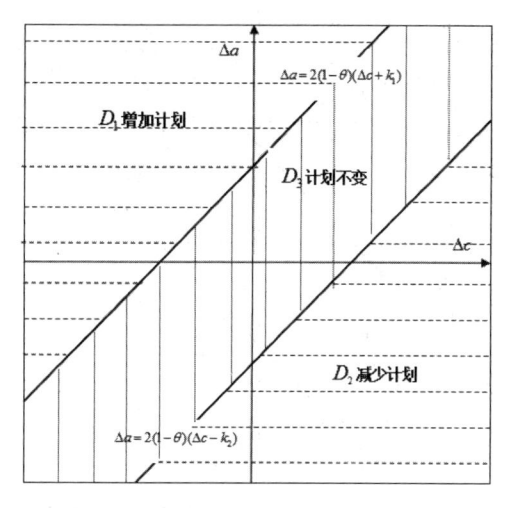

图 5-1 扰动发生后零售商双渠道集中决策区域

5.3.3 零售商双渠道供应链应对扰动的行动价值

当突发事件导致需求和生产成本同时扰动时，零售商双渠道供应链一体化最优决策下供应链总利润为

$$\tilde{\Pi}^* = \begin{cases} (a+\Delta a)^2 A + \dfrac{(1-\theta)((c_m+\Delta c+k_1)^2 - 2c_m k_1)}{2} - \dfrac{(a+\Delta a)(c_m+\Delta c)}{2} - \dfrac{\Delta a k_1}{2}, \Delta \in D_1 \\ (a+\Delta a)^2 A + \dfrac{(1-\theta)c_m(c_m+2\Delta c)}{2} - \dfrac{a(c_m+\Delta c)+\Delta a c_m}{2} - \dfrac{\Delta a^2}{8(1-\theta)}, \Delta \in D_3 \\ (a+\Delta a)^2 A + \dfrac{(1-\theta)((c_m+\Delta c-k_2)^2 + 2c_m k_2)}{2} - \dfrac{(a+\Delta a)(c_m+\Delta c)}{2} + \dfrac{\Delta a k_2}{2}, \Delta \in D_2 \end{cases}$$

(5-27)

其中，$A = \dfrac{1+2\mu(\theta+\mu-\theta\mu-1)}{4(1-\theta^2)}$。

在计算原策略时，大多数研究考虑价格决策参数($\bar{p}_e, \bar{p}_t$)，然而产量会随着销量的变化而发生变化，在扰动发生后，如果发现扰动信息，供应链才会调整产量，因此，原策略中制造商生产计划应不发生变化。本书考虑原策略决策参数为($\bar{p}_e, \bar{p}_t, \bar{Q}$)，这样可将决策范围划分成6个区域，如图5-2所示。

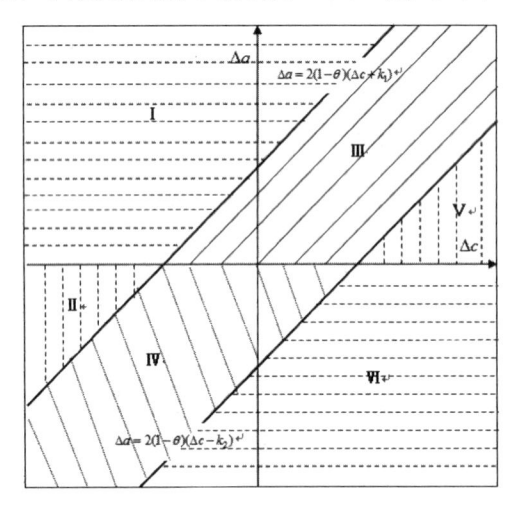

图 5-2 扰动发生后沿用原策略决策区域

由于供应链生产产品需要一定周期且为易逝品，原策略下的生产计划无法及时调整，导致产量不足或产量过剩，而临时采购产品和在二级市场处理多余产品的单位成本要高于事先改变生产计划的单位成本。为了简化计算，假设无

法直接外购产品，而过剩产品的残值为零，则发生扰动后沿用原策略时供应链利润函数为

$$\tilde{\Pi}(\overline{p}_e,\overline{p}_t,\overline{Q}) = \overline{p}_e[\tilde{q}_e(\overline{p}_e,\overline{p}_t) \wedge \overline{q}_e] + \overline{p}_t[\tilde{q}_t(\overline{p}_e,\overline{p}_t) \wedge \overline{q}_t] - (c_m + \Delta c)\overline{Q} \quad (5-28)$$

其中，$[x \wedge y]=\min(x,y)$。

扰动后采用新策略和沿用原策略的双渠道供应链总利润差额（行动价值）归纳为表 5-1。

表5-1 双渠道供应链扰动信息的价值

区域	范围	扰动信息的价值 ($\tilde{\Pi}^* - \tilde{\Pi}(\overline{p}_e,\overline{p}_t,\overline{Q})$)
Ⅰ	$D_1, \Delta a \geq 0$	$\Delta a(2a + \Delta a)A + \frac{1}{2}((1-\theta)(\Delta c + k_1)^2 - \Delta a(c_m + \Delta c + k_1))$
Ⅱ	$D_1, \Delta a < 0$	$\Delta a^2 A + \frac{1}{2}((1-\theta)(\Delta c + k_1)^2 - \Delta a(2c_m + \Delta c + k_1))$
Ⅲ	$D_3, \Delta a \geq 0$	$2a\Delta aA + \frac{\Delta a^2(1-2\mu)^2}{8(1+\theta)} + \frac{\Delta ac_m}{2}$
Ⅳ	$D_3, \Delta a < 0$	$\frac{\Delta a^2(1-2\mu)^2}{8(1+\theta) - \Delta ac_m}$
Ⅴ	$D_2, \Delta a \geq 0$	$\Delta a(2a + \Delta a)A + \frac{1}{2}((1-\theta)(\Delta c - k_2)^2 - \Delta a(c_m + \Delta c - k_2))$
Ⅵ	$D_2, \Delta a < 0$	$\Delta a^2 A + \frac{1}{2}((1-\theta)(\Delta c - k_2)^2 - \Delta a(2c_m + \Delta c - k_2))$

5.4 需求和成本同时扰动下的双渠道供应链协调

数量折扣契约（quantity discount contract）作为供应链中最容易实现的契约之一被广为使用，在零售商双渠道供应链中，由于制造商是博弈的主导方，制造商可以先给出批发价格 $w(\tilde{q}_e,\tilde{q}_t)$，零售商根据制造商的批发价格确定电子渠道的零售价和传统渠道的零售价。

当发生扰动后，制造商和零售商的利润分别为

$$\tilde{\Pi}_m = (w(\tilde{q}_e,\tilde{q}_t) - c_m - \Delta c)(\tilde{q}_e + \tilde{q}_t) - k_1(\tilde{q}_e + \tilde{q}_t - \overline{Q})^+ - k_2(\overline{Q} - \tilde{q}_e - \tilde{q}_t)^+ \quad (5-29)$$

$$\tilde{\Pi}_r = (\tilde{p}_e - w(\tilde{q}_e, \tilde{q}_t))\tilde{q}_e + (\tilde{p}_t - w(\tilde{q}_e, \tilde{q}_t))\tilde{q}_t \qquad (5-30)$$

定理 5-2：零售商双渠道供应链分散决策下，制造商和零售商之间的博弈为 Stackelberg 博弈，当供应链面临需求和生产成本同时发生扰动并且收益函数如式（5-9）所示时，采用数量折扣契约 $w(\tilde{q}_e, \tilde{q}_t) = \overline{w} - \eta(\tilde{q}_e + \tilde{q}_t)$ 可以实现零售商双渠道供应链协调，其中契约参数 $(\overline{w}, \eta)$ 满足：

$$\overline{w} = \begin{cases} \eta(a + \Delta a) + (c_m + \Delta c + k_1)(1 - 2\eta(1-\theta)), \Delta \in D_1 \\ a\eta + \dfrac{\Delta a}{2(1-\theta)} + (1 - 2\eta(1-\theta))c_m, \Delta \in D_3 \\ \eta(a + \Delta a) + (c_m + \Delta c - k_2)(1 - 2\eta(1-\theta)), \Delta \in D_2 \end{cases} \qquad (5-31)$$

制造商和零售商关于策略参数 η 的利润函数分别为

$$\tilde{\Pi}_m(\eta) = \begin{cases} \tilde{Q}^*(\eta\tilde{Q}^* + k_1) - k_1(Q^* - \tilde{Q}^*), \Delta \in D_1 \\ \tilde{Q}^*\left(\eta\tilde{Q}^* + \dfrac{\Delta a}{2(1-\theta)} - \Delta c\right), \Delta \in D_3 \\ \tilde{Q}^*(\eta\tilde{Q}^* - k_2) - k_2(Q^* - \tilde{Q}^*), \Delta \in D_2 \end{cases} \qquad (5-32)$$

$$\tilde{\Pi}_r(\eta) = \begin{cases} (\tilde{p}_e^* - \eta\tilde{Q}^* - (c_m + \Delta c + k_1))\tilde{q}_e^* + (\tilde{p}_t^* - \eta\tilde{Q}^* - (c_m + \Delta c + k_1))\tilde{q}_t^*, \Delta \in D_1 \\ \left(\tilde{p}_e^* - \eta\tilde{Q}^* - \dfrac{\Delta a}{2(1-\theta)} - c_m\right)\tilde{q}_e^* + \left(\tilde{p}_t^* - \eta\tilde{Q}^* - \dfrac{\Delta a}{2(1-\theta)} - c_m\right)\tilde{q}_t^*, \Delta \in D_3 \\ (\tilde{p}_e^* - \eta\tilde{Q}^* - (c_m + \Delta c - k_2))\tilde{q}_e^* + (\tilde{p}_t^* - \eta\tilde{Q}^* - (c_m + \Delta c - k_2))\tilde{q}_t^*, \Delta \in D_2 \end{cases} \qquad (5-33)$$

证明：

求解方程：

$$\frac{\partial \tilde{\Pi}_r}{\partial p_e} = \frac{\partial \tilde{\Pi}_r}{\partial p_t} = 0 \qquad (5-34)$$

可以得到零售商双渠道售价关于契约参数 $(\overline{w}, \eta)$ 的反应函数为

$$\begin{cases} \tilde{p}_e = \dfrac{(a + \Delta a)(\theta + (1-\theta)\mu - \eta(1-\theta)(1 + 3\theta + 2\mu - 2\theta\mu))}{2(1 - 2\eta(1-\theta))(1-\theta^2)} + \dfrac{\overline{w}}{2(1 - 2\eta(1-\theta))} \\ \tilde{p}_t = \dfrac{(a + \Delta a)(1 - (1-\theta)\mu - \eta(1 - \theta((3 + \theta + 2\theta\mu - 2\mu))}{2(1 - 2\eta(1-\theta))(1-\theta^2)} + \dfrac{\overline{w}}{2(1 - 2\eta(1-\theta))} \end{cases} \qquad (5-35)$$

当 $\Delta a \geq 2(1-\theta)(\Delta c + k_1)$ 时，若

$$\overline{w} = \eta(a + \Delta a) + (c_m + \Delta c + k_1)(1 - 2\eta(1-\theta)) \qquad (5-36)$$

则
$$\tilde{p}_{e1} = \tilde{p}_{e1}^*, \quad \tilde{p}_{t1} = \tilde{p}_{t1}^* \tag{5-37}$$

当 $2(1-\theta)(\Delta c - k_2) < \Delta a < 2(1-\theta)(\Delta c + k_1)$ 时，若

$$\overline{w} = a\eta + \frac{\Delta a}{2(1-\theta)} + (1 - 2\eta(1-\theta))c_m \tag{5-38}$$

则

$$\tilde{p}_{e2} = \tilde{p}_{e3} = \tilde{p}_{e2}^* = \tilde{p}_{e3}^*, \quad \tilde{p}_{t2} = \tilde{p}_{t3} = \tilde{p}_{t2}^* = \tilde{p}_{t3}^* \tag{5-39}$$

当 $\Delta a \leq 2(1-\theta)(\Delta c - k_2)$ 时，若

$$\overline{w} = \eta(a + \Delta a) + (c_m + \Delta c - k_2)(1 - 2\eta(1-\theta)) \tag{5-40}$$

则

$$\tilde{p}_{e4} = \tilde{p}_{e4}^*, \quad \tilde{p}_{t4} = \tilde{p}_{t4}^* \tag{5-41}$$

证毕。

从定理 5-2 中可以看出，零售商双渠道供应链在数量折扣契约 $w(\tilde{q}_e, \tilde{q}_t) = \overline{w} - \eta(\tilde{q}_e + \tilde{q}_t)$ 下实现扰动状态下的供应链协调，契约参数 $(\overline{w}, \eta)$ 的策略组合为无穷多个，该契约具备抗突发事件能力。此外，当零售商双渠道供应链处于平稳状态时($\Delta a = \Delta c = 0$)，采用数量折扣契约

$$w(q_e, q_t) = \overline{w} - \eta(q_e + q_t), \quad \overline{w} = a\eta + (1 - 2\eta(1-\theta))c_m \tag{5-42}$$

就能够协调平稳状态下的零售商双渠道供应链，渠道定价决策参数和基本模型决策结果一致。

5.5 数值算例

假设某产品的市场规模 $a = 100$，电子渠道和传统渠道的替代敏感系数 $\theta = 0.4$，电子零售市场规模比例 $\mu = 0.3$，单位生产成本 $c_m = 10$，偏离计划的单位成本 $k_1 = k_2 = 3$，通过计算在不同扰动情形下最优渠道价格、销售数量、最优利润以及信息价值的数值，验证了推导的结果，具体情况由表 5-2 给出。从表 5-2 中可以看出，当扰动发生后，在区域Ⅰ和区域Ⅱ中，制造商追加生产

计划；在区域Ⅲ和区域Ⅳ中，制造商不改变生产计划；在区域Ⅴ和区域Ⅵ中，制造商减少生产计划；同时，表5-2也给出了平稳状态下零售商双渠道供应链的最优决策参数。

分散决策下，契约参数η将影响供应链总利润在制造商和零售商之间的分配，组图5-3中分别描述了表5-2中所有算例关于契约参数η的制造商和零售商的利润函数。从图5-3中可以看出，数量折扣契约协调的分散双渠道供应链中，制造商利润随着契约参数η的增加而增加，零售商利润随着契约参数η的增加而减少，通过契约参数值η的设定，制造商作为Stackelberg博弈的主导方，可以根据实际情况分配供应链总利润，而供应链总利润不受契约参数的影响，因此，该契约能够有效地协调需求和生产成本同时扰动时的零售商双渠道供应链。

表5-2 需求和生产成本同时扰动时零售商双渠道决策数值算例

算例编号	Δa	Δc	区域	$\tilde{p}_e^*$	$\tilde{p}_t^*$	$\tilde{q}_e^*$	$\tilde{q}_t^*$	$\tilde{Q}$	$\tilde{\Pi}^*$	原策略	信息价值
1	20	−2	Ⅰ	46.93	64.07	14.7	38.7	53.4	2 714.01	1 844.19	869.82
2	10	8	Ⅲ	47.14	62.86	11.0	33.0	44.0	1 800.86	1 404.19	396.67
3	5	8	Ⅴ	43.75	58.75	11.5	32.3	43.8	1 602.37	1 404.39	197.98
4	−5	−8	Ⅱ	35.3	48.87	12.8	31.8	44.5	1 911.14	1 860.57	50.57
5	−10	−8	Ⅳ	31.9	44.76	13.0	31.0	44.0	1 714.38	1 612.95	101.43
6	−20	2	Ⅵ	32.12	43.55	14.0	25.3	39.3	957.06	677.71	279.35
7	0	0	Ⅲ	39.52	53.81	12.0	32.0	44.0	1 756.19	1 756.19	—

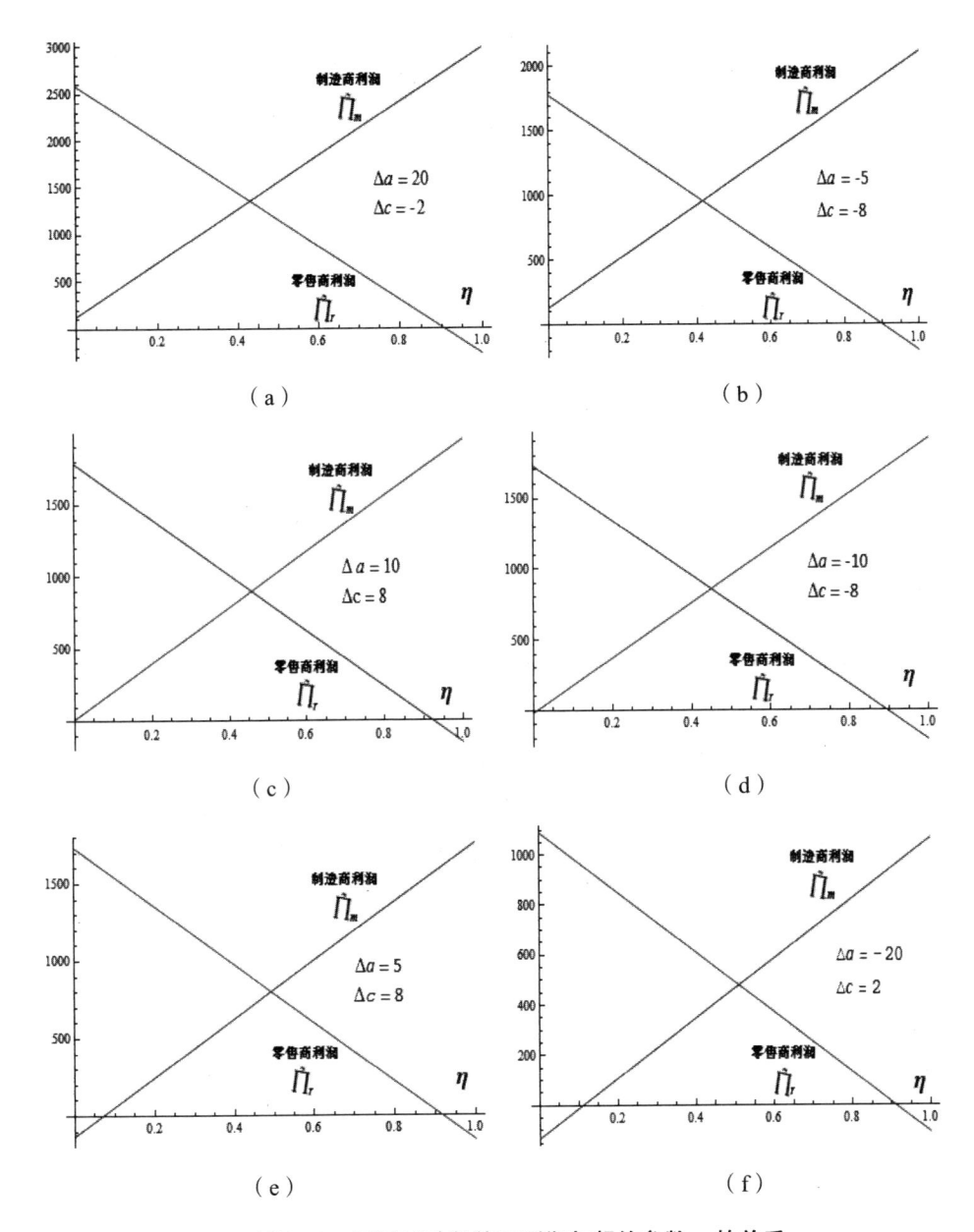

图 5-3 不同扰动数值下利润与契约参数 η 的关系

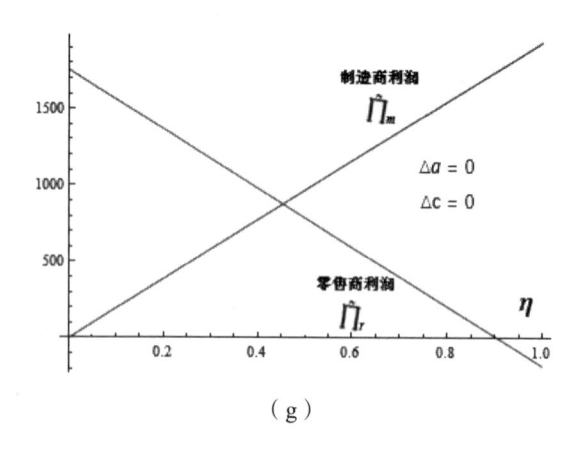

[图表: 制造商利润 Π_m 和零售商利润 Π_r 随 η 变化，$\Delta a = 0$，$\Delta c = 0$]

（g）

图 5-3　不同扰动数值下利润与契约参数 η 的关系（续）

5.6　本章小结

随着零售商建设电子渠道，零售商双渠道的模式逐渐成熟，本章研究了突发事件导致需求和生产成本同时扰动下零售商双渠道供应链决策和协调策略，计算了不同扰动情形下的供应链渠道的零售价格、生产数量、批发价格以及供应链最优利润，对发生扰动后执行原策略的决策区域进行了划分，求出不同扰动区域下的信息价值，设计了数量折扣契约协调需求和生产成本同时扰动下的零售商双渠道供应链。

第六章 需求和成本扰动下强势零售商双渠道供应链应对管理

强势零售商作为零售业的一种常见的商业个体而存在，苏宁云商、国美电器曾经是国内强势零售商的经典代表，沃尔玛、家乐福等是国际上的强势零售商的代表，而天猫、京东则是电子商务网络强势零售商的代表，随着零售商开始致力于构建双渠道，强势零售商双渠道供应链的决策和协调成为研究的关注点，本章针对零售商主导的 Stackelberg 博弈下零售商构建双渠道的供应链应急决策与协调进行研究，设计了两部定价契约进行协调。

6.1 引　言

传统的供应链研究中，一般假设制造商作为博弈的主导方，这是考虑到供应链中涉及上游的采购和生产，另外，传统的供应链一般是站在制造商的角度来通盘考虑问题。自 21 世纪以来，零售业越来越有集聚的态势，在超市行业，国外巨头以沃尔玛、家乐福为首，国内主要是华润万家超市、大润发超市、永辉超市、红旗连锁等商家，这些商家随着自身能力的壮大，在一定的地区占有一定的市场规模，从而在与供应商（制造商）的较量中占有了主导地位。在商场品牌中，像银泰百货、王府井百货、新世界百货等知名品牌也在和商家的竞合中占有主导地位。在纯电商行业中，京东商城、天猫、淘宝、1 号店也是人们耳熟能详的零售巨头。这些商家看到了电子商务的发展并主动出击，主导建设电子渠道或者联合建设电子渠道，以苏宁云商进入非家电领域并致力于发展苏宁易购、淘宝和银泰百货合作、京东商城美国上市、万达集团开始运行电子商务等事件为契机，强势零售商的双渠道战略越来越突出。

由于强势零售商在供应链中占主导地位，因此与传统供应链的博弈主导方以及渠道结构不同，学者们也做了针对性研究。Choi[180]较早地针对零售商主导的供应链进行了定量研究，形成了零售商主导供应链的价格模型。张贵磊和刘志学[181]针对一个供应商和一个零售商组成的供应链，分析了供应商主导和零售商主导下的收入共享契约，说明了主导权对于供应链的作用。徐贤浩和聂思玥[182]针对零售商主导的供应链下的短生命周期产品订货策略进行了分析，并对某大型商场的实际数据做了数值分析。

针对零售商主导供应链的文献并不多，而针对零售商主导的双渠道供应链的文献更少，由于苏宁等强势零售商构建双渠道的现实例子越来越多，因此本章通过构建强势零售商双渠道供应链模型，分析批发价格契约在发生需求和生产成本同时扰动时的供应链应急决策，并设计了两部定价契约对突发事件造成消费者需求规模与制造商生产成本同时扰动下的强势零售商双渠道供应链进行协调。

6.2 基本模型

假设一条两阶段供应链中，存在一个制造商和一个零售商，制造商生产过程需要一段周期，而该供应链生产和销售的产品属于易逝品，零售商同时拥有电子渠道和传统渠道，同时是供应链中双方Stackelberg博弈的主导方，再假设市场需求为a，电子渠道的需求比例为$\mu(0<\mu<1)$，单位制造成本为c_m，电子渠道的销售价格为p_e，传统渠道零售商的销售价格为p_t，电子渠道和传统渠道中价格替代系数为$\theta(0<\theta<1)$。构建供应链中电子渠道和传统渠道面临的需求函数为

$$\begin{cases} q_e = \mu a - p_e + \theta p_t \\ q_t = (1-\mu)a - p_t + \theta p_e \end{cases} \quad (6-1)$$

因此，可以得到供应链的最优利润为

$$\begin{cases} \Pi = (p_e - c_m)(\mu a - p_e + \theta p_t) + (p_t - c_m)((1-\mu)a - p_t + \theta p_e) \\ (\overline{p_e}, \overline{p_t}) \in \arg\max \Pi(p_e, p_t) \end{cases} \quad (6-2)$$

$\Pi(p_e, p_t)$是关于(p_e, p_t)的严格可微凹函数。

因此，可以得到双渠道供应链的最优零售价格为

$$\begin{cases} \overline{p}_e = \dfrac{\theta a + (1-\theta)\mu a + (1-\theta^2)c_m}{2(1-\theta^2)} \\ \overline{p}_t = \dfrac{(1-\mu)a + \theta\mu a + (1-\theta^2)c_m}{2(1-\theta^2)} \end{cases} \quad (6-3)$$

双渠道销售数量为

$$\begin{cases} \overline{q}_e = \dfrac{\mu a - (1-\theta)c_m}{2} \\ \overline{q}_t = \dfrac{(1-\mu)a - (1-\theta)c_m}{2} \end{cases} \quad (6-4)$$

制造商的产量为

$$\overline{Q} = \overline{q}_e + \overline{q}_t = \dfrac{a}{2} - (1-\theta)c_m \quad (6-5)$$

双渠道供应链利润为

$$\overline{\Pi} = \dfrac{(1-\theta)c_m^2 - ac_m}{2} + \dfrac{a^2}{8(1-\theta)} + \dfrac{a^2(1-2\mu)^2}{8(1+\theta)} \quad (6-6)$$

6.3 需求和生产成本同时扰动状态下强势零售商分散决策

由于在集中决策下不存在博弈关系，强势零售商双渠道的集中决策结果与本书第五章零售商双渠道应急决策与协调中的集中结果一致，参照定理5-1，双渠道供应链集中决策面临需求和生产成本同时扰动时，收益函数如式（5-9）所示，供应链存在最优决策。

最优电子渠道销售价格为

$$\tilde{p}_e^* = \begin{cases} \overline{p}_e + \dfrac{\Delta c + k_1}{2} + \dfrac{\Delta a(\theta + \mu(1-\theta))}{2(1-\theta^2)}, & \Delta a \geqslant 2(1-\theta)(\Delta c + k_1) \\ \overline{p}_e + \dfrac{\Delta a(1+3\theta + 2\mu(1-\theta))}{4(1-\theta^2)}, & 2(1-\theta)(\Delta c - k_2) < \Delta a < 2(1-\theta)(\Delta c + k_1) \\ \overline{p}_e + \dfrac{\Delta c - k_2}{2} + \dfrac{\Delta a(\theta + \mu(1-\theta))}{2(1-\theta^2)}, & \Delta a \leqslant 2(1-\theta)(\Delta c - k_2) \end{cases} \quad (6-7)$$

最优传统渠道价格为

$$\tilde{p}_t^* = \begin{cases} \overline{p}_t + \dfrac{\Delta c + k_1}{2} + \dfrac{\Delta a(1-\mu(1-\theta))}{2(1-\theta^2)}, \Delta a \geq 2(1-\theta)(\Delta c + k_1) \\ \overline{p}_t + \dfrac{\Delta a(3+\theta-2\mu(1-\theta))}{4(1-\theta^2)}, 2(1-\theta)(\Delta c - k_2) < \Delta a < 2(1-\theta)(\Delta c + k_1) \\ \overline{p}_t + \dfrac{\Delta c - k_2}{2} + \dfrac{\Delta a(1-\mu(1-\theta))}{2(1-\theta^2)}, \Delta a \leq 2(1-\theta)(\Delta c - k_2) \end{cases} \quad (6-8)$$

最优生产数量为：

$$\tilde{Q}^* = \tilde{q}_e^* + \tilde{q}_t^* = \begin{cases} \overline{Q} + \dfrac{\Delta a}{2} - (1-\theta)(\Delta c + k_1), \Delta a \geq 2(1-\theta)(\Delta c + k_1) \\ \overline{Q}, 2(1-\theta)(\Delta c - k_2) < \Delta a < 2(1-\theta)(\Delta c + k_1) \\ \overline{Q} + \dfrac{\Delta a}{2} - (1-\theta)(\Delta c - k_2), \Delta a \leq 2(1-\theta)(\Delta c - k_2) \end{cases} \quad (6-9)$$

6.3.1 批发价格契约下零售商双渠道供应链分散决策

根据主从博弈原理，参考 Choi[180] 的零售商主导模型，零售商根据市场需求率先提出边际利润，制造商根据生产成本以一定的批发价格提供给零售商，零售商的零售价格为

$$p_i = w + m_i (i = e, t) \quad （6-10）$$

其中 $m_i(i=e,t)$ 为零售商的电子渠道与传统渠道的单位边际利润。

假设需求和生产成本同时扰动下零售商的零售价格为

$$\tilde{p}_i = \tilde{w} + \tilde{m}_i (i = e, t) \quad （6-11）$$

此时，零售商的利润函数为

$$\tilde{\pi}_r = \tilde{m}_e(\mu a - \tilde{w} - \tilde{m}_e + \theta(\tilde{w} + \tilde{m}_t)) + \tilde{m}_t((1-\mu)a - \tilde{w} + \tilde{m}_t + \theta(\tilde{w} + \tilde{m}_e)) \quad （6-12）$$

制造商的利润函数为

$$\tilde{\pi}_m = (\tilde{w} - c_m - \Delta c)\tilde{Q} - k_1(\tilde{Q} - \overline{Q})^+ - k_2(\overline{Q} - \tilde{Q})^+ \quad （6-13）$$

求解 $\dfrac{\partial \tilde{\pi}_m}{\partial \tilde{w}} = 0$，得到：

当 $\tilde{q}_e + \tilde{q}_t \geq \bar{q}_e + \bar{q}_t$ 时，制造商的批发价格对零售商双渠道单位边际利润 $\tilde{m}_i(i=e,t)$ 的反应函数为

$$\tilde{w}_1 = \frac{a + \Delta a + 2(1-\theta)(c_m + \Delta c + k_1) - (1-\theta)(\tilde{m}_e + \tilde{m}_t)}{4(1-\theta)} \quad (6-14)$$

因此，将式（6-14）代入式（6-12），求解可以得到平稳状态下零售商的决策值：

零售商的电子渠道和传统渠道的边际利润为

$$\begin{cases} \tilde{m}_{e1}^0 = \dfrac{(a+\Delta a)(\mu + \theta - \theta\mu)}{2(1-\theta^2)} - \dfrac{c_m + \Delta c + k_1}{2} \\ \tilde{m}_{t1}^0 = \dfrac{(a+\Delta a)(1 - \mu + \theta\mu)}{2(1-\theta^2)} - \dfrac{c_m + \Delta c + k_1}{2} \end{cases} \quad (6-15)$$

制造商的批发价格为

$$\tilde{w}_1^0 = \frac{a + \Delta a}{8(1-\theta)} + \frac{3(c_m + \Delta c + k_1)}{4} \quad (6-16)$$

此时，零售商利润为

$$\tilde{\pi}_{r1}^0 = \frac{\begin{matrix} 3(a+\Delta a)^2 - 4(a+\Delta a)\Delta c + 4\Delta c^2 \\ -(a+\Delta a)^2\theta - 4\Delta c^2\theta - 4(a+\Delta a)\Delta c\theta^2 - 4\Delta c^2\theta^2(1-\theta) \end{matrix}}{16(1-\theta^2)}$$
$$- \frac{(c_m + k_1)(a + \Delta a - (1-\theta)(c_m + 2\Delta c + k_1))}{4} - \frac{(a+\Delta a)^2 \mu(1-\mu)}{2(1+\theta)} \quad (6-17)$$

制造商利润为

$$\tilde{\pi}_{m1}^0 = \frac{(a + \Delta a - 2(1-\theta)(c_m + \Delta c))^2}{32(1-\theta)} + \frac{(3a - \Delta a + (1-\theta)(2\Delta c - 6c_m + k_1))k_1}{8} \quad (6-18)$$

当 $\tilde{q}_e + \tilde{q}_t \leq \bar{q}_e + \bar{q}_t$ 时，制造商的批发价格对零售商双渠道单位边际利润 $\tilde{m}_i(i=e,t)$ 的反应函数为

$$\tilde{w}_4 = \frac{a + \Delta a + 2(1-\theta)(c_m + \Delta c - k_2) - (1-\theta)(\tilde{m}_e + \tilde{m}_t)}{4(1-\theta)} \quad (6-19)$$

因此，将式（6-19）代入式（6-12），求解可以得到平稳状态下零售商的决策值：

零售商的电子渠道和传统渠道的边际利润为

$$\begin{cases} \tilde{m}_{e4}^{0} = \dfrac{(a+\Delta a)(\mu+\theta-\theta\mu)}{2(1-\theta^2)} - \dfrac{c_m+\Delta c-k_2}{2} \\ \tilde{m}_{t4}^{0} = \dfrac{(a+\Delta a)(1-\mu+\theta\mu)}{2(1-\theta^2)} - \dfrac{c_m+\Delta c-k_2}{2} \end{cases} \quad (6-20)$$

制造商的批发价格为

$$\tilde{w}_{4}^{0} = \frac{a+\Delta a}{8(1-\theta)} + \frac{3(c_m+\Delta c-k_2)}{4} \quad (6-21)$$

此时，零售商利润为

$$\tilde{\pi}_{r4}^{0} = \frac{\begin{array}{c}3(a+\Delta a)^2 - 4(a+\Delta a)\Delta c + 4\Delta c^2 \\ -(a+\Delta a)^2\theta - 4\Delta c^2\theta - 4(a+\Delta a)\Delta c\theta^2 - 4\Delta c^2\theta^2(1-\theta)\end{array}}{16(1-\theta^2)} \\ - \frac{(c_m-k_2)(a+\Delta a-(1-\theta)(c_m+2\Delta c-k_2))}{4} - \frac{(a+\Delta a)^2\mu(1-\mu)}{2(1+\theta)} \quad (6-22)$$

制造商利润为

$$\tilde{\pi}_{m4}^{0} = \frac{(a+\Delta a-2(1-\theta)(c_m+\Delta c))^2}{32(1-\theta)} - \frac{(3a-\Delta a+(1-\theta)(2\Delta c-6c_m-k_2))k_2}{8} \quad (6-23)$$

从以上可以看出，$\tilde{w}^{0}+\tilde{m}_{i}^{0} \neq \tilde{p}_{i}^{*}$，因此，在扰动变化较大时，批发价格契约下无法实现零售商主导的零售商双渠道供应链协调。

当$\tilde{q}_e + \tilde{q}_t = \bar{q}_e + \bar{q}_t$时，制造商的批发价格对零售商双渠道单位边际利润$\tilde{m}_i(i=e,t)$的反应函数为

$$\tilde{w} = \frac{a+\Delta a+2(1-\theta)(c_m+\Delta c)-(1-\theta)(\tilde{m}_e+\tilde{m}_t)}{4(1-\theta)} \quad (6-24)$$

因此，将式（6-24）代入式（6-12），求解可以得到平稳状态下零售商的决策值：

零售商的电子渠道和传统渠道的边际利润为

$$\begin{cases} \tilde{m}_{e2}^{0} = \tilde{m}_{e3}^{0} = \dfrac{\Delta a + a\theta + 3\Delta a\theta - a + 2(a+\Delta a)(1-\theta)\mu}{4(1-\theta^2)} + \Delta c \\ \tilde{m}_{t2}^{0} = \tilde{m}_{t3}^{0} = \dfrac{a+3\Delta a - a\theta + \Delta a\theta - 2(a+\Delta a)(1-\theta)\mu}{4(1-\theta^2)} + \Delta c \end{cases} \quad (6-25)$$

制造商的批发价格为

$$\tilde{w}_2^0 = \tilde{w}_3^0 = \frac{a + 2(1-\theta)c_m}{4(1-\theta)} - \Delta c \quad (6-26)$$

此时，零售商利润为

$$\tilde{\pi}_{r2,3}^0 = \frac{a^2(1-\theta)(1-2\mu)^2 + \Delta a^2(1-\theta)(1-2\mu)^2}{-4a(\Delta c - \Delta c\theta^2 + \Delta a(-1+2(1-\theta)(1-\mu)\mu))} + \frac{(\Delta a - 2\Delta c(1-\theta))c_m}{2} \quad (6-27)$$

制造商利润为

$$\tilde{\pi}_{m2,3}^0 = \frac{(a-2(1-\theta)c_m)^2}{8(1-\theta)} \quad (6-28)$$

从以上可以看出，$\tilde{w}^0 + \tilde{m}_i^0 = \tilde{p}_i^*$，因此，在扰动幅度较小时，批发价格契约下可以实现零售商主导的零售商双渠道供应链协调。

6.3.2 两部定价契约下零售商双渠道供应链分散协调

在分散决策下，强势零售商作为 Stackelberg 博弈的主导方，其决策行为发生了一系列变化，当发生需求和生产成本同时扰动时，假设发生扰动后零售商将向制造商就传统渠道收取 $\tilde{T}_t$ 以及就电子渠道收取 $\tilde{T}_e$ 的渠道许可费用，制造商以 $\widetilde{W}$ 的批发价格给零售商提供产品，零售商的渠道边际利润为 $\widetilde{M}_i(i=e,t)$，此时，零售商的利润函数为

$$\tilde{\pi}_r = \widetilde{M}_e(\mu(a+\Delta a) - \widetilde{W} - \widetilde{M}_e + \theta(\widetilde{W} + \widetilde{M}_t))$$
$$+ \widetilde{M}_t((1-\mu)(a+\Delta a) - \widetilde{W} - \widetilde{M}_t + \theta(\widetilde{W} + \widetilde{M}_e)) + \tilde{T} \quad (6-29)$$

制造商的利润函数为

$$\tilde{\pi}_m = (\widetilde{W} - c_m - \Delta c)\widetilde{Q} - k_1(\widetilde{Q} - \overline{Q})^+ - k_2(\overline{Q} - \widetilde{Q})^+ - \tilde{T} \quad (6-30)$$

求解 $\frac{\partial \tilde{\pi}_m}{\partial \widetilde{W}} = 0$，当供应链处于需求和生产成本同时扰动状态时，存在以下三种情形。

情形 6-1：当 $\Delta a \geq 2(1-\theta)(\Delta c + k_1)$ 时，制造商的批发价格 $\widetilde{W}$ 对零售商双渠道单位边际利润 $\widetilde{M}_i(i=e,t)$ 的反应函数为

$$\widetilde{W} = \frac{a + \Delta a + 2(1-\theta)(c_m + \Delta c + k_1) - (1-\theta)(\widetilde{M}_e + \widetilde{M}_t)}{4(1-\theta)} \quad (6-31)$$

联立 $\begin{cases} \widetilde{W} + \widetilde{M}_e = \widetilde{p}_{e1}^* \\ \widetilde{W} + \widetilde{M}_t = \widetilde{p}_{t1}^* \end{cases}$，可以得到零售商最优的边际利润参数为

$$\begin{cases} \widetilde{M}_{e1}^* = \dfrac{(a+\Delta a)(2\mu-1)}{12(1+\theta)} \\ \widetilde{M}_{t1}^* = \dfrac{5(a+\Delta a)(1-2\mu)}{12(1+\theta)} \end{cases} \quad (6-32)$$

此时，零售商利润为

$$\widetilde{\pi}_{r1}^* = \frac{(a+\Delta a)(-1+2\mu)((6\mu-5)(a+\Delta a)+4(1-\theta)(c_m+\Delta c+k_1))}{24(1+\theta)} + \widetilde{T} \quad (6-33)$$

制造商的利润为

$$\widetilde{\pi}_{m1}^* = \frac{(a+\Delta a-2(c_m+\Delta c)(1-\theta))((a+\Delta a)(1+5\theta)+4(a+\Delta a)(1-\theta)\mu - 6(1-\theta^2)(c_m+\Delta c))}{24(1-\theta^2)}$$

$$+ \frac{4((1-\theta)a - 2\Delta a(1+2\theta)+6\Delta c(1-\theta^2)-2(a+\Delta a)(1-\theta)\mu)k_1}{24(1+\theta)}$$

$$+ \frac{(1-\theta)k_1^2}{2} - \widetilde{T}$$

$$(6-34)$$

此时，$\widetilde{\pi}_{r1}^* + \widetilde{\pi}_{m1}^* = \widetilde{\Pi}_1^*$。

为了使供应链实现帕累托最优，应该使两部定价契约下的供应链成员双方利润均大于批发价格契约的情形。此时，联立方程 $\begin{cases} \widetilde{\pi}_r \geq \widetilde{\pi}_r^0 \\ \widetilde{\pi}_m \geq \widetilde{\pi}_m^0 \end{cases}$，可以求得一次性转移支付的参数值 $[\widetilde{T}_{\min}, \widetilde{T}_{\max}]$，转移支付的范围表述有点烦琐，在算例中间以数值的形式描述。

情形 6-2：当 $2(1-\theta)(\Delta c - k_2) < \Delta a < 2(1-\theta)(\Delta c + k_1)$ 时，联立方程 $\begin{cases} \widetilde{W} + \widetilde{M}_e = \widetilde{p}_{e2}^* = \widetilde{p}_{e3}^* \\ \widetilde{W} + \widetilde{M}_t = \widetilde{p}_{t2}^* = \widetilde{p}_{t3}^* \end{cases}$，可以得到零售商最优的边际利润参数为

$$\begin{cases} \widetilde{M}_{e2}^* = \widetilde{M}_{e3}^* = \dfrac{(a+3\Delta a)\theta - (a-\Delta a) - 2(a+\Delta a)(1-\theta)\mu}{4(1-\theta^2)} \\ \widetilde{M}_{t2}^* = \widetilde{M}_{t3}^* = \dfrac{a+3\Delta a - (a-\Delta a)\theta - 2(a+\Delta a)(1-\theta)\mu}{4(1-\theta^2)} \end{cases} \quad (6-35)$$

情形 6-3：当 $\Delta a \leq 2(1-\theta)(\Delta c - k_2)$ 时，制造商的批发价格 $\widetilde{W}$ 对零售商双渠道单位边际利润 $\widetilde{M}_i(i=e,t)$ 的反应函数为

$$\widetilde{W} = \frac{a + \Delta a + 2(1-\theta)(c_m + \Delta c - k_2) - (1-\theta)(\widetilde{M}_e + \widetilde{M}_t)}{4(1-\theta)} \quad (6-36)$$

联立方程 $\begin{cases} \widetilde{W} + \widetilde{M}_e = \tilde{p}_{e4}^* \\ \widetilde{W} + \widetilde{M}_t = \tilde{p}_{t4}^* \end{cases}$，可以得到零售商最优的边际利润参数为

$$\begin{cases} \widetilde{M}_{e1}^* = \dfrac{(a+\Delta a)(2\mu - 1)}{12(1+\theta)} \\ \widetilde{M}_{t1}^* = \dfrac{5(a+\Delta a)(1-2\mu)}{12(1+\theta)} \end{cases} \quad (6-37)$$

从中可以看出，零售商的边际利润与调整成本无关，由于生产计划已经确定，且零售商是供应链的主导方，而制造商是供应链博弈的弱方，制造商将承担这一部分计划调整的损失。

6.4 数值算例

假设某产品的市场规模 $a=100$，电子渠道和传统渠道的替代敏感系数 $\theta=0.4$，电子零售市场规模比例 $\mu=0.3$，单位生产成本 $c_m=10$，偏离计划的单位成本 $k_1=k_2=3$，通过计算批发价格契约以及未计算转移支付下两部定价契约在不同扰动情形下的最优渠道销售价格、销售数量、最优利润，从批发契约下和未带转移支付下的零售商、制造商利润数值，可以推算出相关的转移支付范围。具体情况由表 6-1 给出。

表6-1 需求和生产成本同时扰动时零售商双渠道决策数值算例

算例编号	Δa	Δc	情形	$\widetilde{M}_e^*$	$\widetilde{M}_t^*$	$\widetilde{W}^*$	$\widetilde{\pi}_r^*$	$\widetilde{\pi}_m^*$	$\widetilde{\Pi}^*$	$\widetilde{m}_e^0$	$\widetilde{m}_t^0$	$\widetilde{w}^0$	$\widetilde{\pi}_r^0$	$\widetilde{\pi}_m^0$	$\widetilde{\Pi}^0$	$\widetilde{T}_{\min}$	$\widetilde{T}_{\max}$
1	0	0	6-2	−7.14	7.14	46.67	142.9	1 613.3	1 756.2	−7.14	7.14	46.67	142.9	1 613.3	1 756.2	0.0	0.00
2	20	−2	6-1	−2.86	14.29	49.79	510.9	2 203.2	2 714.0	35.93	53.07	33.25	1 393.9	726.1	2 119.9	883.0	1 477.08
3	−10	−8	6-2	−10.24	2.90	43.67	−40.4	1 613.3	1 572.9	−10.24	2.90	43.67	−40.4	1 613.3	1 572.9	0.0	0.00
4	−10	2	6-3	−2.14	10.71	37.71	285.4	1 005.1	1 290.5	26.57	39.43	25.50	769.1	194.7	963.8	483.7	810.39
5	−5	−8	6-1	−2.26	11.31	37.56	330.2	1 582.4	1 912.6	30.30	43.87	23.54	954.0	544.6	1 498.6	623.8	1 036.35

6.5 本章小结

　　随着苏宁、国美、沃尔玛等强势零售商建设电子渠道,作为供应链主导方的强势零售商双渠道的模式也成为人们研究的关注点,本章研究了突发事件导致需求和生产成本同时扰动下强势零售商双渠道供应链决策和协调策略,通过计算不同扰动情形下的零售商双渠道供应链分散决策下,批发价格契约和两部定价契约的决策值,发现批发价格契约在扰动范围较小时(鲁棒区域内)可以实现强势零售商双渠道供应链的协调,当扰动范围较大时,批发价格契约无法实现供应链协调,然后本章设计了两部定价契约协调需求和生产成本同时扰动下的强势零售商双渠道供应链。

O2O 渠道篇

第七章 需求和成本扰动下的同价双渠道供应链应对管理

O2O 双渠道供应链颠覆了传统的渠道价格竞争模式，价格机制和补贴水平成为决策的关键要素，针对 O2O 商业模式中的双渠道竞争和合作，如果能够通过供应链建模，把一些 O2O 的商业模式用模型描述出来，就可以更好地给企业的 O2O 战略提供决策，线上线下的价格竞争在 O2O 时代已经逐渐过时，顾客依然能够选择线上或者是线下购物，但是影响定价的因素逐渐发生转变，同价机制成为关注的要素，可以说，线上线下同价是 O2O 商业模式的基础，随着 O2O 商业模式的逐步成熟，线上线下同价的趋势也越来越明显。

7.1 引 言

苏宁云商在优化布局电子渠道后，在大型零售巨头中率先"吃螃蟹"，宣布采取线上线下同价的营销模式，在同价机制刚开始运行时，产生了一定的广告效应，市场规模迅速增加。在苏宁试水之后，大家褒贬不一，虽然从苏宁云商的财务报表上来看，线上线下同价模式暂时还有一定的风险，但是拥有实体店的大型零售巨头们的行为告诉我们，他们已经开始应对线上线下同价时代的到来，部分同价模式逐步会发展到全线同价模式。天猫等纯电商零售巨头也开始布局线下体验店，虽然在实际操作中面临着一些问题，但是随着电子商务的发展，双渠道同价机制将会成为一种趋势。苏宁的全线同价策略，对其自身甚至对整个行业的影响都是颠覆性的。以往的实体店由于价格竞争，线上商品价格低于线下，尴尬地沦为了纯体验店，它以高昂的运营成本"为他人作嫁衣裳"。双线同价后，O2O 模式终于落地，人们既可以在网上足不出户购物，又可以在实体店体验之后再购物。

随着苏宁的线上线下同价策略开始实施，企业的实际运作领先于理论探讨。从相关文献来看，对双渠道供应链协调的研究往往涉及两个渠道价格不同的情况。王虹等[183]分析了双渠道供应链中存在价格竞争和线上线下同价的供应链决策问题，前期的研究几乎都未涉及同价机制下的供应链协调问题。考虑到吸引顾客和提升购物体验，线上线下同价逐渐成为电子商务定价的趋势，因此，本章基于O2O中的线上线下一口价模式，从双渠道供应链角度出发，首先提出了需求规模和生产成本同时扰动下的同价供应链协调策略，讨论利润共享契约协调同价双渠道供应链的可行性。

7.2 基本模型

考虑一条二阶段供应链存在一个制造商和一个传统零售商，制造商除了通过传统渠道给零售商供货，同时也利用电子零售渠道进行直销，扮演着电子零售商的角色，传统零售渠道和电子零售渠道组成了双渠道供应模式。在传统渠道上制造商和零售商遵循制造商主导的Stackelberg博弈，由于实行线上线下一口价模式，电子渠道和传统渠道的零售价格一致。假设供应链中市场规模为$a(a>0)$，单位制造成本为$c_m(c_m>0)$，单位售价$p(p>0)$，渠道的价格反应系数分别为b_1和$b_2(b_1,b_2>0)$，$\mu(0<\mu<1)$代表电子渠道的市场份额。

电子渠道和传统渠道面对着市场需求为

$$\begin{cases} q_d = \mu a - b_1 p \\ q_r = (1-\mu)a - b_2 p \end{cases} \quad (7-1)$$

传统零售商和电子零售商都有自己忠诚的顾客，供应链整体利润函数为

$$\Pi = (p-c_m)(\mu a - b_1 p) + (p-c_m)((1-\mu)a - b_2 p) \quad (7-2)$$

通过求一阶偏导数，可得双渠道的最优销售价格为

$$\bar{p} = \frac{a+(b_1+b_2)c_m}{2(b_1+b_2)} \quad (7-3)$$

双渠道的最优销售数量为

$$\begin{cases} \bar{q}_d = \mu a - \dfrac{b_1(a+(b_1+b_2)c_m)}{2(b_1+b_2)} \\ \bar{q}_r = (1-\mu)a - \dfrac{b_2(a+(b_1+b_2)c_m)}{2(b_1+b_2)} \end{cases} \quad (7-4)$$

双渠道供应链最优利润为

$$\bar{\Pi} = \frac{((b_1+b_2)c_m - a)^2}{4(b_1+b_2)} \quad (7-5)$$

7.3 平稳状态下的分散决策

7.3.1 批发价格契约下同价双渠道供应链的决策

当双渠道供应链仅有批发价格约束时，制造商和零售商在 Stackelberg 博弈下实行独立分散决策，假设制造商决定批发价格而传统零售商决定零售价格，由于对消费者存在线上线下一口价承诺，制造商在自建电子渠道中也采用传统零售商的定价，此时，传统零售商的利润函数为

$$\pi_r = (p-w)((1-\mu)a - b_2 p) \quad (7-6)$$

传统渠道销售价格关于批发价格的反应函数为

$$p = \frac{(1-\mu)a + wb_2}{2b_2} \quad (7-7)$$

制造商利润函数为

$$\pi_m = (p-c_m)(\mu a - b_1 p) + (w-c_m)((1-\mu)a - b_2 p) \quad (7-8)$$

可以求出制造商最优批发价格为

$$w^0 = \frac{b_2 c_m - (1-\mu)a}{b_2} - \frac{b_2 c_m - 3a + 2\mu a}{b_1 + 2b_2} \quad (7-9)$$

因此，在批发价格契约的双渠道供应链中零售商利润为

$$\pi_r = \frac{(b_2^2 c_m - ab_2 - 2ab_1 + b_1 b_2 c_m + 2\mu ab_1 + 2\mu ab_2)^2}{4b_2(b_1+2b_2)^2} \quad (7-10)$$

制造商利润为

$$\pi_m = \frac{(6a + b_1 c_m - 4\mu a)^2}{16(b_1+2b_2)} - \frac{ac_m}{4} + \frac{3b_1 c_m^2}{16} + \frac{b_2 c_m^2}{8} - \frac{a^2(1-\mu)}{b_2} - \frac{\mu a c_m}{2} \quad (7-11)$$

供应链利润与最优决策时的利润差额为

$$\bar{\Pi} - (\pi_m + \pi_r) = \frac{(b_2^2 c_m - ab_2 - 2ab_1 + b_1 b_2 c_m + 2\mu ab_1 + 2\mu ab_2)^2}{4(b_1+b_2)(b_1+2b_2)^2} > 0 \quad (7-12)$$

所以，由于供应链中存在双重边际现象，同价双渠道供应链中批发价格契约利润小于集中决策的最优利润。

7.3.2 利润共享契约下同价双渠道供应链的协调

利润共享契约的主要思想是制造商与零售商事先商量好利润的分配比例 $\phi(0 \leq \phi \leq 1)$，然后制造商制定批发价格，零售商制定零售价格。考虑到双线同价策略，制造商的在线销售价格与零售商相同，在双渠道同价机制供应链中，由于制造商是博弈的主导方，制造商可以先决定批发价格 w^{RS}，传统零售商后决定订购量 q_2^{RS} 以及最终渠道零售价格 p^{RS}。

此时，零售商的利润函数为

$$\pi_m = (1-\phi)(p-w)((1-\mu)a - b_2 p) \tag{7-13}$$

最优销售价格的批发价格反应函数为

$$p = \frac{(1-\mu)a + b_2 w}{2b_2} \tag{7-14}$$

根据主从博弈原理，制造商可以设定批发价格：

$$w^{RS*} = \frac{a}{(b_1+b_2)} + c_m - \frac{(1-\mu)a}{b_2} \tag{7-15}$$

此时，零售商和制造商的零售价格为

$$p^{RS*} = \frac{a + (b_1+b_2)c_m}{2(b_1+b_2)} = \overline{p} \tag{7-16}$$

传统零售商利润为

$$\pi_r^{RS*} = (1-\phi)\frac{(b_2^2 c_m - ab_2 - 2ab_1 + b_1 b_2 c_m + 2\mu ab_1 + 2\mu ab_2)^2}{4b_2(b_1+b_2)^2} \tag{7-17}$$

利润共享契约下零售商的利润与批发价格契约下零售商的利润差额为

$$\pi_r^{RS*} - \pi_r = (1-\phi)\frac{(b_2^2 c_m - ab_2 - 2ab_1 + b_1 b_2 c_m + 2\mu ab_1 + 2\mu ab_2)^2}{4b_2(b_1+b_2)^2}$$
$$- \frac{(b_2^2 c_m - ab_2 - 2ab_1 + b_1 b_2 c_m + 2\mu ab_1 + 2\mu ab_2)^2}{4b_2(b_1+2b_2)^2} \tag{7-18}$$

此时，考虑传统零售商的利润比批发价格契约情况不变得更差，得到

$$\phi \leqslant 1 - \frac{(b_1+b_2)^2}{(b_1+2b_2)^2} \quad (7-19)$$

制造商利润为

$$\pi_m^{RS*} = \frac{((b_1+b_2)c_m - a)(b_1^2 c_m + ab_1 + b_1 b_2 c_m + 2\mu a b_1 + 2\mu a b_2)}{4(b_1+b_2)^2}$$

$$- \frac{a(2a(\mu-1)(b_1+b_2) + b_2(a + b_1 c_m + b_2 c_m))(\mu(b_1+b_2) - b_1)}{2b_2(b_1+b_2)^2}$$

$$+ \phi \frac{(b_2^2 c_m - ab_2 - 2ab_1 + b_1 b_2 c_m + 2\mu a b_1 + 2\mu a b_2)^2}{4b_2(b_1+b_2)^2} \quad (7-20)$$

收益共享契约下制造商的利润与批发价格契约下制造商的利润差额为

$$\pi_m^{RS*} - \pi_m = \phi \frac{(b_2^2 c_m - ab_2 - 2ab_1 + b_1 b_2 c_m + 2\mu a b_1 + 2\mu a b_2)^2}{4b_2(b_1+b_2)^2}$$

$$- \frac{(b_2^2 c_m - ab_2 - 2ab_1 + b_1 b_2 c_m + 2\mu a b_1 + 2\mu a b_2)^2}{4(b_1+b_2)^2(b_1+2b_2)} \quad (7-21)$$

此时，考虑制造商利润比批发价格契约情况不变得更差，得到

$$\phi \geqslant 1 - \frac{b_1+b_2}{b_1+2b_2} \quad (7-22)$$

因此得出零售商的利润共享范围：

$$\phi \in \left[1 - \frac{b_1+b_2}{b_1+2b_2}, 1 - \frac{(b_1+b_2)^2}{(b_1+2b_2)^2}\right] \quad (7-23)$$

供应链总利润为

$$\Pi^{RS*} = (\pi_m^{RS*} + \pi_r^{RS*}) = \frac{((b_1+b_2)c_m - a)^2}{4(b_1+b_2)} = \bar{\Pi} \quad (7-24)$$

在收益共享契约(w,ϕ)下，当

$$w^{RS*} = \frac{a}{(b_1+b_2)} + c_m - \frac{(1-\mu)a}{b_2} \quad (7-25)$$

时，可以实现同价双渠道供应链利润最大化。考虑制造商和零售商存在帕累托改进，利润共享比例ϕ的范围应该遵循：

$$\phi \in \left[1 - \frac{b_1 + b_2}{b_1 + 2b_2}, 1 - \frac{(b_1 + b_2)^2}{(b_1 + 2b_2)^2}\right] \quad (7-26)$$

在双渠道同价机制中，基于一定比例范围的利润共享契约可以简单地协调分散式同价双渠道供应链，在该契约约束下的分散式决策状态中，传统零售商的利润和制造商的利润都得到了增加，供应链实现了最大收益。

7.4 需求和成本同时扰动时的同价双渠道供应链集中决策

当制造商的生产计划已经根据平稳状态时的产量安排好后，某些突发事件发生，改变了消费者对商品的需求规模以及制造商的生产成本，需求规模扰动量用$\Delta a(\Delta a > -a)$来表示，生产成本规模扰动量用$\Delta c(\Delta c > -c)$来表示。当突发事件发生后，供应链的协调机制也就发生了一定的变化。假设扰动发生以后电子渠道和传统渠道的销售数量用$\tilde{q}_d$和$\tilde{q}_r$来表示，双渠道的共同销售价格为$\tilde{p}$。此时，制造商电子零售渠道的销量为

$$\tilde{q}_d(\tilde{p}) = \mu(a + \Delta a) - b_1 \tilde{p} \quad (7-27)$$

传统零售渠道的销量为

$$\tilde{q}_r(\tilde{p}) = (1 - \mu)(a + \Delta a) - b_2 \tilde{p} \quad (7-28)$$

总销售数量变动为

$$\tilde{q}_d + \tilde{q}_r - \bar{q}_d - \bar{q}_r = a + \Delta a - (b_1 + b_2)\tilde{p} - \bar{q}_d - \bar{q}_r \quad (7-29)$$

由于生产计划已经安排好，当$\tilde{q}_d + \tilde{q}_r > \bar{q}_d + \bar{q}_r$时，制造商将需要增加产量，反之则需要减少生产的数量。假设制造商增加生产计划的单位惩罚成本为$k_1(0 < k_1 < c)$，减少生产计划的单位惩罚成本为$k_2(0 < k_2 < c)$，则扰动状态下的供应链总利润函数为

$$\tilde{\Pi} = (\tilde{p} - c_m - \Delta c)(a + \Delta a - (b_1 + b_2)\tilde{p}) - k_1(\tilde{q}_d + \tilde{q}_r - \bar{q}_d - \bar{q}_r)^+ - k_2(\bar{q}_d + \bar{q}_r - \tilde{q}_d - \tilde{q}_r)^+ \quad (7-30)$$

其中$(x)^+ = \max\{x, 0\}$。

公式（7-30）中第二、三项为改变生产计划所带来的额外成本。

定义$\tilde{p}^* = \underset{(\tilde{p} > 0)}{\mathrm{argmax}} \tilde{\Pi}$，当$\tilde{q}_d + \tilde{q}_r \geq \bar{q}_d + \bar{q}_r$时，利润函数变成

$$\tilde{\Pi}_1 = (\tilde{p} - c_m - \Delta c)(a + \Delta a - (b_1 + b_2)\tilde{p}) - k_1(a + \Delta a - (b_1 + b_2)\tilde{p} - \bar{q}_d - \bar{q}_r) \quad (7-31)$$

当 $\tilde{q}_d + \tilde{q}_r \leq \bar{q}_d + \bar{q}_r$ 时，利润函数变成

$$\tilde{\Pi}_2 = (\tilde{p} - c_m - \Delta c)(a + \Delta a - (b_1 + b_2)\tilde{p}) - k_2(\bar{q}_d + \bar{q}_r - a - \Delta a + (b_1 + b_2)\tilde{p}) \quad (7-32)$$

公式（7-31）和公式（7-32）都是关于零售价格 $\tilde{p}$ 的凹函数，可以得到关于不同情形的零售商最优售价。

引理 7-1：当 $\Delta a > \Delta c(b_1 + b_2)$ 时，$\tilde{q}_d^* + \tilde{q}_r^* \geq \bar{q}_d + \bar{q}_r$；而当 $\Delta a < \Delta c(b_1 + b_2)$ 时，$\tilde{q}_d^* + \tilde{q}_r^* \leq \bar{q}_d + \bar{q}_r$。

证明：

令 $\tilde{Q} = \tilde{q}_d + \tilde{q}_r$，$\bar{Q} = \bar{q}_d + \bar{q}_r = \dfrac{a - c_m(b_1 + b_2)}{2}$，当 $\Delta a = \Delta c(b_1 + b_2)$，$\tilde{\Pi}(\tilde{Q})$ 在 $\tilde{Q} = \bar{Q}$ 时达到最优解：

$$\tilde{\Pi}(\bar{Q}) = \frac{(a - (c_m + \Delta c)(b_1 + b_2))^2}{4(b_1 + b_2)} + \frac{\Delta a \bar{Q}}{(b_1 + b_2)} \quad (7-33)$$

假设存在当 $\Delta a > \Delta c(b_1 + b_2)$ 时 $\tilde{q}_d^* + \tilde{q}_r^* \leq \bar{q}_d + \bar{q}_r$，则

$$\tilde{\Pi}(\tilde{Q}^*) = \tilde{Q}\left(\frac{a - \tilde{Q}}{(b_1 + b_2)} - c_m - \Delta c\right) + \frac{\Delta a \tilde{Q}}{(b_1 + b_2)} - k_2(\bar{Q} - \tilde{Q})$$

$$\leq \frac{(a - (c_m + \Delta c)(b_1 + b_2))^2}{4(b_1 + b_2)} + \frac{\Delta a \bar{Q}}{(b_1 + b_2)} - k_2(\bar{Q} - \tilde{Q}) < \tilde{\Pi}(\bar{Q}) \quad (7-34)$$

因此，假设不成立，则当 $\Delta a > \Delta c(b_1 + b_2)$ 时，$\tilde{q}_d^* + \tilde{q}_r^* \geq \bar{q}_d + \bar{q}_r$，同理，可以得到当 $\Delta a < \Delta c(b_1 + b_2)$ 时，$\tilde{q}_d^* + \tilde{q}_r^* \leq \bar{q}_d + \bar{q}_r$。

证毕。

7.4.1 不减少生产计划的情形

当 $\Delta a > \Delta c(b_1 + b_2)$ 时，求解函数：

$$\tilde{\Pi}_1 = (\tilde{p} - c_m - \Delta c)(a + \Delta a - (b_1 + b_2)\tilde{p}) - k_1(a + \Delta a - (b_1 + b_2)\tilde{p} - \bar{q}_d - \bar{q}_r)$$
$$\text{s.t.} \, \tilde{q}_d^* + \tilde{q}_r^* \geq \bar{q}_d + \bar{q}_r \quad (7-35)$$

存在两种情形。

情形 7-1：当 $\Delta a \geq (k_1 + \Delta c)(b_1 + b_2)$ 时，最优零售价格为

$$\tilde{p}_1^* = \frac{a + \Delta a + (k_1 + c_m + \Delta c)(b_1 + b_2)}{2(b_1 + b_2)} \quad (7\text{-}36)$$

电子渠道和传统渠道的最优销售数量分别为

$$\begin{cases} \tilde{q}_{d1}^* = \mu(a + \Delta a) - \dfrac{b_1(a + \Delta a + (b_1 + b_2)(c_m + \Delta c + k_1))}{2(b_1 + b_2)} \\ \quad = \bar{q}_d + \mu \Delta a - \dfrac{b_1(k_1 + \Delta c)}{2} - \dfrac{b_1 \Delta a}{2(b_1 + b_2)} \\ \tilde{q}_{r1}^* = (1-\mu)(a + \Delta a) - \dfrac{b_2(a + \Delta a + (b_1 + b_2)(c_m + \Delta c + k_1))}{2(b_1 + b_2)} \\ \quad = \bar{q}_r + (1-\mu)\Delta a - \dfrac{b_1(k_1 + \Delta c)}{2} - \dfrac{b_2 \Delta a}{2(b_1 + b_2)} \end{cases} \quad (7\text{-}37)$$

$$\tilde{q}_{d1}^* + \tilde{q}_{r1}^* = \frac{a + \Delta a - (c + \Delta c + k_1)(b_1 + b_2)}{2} = \bar{q}_d + \bar{q}_r + \frac{\Delta a - (k_1 + \Delta c)(b_1 + b_2)}{2} \quad (7\text{-}38)$$

情形 7-2：当 $\Delta c(b_1 + b_2) < \Delta a < (k_1 + \Delta c)(b_1 + b_2)$ 时，由于 $\tilde{q}_d^* + \tilde{q}_r^* = \bar{q}_d + \bar{q}_r$，可以得出

$$\tilde{p}_2^* = \frac{a + 2\Delta a + (b_1 + b_2)c_m}{2(b_1 + b_2)} \quad (7\text{-}39)$$

$$\begin{cases} \tilde{q}_{d2}^* = \mu(a + \Delta a) - \dfrac{b_1(a + 2\Delta a + (b_1 + b_2)c_m)}{2(b_1 + b_2)} \\ \tilde{q}_{r2}^* = (1-\mu)(a + \Delta a) - \dfrac{b_2(a + 2\Delta a + (b_1 + b_2)c_m)}{2(b_1 + b_2)} \end{cases} \quad (7\text{-}40)$$

$$\tilde{q}_{d2}^* + \tilde{q}_{r2}^* = \bar{q}_d + \bar{q}_r \quad (7\text{-}41)$$

7.4.2 不增加生产计划的情形

当 $\Delta a < \Delta c(b_1 + b_2)$ 时，求解函数：

$$\tilde{\Pi}_2 = (\tilde{p} - c_m - \Delta c)(a + \Delta a - (b_1 + b_2)\tilde{p}) - k_2(\bar{q}_d + \bar{q}_r - a - \Delta a + (b_1 + b_2)\tilde{p}) \quad (7\text{-}42)$$
$$\text{s.t.} \ \tilde{q}_d^* + \tilde{q}_r^* \leq \bar{q}_d + \bar{q}_r$$

可以得到以下两种情形。

情形 7-3：当 $(\Delta c - k_2)(b_1 + b_2) < \Delta a < \Delta c(b_1 + b_2)$ 时，同样地，用情形 7-2 的方法，可以得到

$$\tilde{p}_3^* = \frac{a + 2\Delta a + (b_1 + b_2)c}{2(b_1 + b_2)} \qquad (7\text{-}43)$$

$$\begin{cases} \tilde{q}_{d3}^* = \mu(a + \Delta a) - \dfrac{b_1(a + 2\Delta a + (b_1 + b_2)c_m)}{2(b_1 + b_2)} \\ \tilde{q}_{r3}^* = (1 - \mu)(a + \Delta a) - \dfrac{b_2(a + 2\Delta a + (b_1 + b_2)c_m)}{2(b_1 + b_2)} \end{cases} \qquad (7\text{-}44)$$

情形 7-4：当 $\Delta a < (\Delta c - k_2)(b_1 + b_2)$ 时，同样，用情形 7-1 的方法，可以得到

$$\tilde{p}_4^* = \frac{a + \Delta a + (c_m + \Delta c - k_2)(b_1 + b_2)}{2(b_1 + b_2)} \qquad (7\text{-}45)$$

$$\begin{cases} \tilde{q}_{d4}^* = \mu(a + \Delta a) - \dfrac{b_1(a + \Delta a + (b_1 + b_2)(c_m + \Delta c - k_2))}{2(b_1 + b_2)} \\ \tilde{q}_{r4}^* = (1 - \mu)(a + \Delta a) - \dfrac{b_2(a + \Delta a + (b_1 + b_2)(c_m + \Delta c - k_2))}{2(b_1 + b_2)} \end{cases} \qquad (7\text{-}46)$$

因此，存在以下定理。

定理 7-1：当一个二阶段电子和传统渠道并存的线上线下同价双渠道供应链，供应链的需求结构如式（7-1）所示，由于突发事件面临着供应链需求扰动，供应链进行集中决策时，零售价格为

$$\tilde{p}^* = \begin{cases} \dfrac{a + \Delta a + (k_1 + c_m + \Delta c)(b_1 + b_2)}{2(b_1 + b_2)}, & \Delta a \geq (k_1 + \Delta c)(b_1 + b_2) \\ \dfrac{a + 2\Delta a + (b_1 + b_2)c_m}{2(b_1 + b_2)}, & (\Delta c - k_2)(b_1 + b_2) < \Delta a < (k_1 + \Delta c)(b_1 + b_2) \\ \dfrac{a + \Delta a + (c_m + \Delta c - k_2)(b_1 + b_2)}{2(b_1 + b_2)}, & \Delta a < (\Delta c - k_2)(b_1 + b_2) \end{cases} \qquad (7\text{-}47)$$

电子零售渠道的销售量为

$$\tilde{q}_d^* = \begin{cases} \mu(a+\Delta a) - \dfrac{b_1(a+\Delta a+(b_1+b_2)(c_m+\Delta c+k_1))}{2(b_1+b_2)}, \Delta a \geq (k_1+\Delta c)(b_1+b_2) \\ \mu(a+\Delta a) - \dfrac{b_1(a+2\Delta a+(b_1+b_2)c_m)}{2(b_1+b_2)}, (\Delta c-k_2)(b_1+b_2) < \Delta a < (k_1+\Delta c)(b_1+b_2) \\ \mu(a+\Delta a) - \dfrac{b_1(a+\Delta a+(b_1+b_2)(c_m+\Delta c-k_2))}{2(b_1+b_2)}, \Delta a \leq (\Delta c-k_2)(b_1+b_2) \end{cases}$$

（7-48）

传统零售渠道的销售量为

$$\tilde{q}_r^* = \begin{cases} (1-\mu)(a+\Delta a) - \dfrac{b_2(a+\Delta a+(b_1+b_2)(c_m+\Delta c+k_1))}{2(b_1+b_2)}, \Delta a \geq (k_1+\Delta c)(b_1+b_2) \\ (1-\mu)(a+\Delta a) - \dfrac{b_2(a+2\Delta a+(b_1+b_2)c_m)}{2(b_1+b_2)}, (\Delta c-k_2)(b_1+b_2) < \Delta a < (k_1+\Delta c)(b_1+b_2) \\ (1-\mu)(a+\Delta a) - \dfrac{b_2(a+\Delta a+(b_1+b_2)(c_m+\Delta c-k_2))}{2(b_1+b_2)}, \Delta a \leq (\Delta c-k_2)(b_1+b_2) \end{cases}$$

（7-49）

可以看出，当双渠道集权供应链面临突发事件导致需求扰动时，会产生如下影响：

（1）当 $\Delta a \geq (k_1+\Delta c)(b_1+b_2)$ 时，制造商追加相应的生产计划，在提高销售价格和增加电子渠道销售数量的同时导致传统渠道的销售数量都有所增加。

（2）当 $\Delta a \leq (\Delta c-k_2)(b_1+b_2)$ 时，制造商减少相应的生产计划，在降低销售价格和减少电子渠道销售数量的同时导致传统渠道的销售数量有所下降。

（3）当 $(\Delta c-k_2)(b_1+b_2) < \Delta a < (k_1+\Delta c)(b_1+b_2)$ 时，在扰动发生后，制造商可以及时反馈需求改变程度，处于生产鲁棒控制范围内，制造商不需要改变生产计划，可以通过改变零售价格达到决策优化。

7.5 需求和成本同时扰动时的供应链分散协调

在 Stackelberg 博弈环境下，当双渠道供应链面临分权决策时，分权决策的协调方式使得分权决策后的零售商制定的零售价格 $\tilde{p}^{RS*}$ 和集中决策下的最优零售价格 $\tilde{p}^*$ 相等，此时，供应链就可以达到和集中决策时一样的销售数量以及供应链总利润。制造商是博弈的主导方，掌握收益分配权，由于利润共享比例

ϕ 与需求及成本无关，在无扰动状态下商定的制造商与零售商双方利润共享比例 $\phi\left(\phi\in\left[1-\dfrac{b_1+b_2}{b_1+2b_2},1-\dfrac{(b_1+b_2)^2}{(b_1+2b_2)^2}\right]\right)$ 可以继续沿用，当生产计划改变成本过高导致制造商亏损时，制造商也可以通过与零售商协商并调高利润共享比例 ϕ 来减少相应的损失。当需求扰动发生以后，零售商的利润函数为

$$\tilde{\pi}_r = (1-\phi)(\tilde{p}-\tilde{w})((1-\mu)(a+\Delta a)-b_2\tilde{p}) \tag{7-50}$$

因此，批发价格 $\tilde{w}$ 和零售价格 $\tilde{p}$ 的反应函数为

$$\tilde{p} = \dfrac{(1-\mu)(a+\Delta a)+\tilde{w}b_2}{2b_2},\quad \tilde{w} = 2\tilde{p} - \dfrac{(1-\mu)(a+\Delta a)}{b_2} \tag{7-51}$$

制造商的利润函数为

$$\tilde{\pi}_m = (\tilde{p}-c_m)(\mu(a+\Delta a)-b_1\tilde{p}) + (\tilde{w}-c_m+\phi(\tilde{p}-\tilde{w}))((1-\mu)(a+\Delta a)-b_2\tilde{p}) \tag{7-52}$$

求解 $\tilde{p}^* = \tilde{p}^{RS*}(\tilde{w}) = \underset{(\tilde{p}>0)}{\operatorname{argmax}} \tilde{\pi}_1$ 可以得到：

情形 7-1：当 $\Delta a \geq (k_1+\Delta c)(b_1+b_2)$ 时，

$$\tilde{w}_1^{RS*} = \dfrac{a+\Delta a}{(b_1+b_2)} + c_m + \Delta c + k_1 - \dfrac{(1-\mu)(a+\Delta a)}{b_2} \tag{7-53}$$

$$\tilde{p}_1^{RS*} = \tilde{p}^*,\quad \tilde{q}_{d1}^{RS*} = \tilde{q}_d^*,\quad \tilde{q}_{r1}^{RS*} = \tilde{q}_r^* \tag{7-54}$$

因此，供应链在利润共享契约 (w,ϕ)，即

$$\begin{cases}\tilde{w}_1^{RS*} = \dfrac{a+\Delta a}{(b_1+b_2)} + c_m + \Delta c + k_1 - \dfrac{(1-\mu)(a+\Delta a)}{b_2},\\ \phi \in \left[1-\dfrac{b_1+b_2}{b_1+2b_2},1-\dfrac{(b_1+b_2)^2}{(b_1+2b_2)^2}\right]\end{cases} \tag{7-55}$$

下实现协调。

情形 7-2、情形 7-3：当 $(\Delta c-k_2)(b_1+b_2)<\Delta a<(k_1+\Delta c)(b_1+b_2)$ 时，

$$\tilde{w}_2^{RS*} = \tilde{w}_3^{RS*} = \dfrac{a+2\Delta a}{(b_1+b_2)} + c_m - \dfrac{(1-\mu)(a+\Delta a)}{b_2} \tag{7-56}$$

此时，$\tilde{p}_2^{RS*} = \tilde{p}_3^{RS*} = \tilde{p}^*$，

$$\tilde{q}_{d2}^{RS*} = \tilde{q}_{d3}^{RS*} = \mu(a+\Delta a) - \dfrac{b_1(a+2\Delta a+(b_1+b_2)c_m)}{2(b_1+b_2)} \tag{7-57}$$

$$\tilde{q}_{r2}^{RS*} = \tilde{q}_{r3}^{RS*} = (1-\mu)(a+\Delta a) - \frac{b_2(a+2\Delta a + (b_1+b_2)c_m)}{2(b_1+b_2)} \quad (7\text{-}58)$$

$$\tilde{q}_{d2}^{RS*} + \tilde{q}_{r2}^{RS*} = \tilde{q}_{d3}^{RS*} + \tilde{q}_{r3}^{RS*} = \tilde{q}_d^* + \tilde{q}_r^* \quad (7\text{-}59)$$

因此可以采用利润共享契约 (w,ϕ)，即

$$\tilde{w}_2^{RS*} = \tilde{w}_3^{RS*} = \frac{a+2\Delta a}{(b_1+b_2)} + c_m - \frac{(1-\mu)(a+\Delta a)}{b_2}, \phi \in \left[1-\frac{b_1+b_2}{b_1+2b_2}, 1-\frac{(b_1+b_2)^2}{(b_1+2b_2)^2}\right] \quad (7\text{-}60)$$

实现协调。

情形 7-4：当 $\Delta a \leq (\Delta c - k_2)(b_1+b_2)$ 时，

$$\tilde{w}_4^{RS*} = \frac{a+\Delta a}{(b_1+b_2)} + c_m + \Delta c - k_2 - \frac{(1-\mu)(a+\Delta a)}{b_2}, \quad (7\text{-}61)$$

$$\tilde{p}_4^{RS*} = \tilde{p}^*, \quad \tilde{q}_{d4}^{RS*} = \tilde{q}_d^*, \quad \tilde{q}_{r4}^{RS*} = \tilde{q}_r^*, \quad (7\text{-}62)$$

因此，在利润共享契约 (w,ϕ)，即

$$\begin{cases} \tilde{w}_4^{RS*} = \dfrac{a+\Delta a}{(b_1+b_2)} + c_m + \Delta c - k_2 - \dfrac{(1-\mu)(a+\Delta a)}{b_2}, \\ \phi \in \left[1-\dfrac{b_1+b_2}{b_1+2b_2}, 1-\dfrac{(b_1+b_2)^2}{(b_1+2b_2)^2}\right] \end{cases} \quad (7\text{-}63)$$

下供应链实现协调。

采用利润共享契约可以简单实现分权供应链的协调，而且突发事件导致需求和生产成本扰动的情况可以归纳为：

（1）当 $\Delta a \geq (k_1+\Delta c)(b_1+b_2)$ 时，扰动发生后制造商增加相应的生产计划，将生产计划改变的单位成本加入批发价格，零售商承担相应销量的改变成本。

（2）当 $\Delta a \leq (\Delta c - k_2)(b_1+b_2)$ 时，扰动发生后制造商减少相应的生产计划，从批发价中减去生产计划改变的单位成本，制造商补贴零售商相应销量的改变成本。

（3）当 $(\Delta c - k_2)(b_1+b_2) < \Delta a < (k_1+\Delta c)(b_1+b_2)$ 时，扰动发生后制造商不需要改变生产计划，只需要根据需求变化程度改变批发价格就能达到决策优化。

7.6 数值算例

假设该产品的市场规模$a=1000$，电子渠道的价格敏感系数为$b_1=10$，传统渠道的价格敏感系数$b_2=20$，在线市场规模比例$\mu=0.4$，单位生产成本$c_m=20$，偏离计划的单位成本$k_1=k_2=5$，事先商定的利润共享系数$\phi=0.5$，通过不同扰动水平下的数值算例验证推导结果。从表7-1中可以看出，在平稳状态下，批发价格契约约束的供应链总利润小于集中决策时的供应链总利润，而利润共享契约可以使得制造商和零售商双方利润都实现增加。当突发事件导致不同的市场需求规模与生产成本扰动水平时，采用利润共享契约可以很好地协调制造商主导的Stackelberg博弈下双线同价机制双渠道供应链。

值得说明的是，当$\Delta a=-200$、$\Delta c=-4$时，按照平稳时利润共享系数$\phi=0.5$计算的制造商利润为-160，零售商利润为160，作为主导方的制造商可以上调利润共享系数至零售商可接受的最大上限值$\phi=\left[1-\dfrac{(b_1+b_2)^2}{(b_1+2b_2)^2}\right]=0.64$，此时制造商利润为$-129.6$，零售商利润为$129.6$。当$\Delta a=-300$、$\Delta c=-2$时，由于生产计划已经下达，发生扰动后，制造商采用其他决策方式的处理成本更高，因此，在供应链亏损的情况下也必须生产。

表7-1 不同需求和成本扰动水平下的同价双渠道供应链决策结果

算例编号	Δa	Δc	情形	p	w	q_d	q_r	Q	π_m	π_r	$\pi_m+\pi_r$	Π^*
1	0	0	批发价格	28	26	120	40	160	1 200	80	1 280	11 333.33
2	0	0	利润共享	26.67	23.33	133.33	66.67	200	1 222.22	111.11	11 333.33	11 333.33
3	300	2	7-1	35.17	31.33	168.33	76.67	245	31 568.89	146.94	31 715.83	31 715.83
4	200	4	7-2	33.33	30.67	146.67	53.33	200	21 595.56	71.11	21 666.67	21 666.67
5	100	6	7-3	30	27	140	60	200	11 910	90	2000	21 000

续表

算例编号	Δa	Δc	情形	p	w	q_d	q_r	Q	π_m	π_r	$\pi_m + \pi_r$	Π^*
6	50	8	7-4	29	26.5	130	50	180	11 557.5	62.5	1620	11 620
7	-50	-8	7-1	24.33	20.17	136.67	83.33	220	779.72	173.61	953.33	953.33
8	-100	-6	7-2	23.33	19.67	126.67	73.33	200	532.22	134.44	666.67	666.67
9	-200	-4	7-3	20	16	120	80	200	-160 (-129.6)	160 (129.6)	0	0
10	-300	-2	7-4	18.17	15.33	98.33	56.67	155	-364.4 (-341.92)	80.28 (57.8)	-284.12	-284.12

7.7 本章小结

单纯的渠道价格竞争已经很难满足供应链成员的需要，线上线下相同的定价机制已成为一种宣传口号，甚至于真正落地。应用新营销策略，制造商采用线上线下同价模式。拥有自建电子零售渠道的制造商与传统零售商之间存在Stackelberg博弈，在平稳的状态下，通过事先商定好利润共享比例的利润共享契约可以实现较为容易操作的协调策略。当突发事件造成消费者需求规模和制造商的生产成本同时发生扰动的时候，设计的利润共享契约还可以非常好地协调同价双渠道供应链。

第八章　需求和服务替代系数扰动下的 O2O 供应链应对管理

线上线下的价格竞争在 O2O 时代已经逐渐显示出不合理的一面，虽然顾客依然是能够选择在电子渠道或者是传统渠道购物，但是影响定价的因素逐渐发生转变，服务和同价机制成为影响需求与供应链利润的一个非常重要的因素，因此，针对服务竞争的 O2O 双渠道供应链应急决策的研究是对供应链应急管理研究的一个有益的补充。

8.1 引　言

O2O 的全称是 online to offline，是指线上营销和线上购买带动线下消费和线下经营，也就是说用户在线筛选商品或服务，在线支付购买线下的商品或服务，再到线下去享受商品或服务，或者说是将线下的商务机会与互联网结合在一起，让互联网成为线下交易的前台和信息传输渠道，整个消费过程由线上和线下两部分构成。本章分析的 O2O 模式类似于美特斯邦威的制造商 O2O 体验店模式或者是苏宁、银泰百货等零售商的水平 O2O 模式。

现有 O2O 业务模式的文献集中在服务提升与推荐系统上。Tsai[184]发现 O2O 模式可以帮助零售商或品牌通过现有的社交网络数据了解它们的客户，更快速地响应和适应当前社会化电子商务营销趋势。Chen[185]认为推荐系统服务的提高可以使得在线顾客数量增加，同时顾客从传统渠道的服务中可以购买更多的相关产品。Hsieh[186]提出根据位置、时间和预算等方面来进行推荐的 BP 神经网络算法，可以用来适应 O2O 模式下的旅客需求。

与服务竞争相关的文献主要是从双渠道供应链的角度进行研究，以解决渠道冲突、渠道定价决策以及渠道协调等问题。Chen 等[72]研究了渠道间存在服务竞争情况下制造商如何构建和管理双渠道的问题。Yan 等 [73] 研究了在双渠道供应链中零售服务对渠道竞争、渠道冲突以及供应链绩效的影响。Dan 等 [187] 研究了顾客对传统渠道的忠诚度以及零售服务二者对双渠道供应链成员定价决策的影响。本章从线上线下服务竞争（搭便车）的角度出发，研究需求和渠道服务竞争系数同时扰动对 O2O 模式下双渠道供应链的影响，考虑制造商垂直 O2O 与零售商水平 O2O 两种方式，设计两种定价机制来实现对 O2O 双渠道供应链的协调，丰富了供应链扰动管理理论。

8.2 基本模型

在一条两阶段 O2O 供应链中，生产和销售的产品属于易逝品，市场需求为 $a(a>0)$，电子渠道的需求比例为 $\mu(0<\mu<1)$，单位制造成本为 $c_m(c_m>0)$，电子渠道和传统渠道的销售价格均为 p，电子渠道和传统渠道中存在一定的服务竞争关系，渠道的服务水平分别为 s_e，s_t，渠道间的需求服务替代系数为 $\theta(0<\theta<1)$。服务投入的成本 $C(s_i)=\dfrac{\eta s_i^2}{2}(i=e,t)$，投入系数为 $\eta(\eta>1)$，构建平稳状态下该供应链电子渠道和传统渠道面临的需求函数为

$$\begin{cases} q_e = \mu a - p + s_e - \theta s_t \\ q_t = (1-\mu)a - p + s_t - \theta s_e \end{cases} \quad (8-1)$$

当生产计划已经下达后，市场规模以及消费者的渠道替代系数同时发生变化，特别是信息技术创新或 O2O 商业模式创新使得消费者需求和渠道间的服务反应系数发生突变。假设市场规模扰动为 $\Delta a(\Delta a > -a)$，渠道间需求服务敏感系数的变化为 $\Delta\theta(-\theta<\Delta\theta<1-\theta)$。扰动后的零售价格为 $\tilde{p}$，电子渠道和传统渠道的服务水平分别为 $\tilde{s}_e$、$\tilde{s}_t$。当供给不足时，需要外购或紧急生产，其增加供给的单位成本为 k_1 $(0<k_1<c_m)$，当需求不足时，在二级市场处理剩余产品的单位成本为 k_2 $(0<k_2<c_m)$，发生市场规模和服务敏感系数扰动后的双渠道供应链需求函数为

$$\begin{cases} \tilde{q}_e = \mu(a+\Delta a) - \tilde{p} + \tilde{s}_e - (\theta+\Delta\theta)\tilde{s}_t \\ \tilde{q}_t = (1-\mu)(a+\Delta a) - \tilde{p} + \tilde{s}_t - (\theta+\Delta\theta)\tilde{s}_e \end{cases} \quad (8-2)$$

8.3 制造商垂直O2O下双渠道供应链集中决策

制造商垂直O2O供应链指的是制造商垂直双渠道下执行的O2O决策，本质为线上线下同价、服务提升下的制造商双渠道集中决策。例如，TCL、美特斯邦威、七匹狼等企业在O2O浪潮中自营O2O线上线下店，最大限度满足不同渠道顾客的需求。在制造商垂直O2O策略下，供应链为集中决策，实现利润最大化。

8.3.1 平稳状态下的制造商垂直O2O供应链决策

平稳状态下可以得到供应链的利润函数为

$$\Pi = (p-c_m)(a-2p+(1-\theta)(s_e+s_t)) - \frac{\eta}{2}(s_t^2+s_e^2) \tag{8-3}$$

利润函数Π的海塞矩阵为

$$\boldsymbol{H} = \begin{bmatrix} -4 & 1-\theta & 1-\theta \\ 1-\theta & -\eta & 0 \\ 1-\theta & 0 & -\eta \end{bmatrix} \tag{8-4}$$

其顺序主子式为：$[-4, 4\eta-(1-\theta)^2, -4\eta^2+2\eta(1-\theta)^2]$，是负定矩阵，因此，$\Pi(p,s_e,s_t)$是关于$(p,s_e,s_t)$的严格可微凹函数。这样可以得到平稳状态下制造商垂直O2O的最优决策。

制造商的最优渠道定价与服务水平为

$$\begin{cases} \overline{p} = c_m + \dfrac{\eta(a-2c_m)}{4\eta-2(1-\theta)^2} \\ \overline{s}_e = \overline{s}_t = \dfrac{(1-\theta)(a-2c_m)}{4\eta-2(1-\theta)^2} \end{cases} \tag{8-5}$$

电子渠道和传统渠道的销量为

$$\begin{cases} \overline{q}_e = \dfrac{a(\eta(4\mu-1)+(1-2\mu)(1-\theta)^2)-2\eta c_m}{4\eta-2(1-\theta)^2} \\ \overline{q}_t = \dfrac{a(\eta(3-4\mu)+(2\mu-1)(1-\theta)^2)-2\eta c_m}{4\eta-2(1-\theta)^2} \end{cases} \tag{8-6}$$

制造商的产量为

$$\overline{Q} = \overline{q}_e + \overline{q}_t = \frac{\eta(a-2c_m)}{2\eta-(1-\theta)^2} \quad (8-7)$$

供应链的利润为

$$\overline{\Pi} = \frac{\eta(a-2c_m)^2}{8\eta-4(1-\theta)^2} \quad (8-8)$$

8.3.2 扰动状态下的制造商垂直O2O供应链决策

当需求和服务替代系数同时扰动后，供应链利润函数变为

$$\tilde{\Pi} = (\tilde{p}-c_m)(\tilde{q}_e+\tilde{q}_t) - \frac{\eta}{2}(\tilde{s}_t^2+\tilde{s}_e^2) - k_1(\tilde{q}_e+\tilde{q}_t-\overline{Q})^+ - k_2(\overline{Q}-\tilde{q}_e-\tilde{q}_t)^+ \quad (8-9)$$

其中：$(x)^+ = \max(x,0)$。

函数（8-9）中第三项为紧急采购或生产带来的成本，第四项为在二级市场处理多余产品带来的成本。

当 $\tilde{q}_e + \tilde{q}_t \geq \overline{q}_e + \overline{q}_t$ 时，供应链利润函数变成

$$\tilde{\Pi}_1 = (\tilde{p}-c_m)(a+\Delta a-2\tilde{p}+(\tilde{s}_e+\tilde{s}_t)(1-\theta-\Delta\theta))$$
$$-\frac{\eta}{2}(\tilde{s}_t^2+\tilde{s}_e^2)-k_1(\tilde{q}_e+\tilde{q}_t-\overline{Q}) \quad (8-10)$$
$$\text{s.t.} \tilde{q}_e+\tilde{q}_t \geq \overline{q}_e+\overline{q}_t$$

由于供应链利润 Π 是关于零售价格 (p,s_e,s_t) 的严格凹函数，因此可以求出最优解。

根据 Kuhn-Tucker 条件，求解函数

$$\begin{cases} \dfrac{\partial \tilde{\Pi}_1}{\partial \tilde{p}} - 2\lambda = \dfrac{\partial \tilde{\Pi}_1}{\partial \tilde{s}_i} + (1-\theta-\Delta\theta)\lambda = 0 \\ \tilde{q}_e + \tilde{q}_t - \overline{q}_e - \overline{q}_t \geq 0 \\ \lambda(\tilde{q}_e + \tilde{q}_t - \overline{q}_e - \overline{q}_t) = 0 \\ \lambda \geq 0 \end{cases} \quad (8-11)$$

可以得到以下两种情形。

情形 8-1：若 $\lambda=0$，则当 $\Delta a \geq \dfrac{\Delta\theta(2(1-\theta)-\Delta\theta)(a-2c_m)}{2\eta-(1-\theta)^2}+2k_1$ 时，市场最优零售价格、渠道的服务水平分别为

$$\begin{cases} \tilde{p}_1^* = \dfrac{\eta(a+\Delta a)+2(\eta-(1-\theta-\Delta\theta)^2)(c_m+k_1)}{2(2\eta-(1-\theta-\Delta\theta)^2)} \\ \tilde{s}_{e1}^* = \tilde{s}_{t1}^* = \dfrac{(1-\Delta\theta-\theta)(a+\Delta a-2(c_m+k_1))}{2(2\eta-(1-\theta-\Delta\theta)^2)} \end{cases} \quad (8-12)$$

渠道销量为

$$\begin{cases} \tilde{q}_{e1}^* = \dfrac{(a+\Delta a)(\eta(4\mu-1)+(1-\theta-\Delta\theta)^2(1-2\mu))-2\eta(c_m+k_1)}{2(2\eta-(1-\theta-\Delta\theta)^2)} \\ \tilde{q}_{t1}^* = \dfrac{(a+\Delta a)(\eta(3-4\mu)-(1-\theta-\Delta\theta)^2(1-2\mu))-2\eta(c_m+k_1)}{2(2\eta-(1-\theta-\Delta\theta)^2)} \end{cases} \quad (8-13)$$

供应链销量为

$$\tilde{Q}_1^* = \dfrac{\eta(a+\Delta a-2(c_m+k_1))}{2\eta-(1-\theta-\Delta\theta)^2} \quad (8-14)$$

情形 8-2：若 $\lambda>0$，则当 $\Delta a < \dfrac{\Delta\theta(2(1-\theta)-\Delta\theta)(a-2c_m)}{2\eta-(1-\theta)^2}+2k_1$ 时，市场最优零售价格、渠道的服务水平分别为

$$\begin{cases} \tilde{p}_2^* = \dfrac{\Delta a(2\eta-(1-\theta)^2)+a(\eta-\Delta\theta(2-2\theta-\Delta\theta))+2(\eta-(1-\theta-\Delta\theta)^2)c_m}{4\eta-2(1-\theta)^2} \\ \tilde{s}_{e2}^* = \tilde{s}_{t2}^* = \dfrac{(1-\Delta\theta-\theta)(a-2c_m)}{4\eta-2(1-\theta)^2} \end{cases} \quad (8-15)$$

渠道销量为

$$\begin{cases} \tilde{q}_{e2}^* = \dfrac{a((1-\theta)^2(1-2\mu)-\eta(1-4\mu))-\Delta a(2\eta-(1-\theta)^2)(1-2\mu)-2\eta c_m}{4\eta-2(1-\theta)^2} \\ \tilde{q}_{t2}^* = \dfrac{a(\eta(3-4\mu)-(1-\theta)^2(1-2\mu))+\Delta a(2\eta-(1-\theta)^2)(1-2\mu)-2\eta c_m}{4\eta-2(1-\theta)^2} \end{cases} \quad (8-16)$$

供应链销量为

$$\tilde{Q}_2^* = \dfrac{\eta(a-2c_m)}{2\eta-(1-\theta)^2} = \overline{Q} \quad (8-17)$$

当 $\tilde{q}_e+\tilde{q}_t \leq \overline{q}_e+\overline{q}_t$ 时，供应链利润函数变成

$$\begin{aligned} \tilde{\Pi}_2 = & (\tilde{p}-c_m)(a+\Delta a-2\tilde{p}+(\tilde{s}_e+\tilde{s}_t)(1-\theta-\Delta\theta)) \\ & -\dfrac{\eta}{2}(\tilde{s}_e^2+\tilde{s}_t^2)-k_2(\overline{Q}-\tilde{q}_e-\tilde{q}_t) \\ & \text{s.t.} \tilde{q}_e+\tilde{q}_t \leq \overline{q}_e+\overline{q}_t \end{aligned} \quad (8-18)$$

根据 Kuhn-Tucker 条件，求解

$$\begin{cases} \dfrac{\partial \tilde{\Pi}_2}{\partial \tilde{p}} + 2\lambda = \dfrac{\partial \tilde{\Pi}_2}{\partial \tilde{s}_i} - (1-\theta-\Delta\theta)\lambda = 0 \\ \bar{q}_e + \bar{q}_t - \tilde{q}_e - \tilde{q}_t \geq 0 \\ \lambda(\bar{q}_e + \bar{q}_t - \tilde{q}_e - \tilde{q}_t) = 0 \\ \lambda \geq 0 \end{cases} \quad (8-19)$$

同样也存在两种情形。

情形 8-3：若 $\lambda > 0$，计算同情形 8-2，得到当 $\Delta a > \dfrac{\Delta\theta(2(1-\theta)-\Delta\theta)(a-2c_m)}{2\eta-(1-\theta)^2} - 2k_2$ 时，市场最优零售价格、渠道的服务水平分别为

$$\begin{cases} \tilde{p}_3^* = \dfrac{\Delta a(2\eta-(1-\theta)^2] + a(\eta-\Delta\theta(2-2\theta-\Delta\theta)) + 2(\eta-(1-\theta-\Delta\theta)^2)c_m}{4\eta-2(1-\theta)^2} \\ \tilde{s}_{e3}^* = \tilde{s}_{t3}^* = \dfrac{(1-\Delta\theta-\theta)(a-2c_m)}{4\eta-2(1-\theta)^2} \end{cases} \quad (8-20)$$

渠道销量为

$$\begin{cases} \tilde{q}_{e3}^* = \dfrac{a((1-\theta)^2(1-2\mu)-\eta(1-4\mu))-\Delta a(2\eta-(1-\theta)^2)(1-2\mu)-2\eta c_m}{4\eta-2(1-\theta)^2} \\ \tilde{q}_{t3}^* = \dfrac{a(\eta(3-4\mu)-(1-\theta)^2(1-2\mu))+\Delta a(2\eta-(1-\theta)^2)(1-2\mu)-2\eta c_m}{4\eta-2(1-\theta)^2} \end{cases} \quad (8-21)$$

供应链销量为

$$\tilde{Q}_3^* = \dfrac{\eta(a-2c_m)}{2\eta-(1-\theta)^2} = \bar{Q} \quad (8-22)$$

因此，情形 8-3 下制造商的生产计划也不变。

情形 8-4：当 $\lambda = 0$，则当 $\Delta a \leq \dfrac{\Delta\theta(2(1-\theta)-\Delta\theta)(a-2c_m)}{2\eta-(1-\theta)^2} - 2k_2$ 时，市场最优零售价格、渠道的服务水平分别为

$$\begin{cases} \tilde{p}_4^* = \dfrac{\eta(a+\Delta a) + 2(\eta-(1-\theta-\Delta\theta)^2)(c_m-k_2)}{2(2\eta-(1-\theta-\Delta\theta)^2)} \\ \tilde{s}_{e4}^* = \tilde{s}_{t4}^* = \dfrac{(1-\Delta\theta-\theta)(a+\Delta a-2(c_m-k_2))}{2(2\eta-(1-\theta-\Delta\theta)^2)} \end{cases} \quad (8-23)$$

双渠道销量为

$$\begin{cases} \tilde{q}_{e4}^* = \dfrac{(a+\Delta a)(\eta(4\mu-1)+(1-\theta-\Delta\theta)^2(1-2\mu))-2\eta(c_m-k_2)}{2(2\eta-(1-\theta-\Delta\theta)^2)} \\ \tilde{q}_{t4}^* = \dfrac{(a+\Delta a)(\eta(3-4\mu)-(1-\theta-\Delta\theta)^2(1-2\mu))-2\eta(c_m-k_2)}{2(2\eta-(1-\theta-\Delta\theta)^2)} \end{cases} \quad (8-24)$$

供应链总销量为

$$\tilde{Q}_4^* = \dfrac{\eta(a+\Delta a-2(c_m-k_2))}{2\eta-(1-\theta-\Delta\theta)^2} \quad (8-25)$$

定义曲线 $\Delta a = \dfrac{\Delta\theta(2(1-\theta)-\Delta\theta)(a-2c_m)}{2\eta-(1-\theta)^2} + 2k_1$ 和 $\Delta a = \dfrac{\Delta\theta(2(1-\theta)-\Delta\theta)(a-2c_m)}{2\eta-(1-\theta)^2}$ $-2k_2$，将决策区间分成了三部分，如图 8-1 所示。在图 8-1 中，可以得到制造商垂直 O2O 下的扰动决策区域：当扰动范围处于区域 D_1 时，制造商将增加生产计划或外购；当扰动范围处于区域 D_2 时，制造商不改变销量；当扰动范围处于区域 D_3 时，多余产品将销往二级市场。

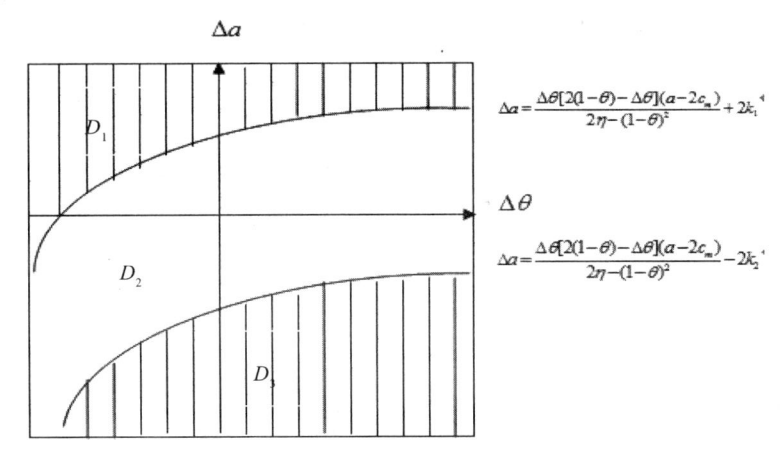

图 8-1　发生扰动后制造商垂直双渠道决策区域

定理 8-1：当双渠道供应链为制造商垂直 O2O 供应链时，在面临需求和服务替代系数同时扰动时，最优渠道零售价格为

$$\tilde{p}^* = \begin{cases} \bar{p} + \dfrac{k_1}{2} + \dfrac{\Delta a\eta}{2(2\eta - (1-\theta-\Delta\theta)^2)}, \Delta \in D_1 \\ \bar{p} + \dfrac{\Delta a(1+3\theta+2\mu(1-\theta))}{4(1-\theta^2)}, \Delta \in D_2 \\ \bar{p} + \dfrac{\Delta c - k_2}{2} + \dfrac{\Delta a(\theta+\mu(1-\theta))}{2(1-\theta^2)}, \Delta \in D_3 \end{cases} \quad (8-26)$$

渠道服务水平为

$$\tilde{s}_e^* = \tilde{s}_t^* = \begin{cases} \dfrac{(1-\Delta\theta-\theta)(a+\Delta a - 2(c_m+k_1))}{2(2\eta-(1-\theta-\Delta\theta)^2)}, \Delta \in D_1 \\ \dfrac{(1-\Delta\theta-\theta)(a-2c_m)}{4\eta - 2(1-\theta)^2}, \Delta \in D_2 \\ \dfrac{(1-\Delta\theta-\theta)(a+\Delta a-2(c_m-k_2))}{2(2\eta-(1-\theta-\Delta\theta)^2)}, \Delta \in D_3 \end{cases} \quad (8-27)$$

制造商销量为

$$\tilde{Q}^* = \tilde{q}_e^* + \tilde{q}_t^* = \begin{cases} \dfrac{\eta(a+\Delta a - 2(c_m+k_1))}{2\eta - (1-\theta-\Delta\theta)^2}, \Delta \in D_1 \\ \dfrac{\eta(a-2c_m)}{2\eta - (1-\theta)^2}, \Delta \in D_2 \\ \dfrac{\eta(a+\Delta a - 2(c_m-k_2))}{2\eta - (1-\theta-\Delta\theta)^2}, \Delta \in D_3 \end{cases} \quad (8-28)$$

供应链最优利润分别为

$$\tilde{\Pi}^* = \begin{cases} \dfrac{\eta(a+\Delta a - 2c_m - 2k_1)^2}{4(2\eta-(1-\theta-\Delta\theta)^2)} + \dfrac{\eta(a-2c_m)k_1}{2\eta-(1-\theta)^2}, \Delta \in D_1 \\ \dfrac{\eta(a-2c_m)\Delta a}{2(2\eta-(1-\theta)^2)} + \dfrac{\eta(a-2c_m)^2(2(\eta+\Delta\theta^2)-(1-\theta-\Delta\theta)^2)}{4(2\eta-(1-\theta)^2)^2}, \Delta \in D_2 \\ \dfrac{\eta(a+\Delta a - 2c_m + 2k_2)^2}{4(2\eta-(1-\theta-\Delta\theta)^2)} - \dfrac{\eta(a-2c_m)k_2}{2\eta-(1-\theta)^2}, \Delta \in D_3 \end{cases} \quad (8-29)$$

8.4 零售商水平O2O下双渠道供应链分散决策

零售商水平O2O供应链指的是零售商双渠道条件下执行O2O策略，传统零售商用水平O2O策略来抵抗电子商务的冲击，电子零售商用自建线下体验店的方式吸引线下顾客，银泰百货、1号店、苏宁等企业都开始致力于零售商水平 O2O 供应链的建设，实现 O2O 的基础是线上线下同价策略，同时服务的提升不断增加着对顾客的吸引力。

零售商水平 O2O 模式下，零售商掌握着所有销售渠道，而且能够实现 O2O 模式的零售商往往都是零售巨头，在供应链成员博弈中一般是主导方，因此，我们假设零售商水平 O2O 供应链中存在着零售商主导的 Stackelberg 博弈。

8.4.1 平稳状态下的零售商水平 O2O 供应链决策

平稳状态下零售商利润函数为

$$\Pi_r = (p-w)(q_e+q_t) - \frac{\eta}{2}(s_t^2 + s_e^2) \quad (8-30)$$

制造商的利润函数为

$$\Pi_m = (w-c_m)(q_e+q_t) \quad (8-31)$$

根据主从博弈原理，参考 Choi[180] 的零售商主导模型，零售商根据市场需求率先提出边际利润和服务水平，制造商根据生产成本以一定的批发价格提供给零售商，零售商的零售价格为

$$p = w + m \quad (8-32)$$

其中，m 为零售商单位边际利润。

制造商的批发价格对零售商边际利润和服务水平的反应函数为

$$w_0 = \frac{1}{4}(a + \Delta a + 2(c_m - m) + (1-\theta)(s_e + s_t)) \quad (8-33)$$

因此，将式（8-33）代入式（8-31），求解可以得到平稳状态下零售商水平 O2O 分散决策值：

零售商边际利润，以及渠道服务水平为

$$\begin{cases} m^0 = \dfrac{\eta(a-2c_m)}{4\eta-(1-\theta)^2} \\ s_e^0 = s_t^0 = \dfrac{(1-\theta)(a-2c_m)}{2(4\eta-(1-\theta)^2)} \end{cases} \quad (8-34)$$

渠道销售数量分别为

$$\begin{cases} q_e^0 = \dfrac{a((1-\theta)^2(1-2\mu)-\eta(3-8\mu))-2\eta c_m}{2(4\eta-(1-\theta)^2]} \\ q_t^0 = \dfrac{a((1-\theta)^2(1-2\mu)+\eta(5-8\mu))-2\eta c_m}{2(4\eta-(1-\theta)^2)} \end{cases} \quad (8-35)$$

制造商的生产数量为

$$Q^0 = q_e^0 + q_t^0 = \frac{\eta(a-2c_m)}{4\eta-(1-\theta)^2} \quad (8-36)$$

供应链总利润为

$$\Pi^0 = \frac{\eta(6\eta-(1-\theta)^2)(a-2c_m)^2}{4(4\eta-(1-\theta)^2)^2} \quad (8-37)$$

8.4.2 扰动状态下的零售商水平 O2O 供应链决策

当突发事件导致需求和渠道服务替代系数同时扰动时，零售商利润函数为

$$\tilde{\Pi}_r^0 = (\tilde{p}-\tilde{w})(\tilde{q}_e+\tilde{q}_t) - \frac{\eta}{2}(\tilde{s}_t^2+\tilde{s}_e^2) - k_1(\tilde{q}_e+\tilde{q}_t-Q^0)^+ - k_2(Q^0-\tilde{q}_e-\tilde{q}_t)^+ \quad (8-38)$$

零售商的零售价格为

$$\tilde{p} = \tilde{w} + \tilde{m} \quad (8-39)$$

当 $\tilde{q}_e + \tilde{q}_t \geq q_e^0 + q_t^0$ 时，制造商的利润函数为

$$\tilde{\Pi}_m^0 = (\tilde{w}-c_m)(\tilde{q}_e+\tilde{q}_t) \quad (8-40)$$

根据 Kuhn-Tucker 条件，求解

$$\begin{cases} \dfrac{\partial \tilde{\Pi}_m^0}{\partial \tilde{w}} + 2\lambda = 0 \\ \tilde{q}_e + \tilde{q}_t - q_e^0 - q_t^0 \geq 0 \\ \lambda(\tilde{q}_e+\tilde{q}_t-q_e^0-q_t^0) = 0 \\ \lambda \geq 0 \end{cases} \quad (8-41)$$

可以得到两种情形。

情形 8-1：若 $\lambda = 0$，则当 $\Delta a \geq \dfrac{\Delta\theta(2(1-\theta)-\Delta\theta)(a-2c_m)}{4\eta-(1-\theta)^2} + 2k_1$ 时，制造商的批发价格对零售商边际利润和服务水平的反应函数为

$$\tilde{w}_1 = \frac{1}{4}(a + \Delta a + 2(c_m + k_1 - \tilde{m}_1) + (1 - \theta - \Delta\theta)(\tilde{s}_e + \tilde{s}_t)) \quad (8\text{-}42)$$

将式（8-42）代入式（8-38），求最优解可得到零售商的单位边际利润：

$$\tilde{m}_1^0 = \frac{\eta(a + \Delta a - 2(c_m + k_1))}{2(2\eta - (1 - \theta - \Delta\theta)^2)} \quad (8\text{-}43)$$

零售商服务水平为

$$\tilde{s}_{1e}^0 = \tilde{s}_{1t}^0 = \frac{(1 - \Delta\theta - \theta)(a + \Delta a - 2(c_m + k_1))}{2(4\eta - (1 - \theta - \Delta\theta)^2)} \quad (8\text{-}44)$$

此时制造商的批发价格为

$$\tilde{w}_1^0 = \frac{(a + \Delta a)\eta + 2(3\eta - (1 - \theta - \Delta\theta)^2)(c_m + k_1)}{4(2\eta - (1 - \theta - \Delta\theta)^2)} \quad (8\text{-}45)$$

零售商的零售价格为

$$\tilde{p}_1^0 = \frac{3\eta(a + \Delta a)}{4(2\eta - (1 - \theta - \Delta\theta)^2)} + \frac{c_m + k_1}{2} \quad (8\text{-}46)$$

情形 8-2：若 $\lambda > 0$，则当 $\Delta a < \frac{\Delta\theta(2(1-\theta) - \Delta\theta)(a - 2c_m)}{4\eta - (1-\theta)^2} + 2k_1$ 时，制造商的批发价格对零售商边际利润和服务水平的反应函数为

$$\tilde{w}_2 = \frac{1}{4}(a + \Delta a - 2\tilde{m}_2 + 2c_m + (1 - \theta - \Delta\theta)(s_e + s_t)) \quad (8\text{-}47)$$

将式（8-47）代入式（8-38），求解得到：

$$\tilde{m}_2^0 = \frac{\Delta a(4\eta - (1-\theta)^2) + (a - 2c_m)(2\eta - \Delta\theta(2 - 2\theta - \Delta\theta))}{2(4\eta - (1-\theta)^2)} \quad (8\text{-}48)$$

$$\tilde{s}_{2e}^0 = \tilde{s}_{2t}^0 = \frac{(1 - \theta - \Delta\theta)(a - 2c_m)}{2(4\eta - (1-\theta)^2)} \quad (8\text{-}49)$$

此时制造商的批发价格为

$$\tilde{w}_2^0 = \frac{a\eta + 2(3\eta - (1-\theta)^2)c_m}{2(4\eta - (1-\theta)^2)} \quad (8\text{-}50)$$

零售商的零售价格为

$$\tilde{p}_2^0 = \frac{a(3\eta - \Delta\theta(2 - 2\theta - \Delta\theta)) + 2(\eta - (1 - \theta - \Delta\theta)^2)c_m}{2(4\eta - (1-\theta)^2)} + \frac{\Delta a}{2} \quad (8\text{-}51)$$

当 $\tilde{q}_e + \tilde{q}_t \leq q_e^0 + q_t^0$ 时，根据 Kuhn-Tucker 条件，求解

$$\begin{cases} \dfrac{\partial \tilde{\Pi}_m^0}{\partial \tilde{w}} - 2\lambda = 0 \\ q_e^0 + q_t^0 - \tilde{q}_e - \tilde{q}_t \geq 0 \\ \lambda(q_e^0 + q_t^0 - \tilde{q}_e - \tilde{q}_t) = 0 \\ \lambda \geq 0 \end{cases} \quad (8\text{-}52)$$

同样也存在两种情形。

情形 8-3：若 $\lambda > 0$，同情形 8-2，得到当 $\Delta a > \dfrac{\Delta\theta(2(1-\theta)-\Delta\theta)(a-2c_m)}{4\eta-(1-\theta)^2} - 2k_2$ 时，制造商的批发价格为：

$$\tilde{w}_3^0 = \dfrac{a\eta + 2(3\eta-(1-\theta)^2)c_m}{2(4\eta-(1-\theta)^2)} \quad (8\text{-}53)$$

零售商的零售价格为

$$\tilde{p}_3^0 = \dfrac{a(3\eta-\Delta\theta(2-2\theta-\Delta\theta)) + 2(\eta-(1-\theta-\Delta\theta)^2)c_m}{2(4\eta-(1-\theta)^2)} + \dfrac{\Delta a}{2} \quad (8\text{-}54)$$

情形 8-4：当 $\lambda = 0$，同情形 8-1，得到当 $\Delta a \leq \dfrac{\Delta\theta(2(1-\theta)-\Delta\theta)(a-2c_m)}{4\eta-(1-\theta)^2} - 2k_2$ 时，制造商批发价格为

$$\tilde{w}_4^0 = \dfrac{(a+\Delta a)\eta + 2(3\eta-(1-\theta-\Delta\theta)^2)(c_m-k_2)}{4(2\eta-(1-\theta-\Delta\theta)^2)} \quad (8\text{-}55)$$

零售商的渠道零售价格和服务水平为

$$\tilde{p}_4^0 = \dfrac{3\eta(a+\Delta a)}{4(2\eta-(1-\theta-\Delta\theta)^2)} + \dfrac{c_m-k_2}{2} \quad (8\text{-}56)$$

$$\tilde{s}_{4e}^0 = \tilde{s}_{4t}^0 = \dfrac{(1-\Delta\theta-\theta)(a+\Delta a-2(c_m-k_2))}{2(4\eta-(1-\theta-\Delta\theta)^2)} \quad (8\text{-}57)$$

定义曲线 $\Delta a = \dfrac{\Delta\theta(2(1-\theta)-\Delta\theta)(a-2c_m)}{4\eta-(1-\theta)^2} + 2k_1$ 和 $\Delta a = \dfrac{\Delta\theta(2(1-\theta)-\Delta\theta)(a-2c_m)}{4\eta-(1-\theta)^2} - 2k_2$，决策区间分成了三部分，如图 8-2 所示。在图 8-2 中，可以得到分散决策下零售商水平 O2O 的扰动决策区域：当扰动范围处于区域 D_4 时，零售商将向制造商紧急采购或选择外购；当扰动范围处于区域 D_5 时，零售商不改变销量；当扰动范围处于区域 D_6 时，多余产品将销往二级市场。

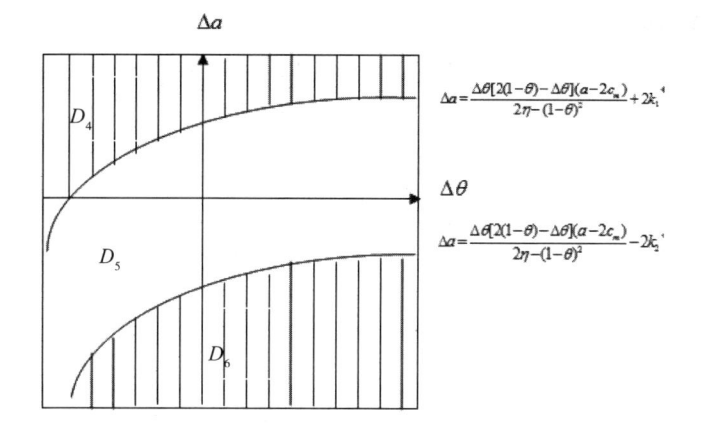

图 8-2 发生扰动后分散决策下零售商水平双渠道决策区域

定理 8-2：在双渠道供应链为零售商水平 O2O 供应链时，供应链存在零售商主导的 Stackelberg 博弈，当制造商和零售商之间存在批发价格契约约束，面临需求和服务替代系数同时扰动时，单位边际利润、渠道服务水平、供应链销量和总利润分别为

$$\widetilde{m}^0 = \begin{cases} \dfrac{3\eta(a+\Delta a) + 2(\eta-(1-\theta-\Delta\theta)^2)(c_m+k_1)}{4(2\eta-(1-\theta-\Delta\theta)^2)}, & \Delta \in D_4 \\[2mm] \dfrac{\Delta a(4\eta-(1-\theta)^2) + (a-2c_m)[2\eta-\Delta\theta(2-2\theta-\Delta\theta))]}{2(4\eta-(1-\theta)^2)}, & \Delta \in D_5 \\[2mm] \dfrac{3\eta(a+\Delta a) + 2(\eta-(1-\theta-\Delta\theta)^2)(c_m-k_2)}{4(2\eta-(1-\theta-\Delta\theta)^2)}, & \Delta \in D_6 \end{cases} \quad (8\text{-}58)$$

渠道服务水平为

$$\widetilde{s}_e^0 = \widetilde{s}_t^0 = \begin{cases} \dfrac{(1-\Delta\theta-\theta)(a+\Delta a-2(c_m+k_1))}{2(4\eta-(1-\theta-\Delta\theta)^2)}, & \Delta \in D_4 \\[2mm] \dfrac{(1-\theta-\Delta\theta)(a-2c_m)}{2(4\eta-(1-\theta)^2)}, & \Delta \in D_5 \\[2mm] \dfrac{(1-\Delta\theta-\theta)(a+\Delta a-2(c_m-k_2))}{2(4\eta-(1-\theta-\Delta\theta)^2)}, & \Delta \in D_6 \end{cases} \quad (8\text{-}59)$$

供应链销量为

$$\tilde{Q}^0 = \tilde{q}_e^0 + \tilde{q}_t^0 = \begin{cases} \dfrac{\eta(a + \Delta a - 2(c_m + k_1))}{4\eta - (1 - \theta - \Delta\theta)^2}, \Delta \in D_4 \\ \dfrac{\eta(a - 2c_m)}{4\eta - (1 - \theta)^2}, \Delta \in D_5 \\ \dfrac{\eta(a + \Delta a - 2(c_m - k_2))}{4\eta - (1 - \theta - \Delta\theta)^2}, \Delta \in D_6 \end{cases} \quad (8\text{-}60)$$

供应链总利润为

$$\tilde{\Pi}^0 = \begin{cases} \dfrac{\eta(a + \Delta a - 2(c_m + k_1))^2}{4(4\eta - (1 - \theta - \Delta\theta)^2)} + \dfrac{(a + \Delta a - 2(c_m + k_1))^2 \eta^2}{2(4\eta - (1 - \theta - \Delta\theta)^2)^2} \\ \quad + \dfrac{\Delta\theta(a - 2c_m)(2 - 2\theta - \Delta\theta)\eta k_1}{(4\eta - (1 - \theta)^2)(4\eta - (1 - \theta - \Delta\theta)^2)} + \dfrac{\eta k_1(a - 2c_m)}{(4\eta - (1 - \theta - \Delta\theta)^2)}, \Delta \in D_4 \\ \dfrac{2\eta(a - 2c_m)^2 \Delta\theta^2 + \eta(a - 2c_m)^2(6\eta - (1 - \theta)^2)}{4(4\eta - (1 - \theta)^2)^2} \\ \quad + \dfrac{\eta\Delta a(a - 2c_m)}{2(4\eta - (1 - \theta)^2)}, \Delta \in D_5 \\ \dfrac{\eta(a + \Delta a - 2(c_m - k_2))^2}{4(4\eta - (1 - \theta - \Delta\theta)^2)} + \dfrac{(a + \Delta a - 2(c_m - k_2))^2 \eta^2}{2(4\eta - (1 - \theta - \Delta\theta)^2)^2} \\ \quad - \dfrac{\Delta\theta(a - 2c_m)(2 - 2\theta - \Delta\theta)\eta k_2}{(4\eta - (1 - \theta)^2)(4\eta - (1 - \theta - \Delta\theta)^2)} - \dfrac{\eta k_2(a - 2c_m)}{(4\eta - (1 - \theta - \Delta\theta)^2)}, \Delta \in D_6 \end{cases}$$

$$(8\text{-}61)$$

8.5 零售商水平 O2O 供应链协调

制造商垂直 O2O 由于供应链集中决策，供应链利润实现最大化，而分散决策下的零售商水平 O2O 供应链在"双边际"效应的影响下，无法实现最优。供应链契约的设计可以使得零售商水平 O2O 供应链实现优化。在零售商水平 O2O 分散供应链中，零售商收取服务费的情况较多，因此，考虑采用两部定价契约 (M,T)，其协调方式为零售商在制造商给的批发价格上加价 M 销售到 O2O 渠道，然后再向制造商收取一定的转移支付费用 T，此转移支付类似于制造商给 O2O 零售商某批次销售的固定服务费。当 $M > 0$ 时意味着在批发价格的基础上加价销售，当 $M < 0$ 时意味着在批发价格的基础上打折销售，比如，酒

类 O2O 中，由于存在返利，团购网站的零售价格可能低于酒厂给予零售商的批发价格。当突发事件导致需求和渠道服务替代系数同时扰动时，零售商根据集中决策制定最佳服务水平 $(\tilde{s}_e^*, \tilde{s}_t^*)$。

零售商的零售价格为

$$\tilde{p} = \tilde{w} + M \tag{8-62}$$

零售商利润函数为

$$\tilde{\Pi}_r^{TP} = M((a + \Delta a) - 2(\tilde{w} + M) - (1 - \theta - \Delta\theta)(\tilde{s}_e^* + \tilde{s}_t^*))$$
$$- \frac{1}{2}\eta(\tilde{s}_e^{*2} + \tilde{s}_e^{*2}) - k_1(\tilde{Q} - \bar{Q})^+ - k_2(\bar{Q} - \tilde{Q})^+ + T \tag{8-63}$$

制造商的利润函数为

$$\tilde{\Pi}_m^{TP} = (\tilde{w} - c_m)((a + \Delta a) - 2(\tilde{w} + M) - (1 - \theta - \Delta\theta)(\tilde{s}_e^* + \tilde{s}_t^*)) - T \tag{8-64}$$

求解可以得到制造商批发价格 $\tilde{w}^{TP}$ 关于零售商边际利润 M 的反应函数为

$$\tilde{w}^{TP} = \begin{cases} c_m + k_1 + \dfrac{(a + \Delta a)\eta}{2(2\eta - (1 - \theta - \Delta\theta)^2)} - \dfrac{M}{2}, \Delta \in D_1 \\ \dfrac{a(2\eta - \Delta\theta(2 - 2\theta - \Delta\theta)) + 2(2\eta - (1 - \theta - \Delta\theta)^2 - (1 - \theta)^2)c_m}{4(2\eta - (1 - \theta)^2)} \\ + \dfrac{\Delta a}{4} - \dfrac{M}{2}, \Delta \in D_2 \\ c_m - k_2 + \dfrac{(a + \Delta a)\eta}{2(2\eta - (1 - \theta - \Delta\theta)^2)} - \dfrac{M}{2}, \Delta \in D_3 \end{cases} \tag{8-65}$$

零售价格为

$$\tilde{p}^{TP} = \begin{cases} c_m + k_1 + \dfrac{(a + \Delta a)\eta}{2(2\eta - (1 - \theta - \Delta\theta)^2)} + \dfrac{M}{2}, \Delta \in D_1 \\ \dfrac{a(2\eta - \Delta\theta(2 - 2\theta - \Delta\theta)) + 2(2\eta - (1 - \theta - \Delta\theta)^2 - (1 - \theta)^2)c_m}{4(2\eta - (1 - \theta)^2)} \\ + \dfrac{\Delta a}{4} + \dfrac{M}{2}, \Delta \in D_2 \\ c_m - k_2 + \dfrac{(a + \Delta a)\eta}{2(2\eta - (1 - \theta - \Delta\theta)^2)} + \dfrac{M}{2}, \Delta \in D_3 \end{cases} \tag{8-66}$$

令 $\tilde{p}^{TP} = \tilde{p}^*$,可以求出当

$$M = \begin{cases} 0, \Delta \in D_1, D_3 \\ \dfrac{\Delta a}{2} - \dfrac{\Delta\theta(2-2\theta-\Delta\theta)(a-2c_m)}{2(2\eta-(1-\theta)^2)}, \Delta \in D_2 \end{cases} \quad (8\text{-}67)$$

时,供应链实现总利润最大化。

为了使供应链协调,还需使得供应链成员实现帕累托改进,考虑两部定价契约协调下供应链成员各自的利润比批发价格契约分散决策情形下更好,可以得到转移支付的决策范围。

定理8-3:当扰动规模足够大时,零售商水平O2O供应链可以通过收取一次性转移支付费来实现O2O供应链协调,即零售商水平O2O供应链中,零售商直接按制造商的批发价格销售产品,仅收取O2O服务费。当扰动规模较小,不需要改变产量时,零售商可以采用调整服务水平、边际利润以及一次性转移支付费来实现O2O供应链的协调。在不同扰动区间内,转移支付的范围和零售商边际利润为

$$T \in \begin{cases} \left[\dfrac{\eta^3(a+\Delta a-2c_m-2k_1)^2}{(4\eta-(1-\theta-\Delta\theta)^2)(2\eta-(1-\theta-\Delta\theta)^2)^2}, \dfrac{2\eta^3(3\eta-(1-\theta-\Delta\theta)^2)(a+\Delta a-2c_m-2k_1)^2}{(4\eta-(1-\theta-\Delta\theta)^2)^2(2\eta-(1-\theta-\Delta\theta)^2)^2} \right], \Delta \in D_1 \\[2ex] \left[\dfrac{\eta^3(a-2c_m)^2}{(4\eta-(1-\theta)^2)(2\eta-(1-\theta)^2)^2}, \dfrac{2\eta^3(3\eta-(1-\theta)^2)(a-2c_m)^2}{(4\eta-(1-\theta)^2)^2(2\eta-(1-\theta)^2)^2} \right], \Delta \in D_2 \\[2ex] \left[\dfrac{\eta^3(a+\Delta a-2c_m+2k_2)^2}{(4\eta-(1-\theta-\Delta\theta)^2)(2\eta-(1-\theta-\Delta\theta)^2)^2}, \dfrac{2\eta^3(3\eta-(1-\theta-\Delta\theta)^2](a+\Delta a-2c_m+2k_2)^2}{(4\eta-(1-\theta-\Delta\theta)^2)^2(2\eta-(1-\theta-\Delta\theta)^2)} \right], \Delta \in D_3 \end{cases}$$

$$M = \begin{cases} 0, \Delta a, \Delta\theta \in D_1, D_3 \\ \dfrac{\Delta a}{2} - \dfrac{\Delta\theta(2-2\theta-\Delta\theta)(a-2c_m)}{2(2\eta-(1-\theta)^2)}, \Delta a, \Delta\theta \in D_2 \end{cases} \quad (8\text{-}68)$$

在企业的实际操作中,如果顾客的需求波动太大,零售商亦可采用仅收取

服务费的方式来进行协调，如天猫在 O2O 模式中存在只收取服务费，而零售价格由制造商定价的情形。

当 $\Delta a = \Delta \theta = 0$ 时，供应链处于平稳状态，可以得到使得平稳状态下零售商水平 O2O 供应链协调的两部定价契约：

$$\left(\overline{M} = 0, \overline{T} \in \left[\frac{\eta^3 (a - 2c_m)^2}{(4\eta - (1-\theta)^2)(2\eta - (1-\theta)^2)^2}, \frac{2\eta^3 (3\eta - (1-\theta)^2)(a - 2c_m)^2}{(4\eta - (1-\theta)^2)^2 (2\eta - (1-\theta)^2)^2} \right] \right) \quad (8-69)$$

8.6 数值算例

假设某产品的市场规模 $a = 100$，电子零售市场规模比例 $\mu = 0.4$，电子渠道和传统渠道的服务替代系数 $\theta = 0.4$，服务投入的成本系数 $\eta = 4$，单位生产成本 $c_m = 10$，偏离计划的单位成本 $k_1 = k_2 = 4$，不同扰动情形下，制造商 O2O 模式下的最优零售价格、生产数量、服务水平、供应链利润，零售商 O2O 分散决策下制造商批发价格、零售商边际利润、生产数量、服务水平、供应链利润以及两种 O2O 模式的利润差由表 8-1 给出。当供应链采用两部定价契约进行协调，此时零售商水平 O2O 模式的决策值以及转移支付的范围可以由表 8-2 给出。

从表 8-1 和表 8-2 中可以看出，在批发价格契约协调下的零售商水平 O2O 供应链总利润小于制造商垂直 O2O 供应链利润，而两部定价契约能够有效地协调零售商水平 O2O 供应链；在外部环境波动较大时，作为供应链的主导方，零售商可以放弃再次定价权，直接在 O2O 平台上按制造商批发价进行销售，只向制造商收取一定的固定费用，降低了 O2O 供应链的协调难度。

表8-1 扰动时制造商垂直O2O模式与零售商水平O2O模式的比较

算例编号	Δa	$\Delta \theta$	情形	$\tilde{p}^*$	$\tilde{w}^0$	$\tilde{m}^0$	$\tilde{Q}^*$	$\tilde{Q}^0$	$\tilde{S}_i^*$	$\tilde{S}_i^0$	$\tilde{\Pi}^*$	$\tilde{\Pi}^0$	$\Delta \tilde{\Pi}$
1	20	-0.2	8-1	39.0	26.0	24.0	50.0	24.0	5.0	2.4	1 317.5	919.9	397.7
2	5	-0.1	8-2	34.1	20.2	23.3	41.9	20.5	3.7	1.8	956.7	673.1	283.6
3	-5	0.1	8-3	27.9	20.2	20.2	41.9	20.5	2.6	1.3	720.9	564.5	156.4
4	-20	0.2	8-4	23.3	14.6	17.2	34.7	17.2	1.7	0.9	422.3	357.5	64.7

续 表

算例编号	Δa	$\Delta \theta$	情形	$\tilde{p}^*$	$\tilde{w}^0$	$\tilde{m}^0$	$\tilde{Q}^*$	$\tilde{Q}^0$	$\tilde{S}_i^*$	$\tilde{S}_i^0$	$\tilde{\Pi}^*$	$\tilde{\Pi}^0$	$\Delta\tilde{\Pi}$
5	0	0	8-2	30.9	20.2	20.5	41.9	20.5	3.1	1.5	837.7	618.5	219.2

表8-2 两部定价契约协调下零售商水平O2O供应链的决策

算例编号	Δa	$\Delta \theta$	情形	$\tilde{p}^{TP}$	$\tilde{w}^{TP}$	$\tilde{m}^{TP}$	$\tilde{Q}^{TP}$	$\tilde{S}_i^{TP}$	$\tilde{\Pi}^{TP}$	$T_{\min}$	$T_{\max}$
1	20	-0.2	8-1	39.0	39.0	0.0	50.0	5.0	1 317.5	669.5	1 067.2
2	5	-0.1	8-2	34.1	30.9	3.2	41.9	3.7	956.7	384.3	667.9
3	-5	0.1	8-3	27.9	30.9	-3.1	41.9	2.6	720.9	511.4	667.9
4	-20	0.2	8-4	23.3	23.3	0.0	34.7	1.7	422.3	319.6	384.3
5	0	0	8-2	30.9	30.9	0	41.9	3.1	837.7	448.7	667.9

8.7 本章小结

随着O2O供应链的发展，消费者越来越重视渠道所带来的服务，在同价机制的基础上，购物体验等服务将决定消费者选择在线上还是在线下进行购物，传统双渠道供应链基于价格竞争的模式将会逐渐被基于服务竞争的模式所代替。制造商垂直O2O模式和零售商水平O2O模式是我们常见的两种O2O模式。本书基于需求和服务替代系数扰动、双渠道价格协同、服务竞争的供应链环境，构建了O2O下的双渠道供应链需求模型，研究了制造商垂直O2O模式以及零售商分散水平O2O模式下的供应链决策，并考虑需求和服务替代系数同时扰动下的O2O供应链协调机制。研究表明，制造商垂直O2O模式可以实现O2O供应链利润的优化，而分散决策批发价格契约下的零售商水平O2O模式无法实现协调，设计的两部定价机制可以实现需求和服务替代系数同时扰动时的零售商水平O2O供应链协调。

跨境渠道篇

第九章 需求和汇率扰动下的跨境供应链应对管理

经济全球化时代,跨境供应链具有开拓海外市场、降低采购成本等优势,使得许多企业将跨境供应链作为一项重要的企业战略进行规划,形成了以粮食、钢铁为代表的跨境单渠道供应链体系,以及以服装、奶粉等为代表的跨境(电商)双渠道供应链体系。和传统供应链优化方式一样,跨境供应链主导企业设计各种合同(契约)来降低供应链中的双边际现象,各种类型的跨境供应链合同在相对稳定发展的生产贸易格局中发挥了协调的作用。因此,针对需求和汇率同时扰动的跨境供应链应急决策的研究是对供应链渠道应对管理研究的一个崭新的拓展。

9.1 引　言

世界经济并非一路健康有序发展,2018 年土耳其等国货币突然大幅贬值,汇率战的导火索引爆经济"地雷",2020 年 COVID-19 等突发公共卫生事件更是使得跨境供应链面临着新的不确定性。突发事件带来的国际汇率和用户需求等扰动给经济全球化带来了不利影响,这些扰动导致的风险给跨境供应链管理带来了严峻的挑战。

区分跨境供应链和非跨境供应链的最显著的特征就是是否考虑汇率,国内外关于跨境供应链的文献很多集中在汇率风险的供应链管理上。Kazaz 和 Dada[188]考虑通过跨境供应链模型实现对冲运作机制,其他研究还包括了生产对冲和选址对冲,或用柔性的生产应对汇率波动,当存在汇率风险时,可以通过均值方差(MV)分析供应链和信息更新问题,运用模糊 CVaR 来处理汇率的不确定性等情形[189-191]。在考虑汇率和需求随机的跨国供应链协调机制研究中，倪得兵等[192]研究了批发价格合同的优化策略，此外也存在一些契约可以用来优化跨国供应链汇率风险，包括汇率风险分担契约、收益共享契约[193]、期权契约[194]，上述文献主要是针对供应链中汇率风险的分担问题进行了研究。

在跨境渠道的供应链应急管理研究中，赵正佳等[195]在供应链模型中考虑了汇率、国际运输成本分担比例等因素，采用了数量折扣契约协调汇率变化时的供应链。于辉、刘会民等[196, 197]采用中断管理的思想研究了供应侧汇率扰动时的供应链应急管理问题，他们的研究考虑了汇率作为外生变量发生扰动的情形，提出供应链的应急优化措施。

综合考虑以上两种类别的文献，研究跨境供应链的文献主要是将汇率作为供应链优化的变量，考虑汇率风险和供应链扰动管理的文献较多，但只有少量文献研究了跨境供应链汇率扰动管理。在新的形势下跨境供应链面临着各种突发事件带来的风险和挑战，最突出的就是突发汇率扰动和需求扰动，因此，本书研究跨境供应链存在汇率和需求同时扰动时的决策问题，比较批发价格契约的决策参数，并设计收益共享契约协调供应链系统。

9.2　基本模型

假设存在一条两阶段跨境供应链（见图 9-1），供应链成员有一个境内制造商和一个境外销售商，制造商以本币进行财务核算，销售商和消费者为境外（外币）的供应链成员，制造商将生产好的产品卖给销售商，以汇率 e 进行结算，境内供应商的供应成本为 c_m，消费需求函数为 $D = a - bp (a, b > 0)$。

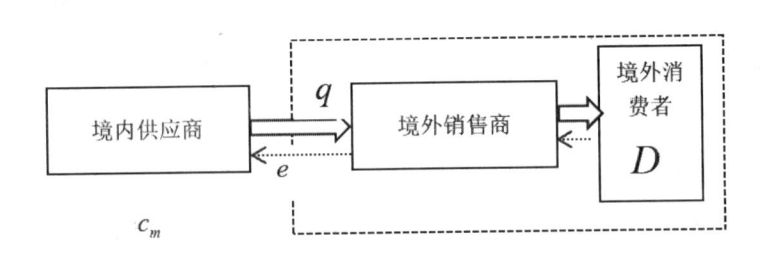

图 9-1　两阶段跨境供应链概念模型

产品需求函数为 $q = a - bp$，因此，可以得到供应链的利润目标函数为

$$\Pi(p) = (a - bp)(ep - c_m)$$

因此，求解一阶方程可以得到最优产量和最优市场价格为：$\bar{q} = \dfrac{a}{2} - \dfrac{bc_m}{2e}$，$\bar{p} = \dfrac{a}{2b} + \dfrac{c_m}{2e}$。

此时，供应链利润为 $\bar{\Pi} = \dfrac{(ae - bc_m)^2}{4be}$。

9.3 扰动时跨境供应链集中决策

供应链集中决策即境内供应商集中决策，境内供应商在跨境销售中实现直销（无销售商），当产品的计划产量定好后，由于突发国际事件或者国际金融上的突发波动，造成了市场需求和跨境汇率发生扰动，假设市场需求扰动为 $\Delta a(\Delta a > -a)$，汇率扰动为 $\Delta e(\Delta e > -e)$，扰动发生后的境内供应商生产数量为 $\tilde{q}$，境内供应商总生产数量变化为 $\tilde{q} - \bar{q}$，境内供应商增加和减少产量的单位成本为 $k_1, k_2 (0 < k_1, k_2 < c_m)$。

可以构建产品的需求函数为

$$q = a + \Delta a - b\tilde{p} \tag{9-1}$$

扰动下供应链集中决策目标利润函数为

$$\tilde{\Pi}(\tilde{p}) = ((e + \Delta e)\tilde{p} - c_m)(a + \Delta a - b\tilde{p}) - k_1(\tilde{q} - \bar{q})^+ - k_2(\bar{q} - \tilde{q})^+ \tag{9-2}$$

其中：$(x)^+ = \max(x, 0)$。

此时，存在三种情形。

情形 9-1：当 $\Delta a > \dfrac{b(ek_1 - \Delta e c_m)}{e(e + \Delta e)}$ 时，供应链利润函数为

$$\tilde{\Pi}_1(\tilde{p}) = [(e + \Delta e)\tilde{p} - c_m](a + \Delta a - b\tilde{p}) - k_1(\tilde{q} - \bar{q})^+$$

$$\text{s.t.} \tilde{q}_1 > \bar{q}$$

境内供应商增加产品生产计划，此时，境内供应商的最优产量和最优市场价格为

$$\tilde{p}_1^* = \dfrac{(a + \Delta a)}{2b} + \dfrac{(c_m + k_1)}{2(e + \Delta e)}, \quad \tilde{q}_1^* = \dfrac{a + \Delta a}{2} - \dfrac{b(c_m + k_1)}{2(e + \Delta e)} \tag{9-3}$$

情形9-2：当 $\Delta a < -\dfrac{b(ek_2 + \Delta ec_m)}{e(e+\Delta e)}$ 时，供应链利润函数为

$$\tilde{\Pi}_2(\tilde{p}) = ((e+\Delta e)\tilde{p} - c_m)(a + \Delta a - b\tilde{p}) - k_2(\bar{q} - \tilde{q})^+$$

$$\text{s.t.} \tilde{q}_2 < \bar{q}$$

境内供应商减少产品生产计划，此时，境内供应商的最优产量和最优市场价格为

$$\tilde{p}_2^* = \frac{(a+\Delta a)}{2b} + \frac{(c_m - k_2)}{2(e+\Delta e)}, \quad \tilde{q}_2^* = \frac{a+\Delta a}{2} - \frac{b(c_m - k_2)}{2(e+\Delta e)} \quad (9\text{-}4)$$

情形9-3：当 $\dfrac{-b(ek_2 + \Delta ec_m)}{e(e+\Delta e)} \leq \Delta a \leq \dfrac{b(ek_1 - \Delta ec_m)}{e(e+\Delta e)}$ 时，

供应链利润函数为

$$\tilde{\Pi}_3(\tilde{p}) = ((e+\Delta e)\tilde{p} - c_m)(a + \Delta a - b\tilde{p})$$

$$\text{s.t.} \tilde{q}_3 = \bar{q}$$

境内供应商不改变生产计划，此时，境内供应商的最优产量和最优市场价格为

$$\tilde{p}_3^* = \frac{(a+\Delta a)}{2b} + \frac{c_m}{2(e+\Delta e)}, \quad \tilde{q}_3^* = \bar{q} = \frac{a}{2} - \frac{bc_m}{2e} \quad (9\text{-}5)$$

在鲁棒区间内，不需要改变生产计划和减排投入，只需要调整单位售价即可实现优化。

定理9-1：当二阶段跨境供应链面临集中决策时，需求函数如式（9-1）所示，假设存在曲线 $\Delta a = \dfrac{b(ek_1 - \Delta ec_m)}{e(e+\Delta e)}$ 和曲线 $\Delta a = -\dfrac{b(ek_2 + \Delta ec_m)}{e(e+\Delta e)}$，两条曲线将供应链划分成三个决策区间——$D_1$，$D_2$，$D_3$，如图9-2所示，当供应链面临突发事件带来的市场汇率和需求发生扰动，当扰动范围如D_1所示时，境内供应商增加产品生产计划，最优产量和最优市场价格如式（9-3）所示；当扰动范围如D_2所示时，境内供应商减少产品生产计划，最优产量和最优市场价格如式（9-4）所示；当扰动范围如D_3所示时，境内供应商不改变产品生产计划，最优产量和最优市场价格如式（9-5）所示。

$$\Delta a = \frac{(b(ek_1 - \Delta ec_m))}{(e(e+\Delta e))}$$

D_1

D_3

D_2

$$\Delta a = \frac{(b(ek_2 - \Delta ec_m))}{(e(e+\Delta e))}$$

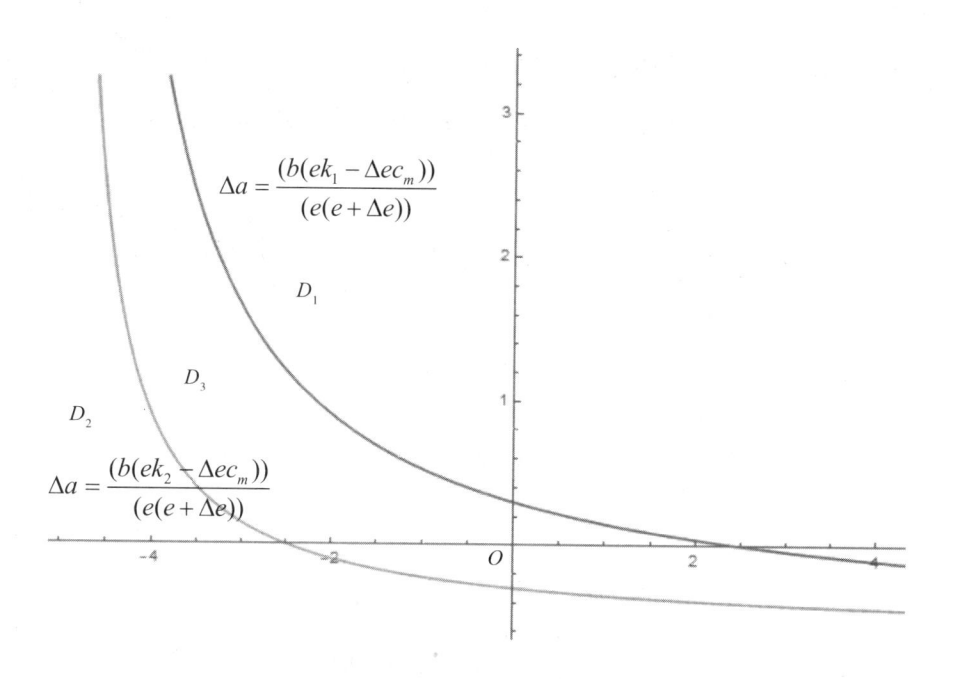

图 9-2　跨境供应链境内供应商集中决策区域

9.4　跨境供应链批发价格分散决策

假设供应链存在以境内供应商为主导的 Stackelberg 博弈情形，跨境供应链存在分散决策，此时，由于供应链成员是境内外企业，分别考虑自身利益最大化，供应链扰动发生（当汇率和需求扰动值为 0 时，则供应链处于平稳状态）时，供应链采用不同的契约将得到不同的决策结果。当考虑到境内供应商采用批发价格策略时，境内供应商以批发价格 w（外币）销售给跨国销售商，销售商再以市场价格 p（外币）进行销售，根据主从博弈原理，供应链面临需求和国际市场汇率扰动时，境外销售商的利润函数（以外币计算）为

$$\pi_r(\tilde{p}) = (\tilde{p} - w)(a + \Delta a - b\tilde{p}) \quad (9-6)$$

可以计算出销售商的最优销售数量反应函数为

$$\tilde{p}(w) = \frac{(a+\Delta a)}{2b} + \frac{w}{2} \quad (9-7)$$

将式（9-7）代入境内供应商的利润函数：

$$\tilde{\pi}_m(w) = (w(e+\Delta e) - c_m)(a+\Delta a - b\tilde{p}(w)) - k_1(\tilde{q}-\bar{q})^+ - k_2(\bar{q}-\tilde{q})^+$$

此时，存在三种情形。

情形 9-4：当 $\Delta a > \dfrac{b(ek_1 - \Delta ec_m)}{e(e+\Delta e)}$ 时，境内供应商最优批发价格为

$$\tilde{w}_1 = \frac{1}{2}\left(\frac{a+\Delta a}{b} + \frac{c_m + k_1}{e+\Delta e}\right) \qquad (9-8)$$

销售商的最优销售价格为

$$\tilde{p}_1 = \frac{1}{4}\left(\frac{3(a+\Delta a)}{b} + \frac{c_m + k_1}{e+\Delta e}\right) \qquad (9-9)$$

境外销售商的最优订货量为 $\tilde{q}_1 = \dfrac{1}{4}\left(a+\Delta a - \dfrac{b(c_m + k_1)}{(e+\Delta e)}\right)$。

情形 9-5：当 $\Delta a < -\dfrac{b(ek_2 + \Delta ec_m)}{e(e+\Delta e)}$ 时，境内供应商最优批发价格为

$$\tilde{w}_2 = \frac{1}{2}\left(\frac{a+\Delta a}{b} + \frac{c_m - k_2}{e+\Delta e}\right) \qquad (9-10)$$

销售商的最优销售价格为

$$\tilde{p}_2 = \frac{1}{4}\left(\frac{3(a+\Delta a)}{b} + \frac{c_m - k_2}{e+\Delta e}\right) \qquad (9-11)$$

境外销售商的最优订货量为 $\tilde{q}_1 = \dfrac{1}{4}\left(a+\Delta a - \dfrac{b(c_m - k_1)}{(e+\Delta e)}\right)$。

情形 9-6：当 $-\dfrac{b(ek_2 + \Delta ec_m)}{e(e+\Delta e)} \leq \Delta a \leq \dfrac{b(ek_1 - \Delta ec_m)}{e(e+\Delta e)}$ 时，境内供应商最优批发价格为

$$\tilde{w}_3 = \frac{1}{2}\left(\frac{a+\Delta a}{b} + \frac{c_m}{e+\Delta e}\right) \qquad (9-12)$$

销售商的最优销售价格为

$$\tilde{p}_3 = \frac{1}{4}\left(\frac{3(a+\Delta a)}{b} + \frac{c_m}{e+\Delta e}\right) \qquad (9-13)$$

境外销售商的最优订货量为

$$\tilde{q}_3 = \frac{1}{4}\left(a+\Delta a - \frac{bc_m}{e+\Delta e}\right)$$

9.5 跨境供应链收益共享契约协调

9.5.1 收益共享策略

境内供应商根据销售商订货量以批发价格 w 销售给跨国销售商,销售商再以市场价格 p 进行销售,同时,境外销售商向境内供应商转移支付外币 $T(\tilde{p}) = \phi \tilde{p}(a + \Delta a - b\tilde{p})$,根据主从博弈原理,供应链面临需求和国际市场汇率扰动时,境外销售商的利润函数(以外币计算)为

$$\pi_r(\tilde{p}) = (\tilde{p} - w)(a + \Delta a - b\tilde{p}) - T(\tilde{p})$$

可以计算出销售商的最优销售数量反应函数为

$$\tilde{p}(w) = \frac{(a + \Delta a)(1 - \phi) + bw}{2b(1 - b\phi)}$$

为了实现跨境供应链协调,契约设计要使得境外销售商优化后的零售价格等于集中决策时的零售价格。求解 $\tilde{p}(w) = \dfrac{(a + \Delta a)(1 - \phi) + bw}{2b(1 - b\phi)} = \tilde{p}^*$。

因此,存在三种情形。

情形 9-1:当 $\Delta a > \dfrac{b(ek_1 - \Delta e c_m)}{e(e + \Delta e)}$ 时,境内供应商最优批发价格为

$$\tilde{w}_1 = \frac{(1 - \phi)(c_m + k_1)}{e + \Delta e} \quad (9\text{-}14)$$

此时境外销售商的最优订货量为:$\tilde{q}_1^* = \dfrac{a + \Delta a}{2} - \dfrac{b(c_m + k_1)}{2(e + \Delta e)}$,供应链实现协调。

情形 9-2:当 $\Delta a < -\dfrac{b(ek_2 + \Delta e c_m)}{e(e + \Delta e)}$ 时,境内供应商最优批发价格为

$$\tilde{w}_2 = \frac{(1 - \phi)(c_m - k_2)}{e + \Delta e} \quad (9\text{-}15)$$

此时境外销售商的最优订货量为 $\tilde{q}_2^* = \dfrac{a + \Delta a}{2} - \dfrac{b(c_m - k_2)}{2(e + \Delta e)}$,供应链实现协调。

情形 9-3：当 $-\dfrac{b(ek_2+\Delta ec_m)}{e(e+\Delta e)} \leq \Delta a \leq \dfrac{b(ek_1-\Delta ec_m)}{e(e+\Delta e)}$ 时，境内供应商最优批发价格为

$$\tilde{w}_3 = \dfrac{(1-\phi)c_m}{e+\Delta e} \qquad (9-16)$$

此时，境外销售商的最优订货量为 $\tilde{q}_3 = \dfrac{1}{2}\left(a+\Delta a - \dfrac{bc_m}{e+\Delta e}\right)$，供应链实现协调。

9.5.2 帕累托改进策略

为了使得契约能够更好地促进跨境供应链战略的形成，本书在供应链收益共享契约基础上设计帕累托改进策略，使得制造商在实施收益共享契约后，供应链成员企业（境内供应商、境外销售商）的利润比传统批发价格契约来得更好，考虑由境内供应商通过加盟费、代理费、折扣、奖励等政策手段形成一次性转移支付，因此，可以把转移支付改进设计为由一次性转移支付（境外销售商向境内供应商支付外币 T_m，如果 $T_m<0$，则为境内供应商向境外零售商支付一次性转移费用）和收益共享比例（境外销售商向境内供应商支付外币 $T(\tilde{p})$）构成的混合改进策略，在此策略下，境外销售商的利润函数（以外币计算）为

$$\tilde{\pi}_r^{RSC} = (\tilde{p}-w)(a+\Delta a - b\tilde{p}) - T(\tilde{p}) - T_m$$

境内供应商的利润函数（以本币计算）为

$$\tilde{\pi}_m^{RSC} = (w(e+\Delta e)-c_m)(a+\Delta a - b\tilde{p}(w)) \\ + (e+\Delta e)(T(\tilde{p})+T_m) - k_1(\tilde{q}-\bar{q})^+ - k_2(\bar{q}-\tilde{q})^+$$

由于是一次性支付，所以只改变利润分配的大小，其他决策参数不变。因此，利润分配的原则为

$$\begin{cases} \tilde{\pi}_r^{RSC} \geq \pi_r^{WP}(\tilde{p}) \\ \tilde{\pi}_m^{RSC} \geq \pi_m^{WP}(\tilde{p}) \end{cases}$$

通过比较批发价格契约和收益共享契约中境内供应商和境外零售商利润，结合分配原则，可以算出 T_m 的取值范围为 $[\pi_r^{WP}(\tilde{p}) - \pi_r^{RS}(\tilde{p}), \pi_m^{RS}(\tilde{p}) - \pi_m^{WP}(\tilde{p})]$。

定理 9-2：跨境供应链需求函数如式（9-1）所示，当面临突发事件导致

跨境供应链面临汇率和需求同时扰动时,分散决策下通过改进收益共享契约(w,ϕ,T_m)可以实现跨境供应链的协调,其中:

$$\tilde{w}^{RS} = \begin{cases} \dfrac{(1-\phi)(c_m+k_1)}{e+\Delta e}, & \Delta \in \text{情形}9-1 \\ \dfrac{(1-\phi)(c_m-k_2)}{e+\Delta e}, & \Delta \in \text{情形}9-2 \\ \dfrac{(1-\phi)c_m}{e+\Delta e}, & \Delta \in \text{情形}9-3 \end{cases}$$

$$T_m \in [\pi_r^{WP}(\tilde{p}) - \pi_r^{RS}(\tilde{p}), \pi_m^{RS}(\tilde{p}) - \pi_m^{WP}(\tilde{p})]$$

9.6 数值算例

假设$a=100$,市场现有汇率$e=10$,境内供应商生产成本$c_m=10$,偏离计划的单位成本$k_1=k_2=5$,需求系数$b=2$,制造商收取的收益共享比例为$\phi=0.5$。在发生扰动后供应链的批发价格契约、集中决策的供应链决策参数可以由表9-1给出,以供应商为主导方设计收益共享契约策略的供应链决策参数以及帕累托改进策略可以由表9-2给出。

表9-1 跨境供应链分散批发价格决策和集中决策对比

Δa	Δe	情形	批发价格契约			$\tilde{\Pi}^{PD}$		集中决策		$\tilde{\Pi}^*$
			w	$\tilde{p}$	$\tilde{q}^{PD}$	供应商	销售商	$\tilde{p}$	$\tilde{q}^*$	
0	0	9-3	25.5*	37.8*	24.5*	6 002.5*	300.1*	25.5*	49*	12 005*
10	−5	9-1	30.5	42	26	3502.5	338	29	52	7 005
5	5	9-1	26.75	39.63	25.75	10 190.94	331.53	26.75	51.5	20 136.88
−5	5	9-2	23.92	35.71	23.58	8 097.6	278.09	23.92	47.17	16 440.2

续 表

Δa	Δe	情形	批发价格契约			$\tilde{\Pi}^{PD}$		集中决策		$\tilde{\Pi}^*$
			w	$\tilde{p}$	$\tilde{q}^{PD}$	供应商	销售商	$\tilde{p}$	$\tilde{q}^*$	
−5	−5	9-2	24.25	35.88	23.25	2 457.81	270.28	24.25	46.5	5 160.63
−1	2	9-3	25.17	37.33	24.33	6 982	296.06	25.17	48.67	14 209

注：* 是平稳下的供应链决策结果。

表9-2 跨境供应链收益共享分散决策与帕累托改善参数

Δa	Δe	情形	$\tilde{q}^*$	收益共享契约			$\tilde{\Pi}^{RS}$		T_m		$\tilde{\Pi}^*$
				w	ϕ	$\tilde{p}$	供应商	销售商	最小值	最大值	
0	0	9-3	49*	0.5*	0.5*	25.5*	6 002.5*	600.25*	0	300.15*	12 005*
10	−5	9-1	52	1.5	0.5	29	3625	676	0	338	7 005
5	5	9-1	51.5	0.5	0.5	26.75	10 190.94	663.063	0	331.53	20 136.88
−5	5	9-2	47.17	0.17	0.5	23.92	8 097.6	556.174	0	278.09	16 440.2
−5	−5	9-2	46.5	0.5	0.5	24.25	2 457.81	540.56	0	270.28	5 160.63
−1	2	9-3	49	0.42	0.5	25.17	7 103.67	592.11	0	296.06	14 209

从表9-1和表9-2中可以看出，未发生扰动（平稳状态）时供应链的契约参数也可以同时给出，此时设计的收益共享契约完全适用于平稳状态下的跨境供应链，实现了跨境供应链契约的柔性。

9.7　本章小结

　　随着全球经济的不断融合，跨境供应链在全球延伸，使得供应链容易受到外部政治、经济、自然环境和企业自身变化的影响，供应链中的不确定性因子也越来越多，这些扰动不但会带来销售停滞和成本增加，影响供应链成员的效益，甚至于还会影响整个供应链的正常运转，严重的还有可能造成整个供应链的解体，导致企业正常生产经营无法进行。本书基于供应链环境，构建了基于汇率的跨境需求模型，研究了境内供应商集中决策下的跨境供应链扰动集中决策，通过与传统的批发价格契约进行比较，设计出协调汇率和需求同时扰动下的跨境供应链收益共享契约，并设计帕累托改进策略实现双方改善。研究表明，跨境供应链存在鲁棒性，在供应链分散决策下，传统批发价格契约无法协调该供应链，而以境内供应商作为主导方设计的收益共享契约可以协调汇率和需求同时扰动下的跨境供应链。

第十章 结论与未来研究展望

电子商务的迅速发展似乎是一场饕餮盛宴，每个企业都希望从电子商务的热潮中分一杯羹，由于顾客的需求规模在一定阶段下是固定的，因此电子渠道和传统渠道就在一定程度上形成了价格或者其他条件的竞争，如何改善渠道间的"双边际效应"是双渠道供应链研究一直以来致力于探讨的问题。随着突发事件应急管理的深入研究与应用，为了降低突发事件带来的危害，扰动下的供应链应急决策和协调也逐渐成为研究的一个具体方向，将供应链应急管理的思想和方法应用于双渠道供应链，将有助于双渠道供应链研究解决突发事件带来的需求、成本、渠道之间的替代系数等因素的突变，同时，也是对供应链应急管理研究的一个有益的补充。

10.1 结 论

由于双渠道供应链主要研究渠道竞争下的定价问题，在双渠道供应链中大部分文献采用了确定性的需求函数，这使得这些研究的结论只能应用在预测确定了各种系数后能够平稳运行的双渠道供应链上面，但是供应链外部和内部环境是多变的，如果加入供应链扰动管理的思想进行研究，就能够解决传统双渠道供应链协调中的协调刚性问题。为了使供应链上相关主体的利益最大化，需要研究双渠道供应链的最优决策问题，并且能够制定一些策略，使得分散状态下的双渠道供应链能够实现协调，或者提供的产品和服务能够满足消费者的各种要求。本书主要研究了确定性需求下的短生命周期产品双渠道供应链的应急协调问题，提出了双渠道供应链应对突发事件扰动下的应急决策和契约协调策略。

本书首先分析了研究的必要性，然后构建了具备电子渠道和传统渠道的双渠道供应链模型，依据一定的渠道需求函数将双渠道供应链的相关成员联系起来,接着在基本模型中提出在平稳状态下的供应链最优决策参数,并提出了在平稳的环境中实现双渠道供应链协调的供应链契约。然而,在运作的过程中,突发事件使得双渠道供应链产生了各种因素的扰动,如果供应链不采取一定的措施应对扰动,会导致供应链利润下降,甚至不能正常运作。

研究发现,当双渠道供应链因素扰动时,可能会造成生产计划的变化,或由外部市场供应和销售,而生产计划的调整和外部市场销售与采购需要一定单位偏差成本。在考虑成本偏差时,双渠道供应链函数变成一个阶跃函数。此外,当突发事件引起双渠道供应链的一些参数发生扰动时,通过调整和设计供应链契约,可以实现双渠道供应链环境下的应急决策和协调,本书在研究的过程中,一共设计了数量折扣契约、收益共享契约、利润共享契约、促销努力价格折扣契约以及两部定价契约等协调机制用来协调存在突发事件造成需求、生产成本、路途损耗、渠道价格替代系数、渠道服务替代系数等五种与双渠道供应链实际运行密切相关的因素在面临突发事件导致扰动发生时的双渠道供应链。

具体而言,首先,本书针对制造商构建电子渠道的双渠道供应链应急决策与协调问题,进行了以下研究。

(1)本书研究了由一个拥有电子渠道的制造商以及一个拥有传统渠道的零售商组成的二阶段制造商双渠道供应链,双渠道供应链中存在着渠道价格竞争,制造商和零售商之间存在 Stackelberg 博弈。当突发事件导致供应链的市场需求规模、制造商生产成本以及电子渠道和传统渠道之间的替代系数发生同时扰动时,在一体化集中决策下通过 KKT 条件计算出双渠道供应链的最优销售价格、销售数量以及利润,并通过设计的利润共享契约解决制造商双渠道的应急协调问题。研究表明,当制造商双渠道供应链处于平稳状态时,由于存在"双边际"效应,批发价格契约无法实现供应链的协调,而平稳状态下的收益共享契约可以实现帕累托改进与供应链协调,当发生需求、生产成本以及渠道替代系数扰动后,制造商生产决策区域可以被划分出来,在鲁棒区域范围内,制造商可以不改变生产计划,但需要调整电子渠道和传统渠道的销售价格和渠道备货量,当扰动带来的影响较大(鲁棒区域范围外)时,制造商还必须改变生产计划。在分权决策下,本书还设计出了新的利润共享契约,可以实现多因素扰动下的双渠道供应链应急协调。

(2)本书研究了随着时间的推移或路途的延长会产生衰败和损耗的短生命

周期产品（鲜活产品等易逝品），当供应链采用制造商主导的双渠道供应链模式时，电子渠道和传统渠道的流通时间不同，且渠道之间存在着价格竞争。本书通过建立带有路途损耗比例因子的双渠道供应链利润模型，以数学推导，得到了需求和生产成本同时扰动下以及需求和路途损耗同时扰动下的供应链集中决策值，包括电子渠道和传统渠道的零售价格、最优销售数量以及制造商的最优生产数量，并计算出鲁棒控制区域，制造商在一定扰动范围内不用调整生产计划。研究表明，当双渠道供应链面临分散决策时，收益共享契约可以协调需求和成本同时扰动下的制造商双渠道供应链以及需求和路途损耗同时扰动下的制造商双渠道供应链。

（3）本书研究了制造商主导的双渠道供应链模式，制造商通过建设电子渠道与零售商产生一定的渠道价格竞争，而零售商可以通过促销提高传统渠道的销量，当供应链面临需求和生产成本同时扰动时，得到不同扰动情形下的双渠道供应链集中决策。当供应链面临着分散决策时，批发价格契约下零售商利润无法实现，容易降低销售投入或者退出供应链，而基于批发价格和促销折扣系数的折扣契约可以协调需求和生产成本同时扰动下的双渠道供应链。研究表明，当扰动范围指向增加销售数量时，制造商增加生产计划并重新分配渠道销售数量，需求的增加将导致传统渠道促销投入增加，而生产成本的增加将导致零售商的促销努力降低，同时单位产量增加成本使得零售商的促销努力降低。当扰动范围指向减少销售数量时，制造商减少生产计划并重新分配渠道销售数量，此时，需求的减少将导致传统渠道销售努力降低，而生产成本的减少将导致传统渠道的促销努力增加，同时生产计划的改变使得传统渠道的促销努力增加。当扰动范围在鲁棒区域内时，制造商不改变生产计划，零售商和制造商分配的销量变动额受市场份额影响，但是总销量保持不变。此时，生产成本扰动不影响销售努力程度，传统渠道促销努力增减由电子渠道市场份额以及需求扰动程度共同决定，若电子渠道市场份额大于传统渠道市场份额，需求增加时传统渠道的促销努力程度降低，若传统渠道市场份额大于电子渠道市场份额，需求增加时传统渠道促销努力程度增加。制造商改变生产计划的区域临界点和渠道份额、渠道替代系数、促销投入系数以及单位改变成本等有关，鲁棒区域由这四个方面的因素来决定。

其次，本书针对零售商构建电子渠道的双渠道供应链应急决策和协调问题，进行了以下研究。

（1）对于零售商双渠道供应链这种特有的双渠道供应链模式，制造商依然没有直接面对消费者，而零售商通过电子渠道和传统渠道面对同一消费者，这种方式随着苏宁易购等传统零售商电商平台的壮大而逐渐得到重视。本书研究了当突发事件导致供应链发生需求和生产成本同时扰动时的零售商双渠道最优决策，并计算出发生扰动后沿用平稳状态定价策略的决策区间。研究表明，在集权式供应链决策模式下，扰动发生后，零售商双渠道的决策区间将发生变化，如果沿用平稳状态时的定价策略，会导致一定的利润损失，严重时将导致供应链亏损。

（2）本书研究了关于数量折扣契约协调零售商双渠道供应链的策略，零售商双渠道存在制造商主导Stackelberg博弈，研究表明，数量折扣契约可以协调需求和成本同时扰动下的零售商双渠道供应链，而且契约参数存在无穷多个组合，平稳状态下的零售商双渠道供应链的数量折扣协调策略也可以直接在应急协调契约中同时给出，说明该数量折扣契约具有一定的抗突发事件能力。

再次，本书针对O2O商业模式中的苏宁易购首先发起的线上线下同价模式，在需求和成本、需求和服务替代系数同时扰动下的O2O双渠道供应链进行了以下研究。

（1）本书研究了制造商采用了跟随零售商线上线下同价的定价策略时的双渠道供应链系统。本书通过建立同价双渠道供应链的市场需求模型，求出需求与生产成本同时扰动时的同价双渠道供应链的最优价格、生产数量，设计了相应的利润共享契约协调供应链。研究表明，当供应链处于稳定状态时，利润共享契约可以用来实现同价双渠道供应链的协调。当突发事件导致市场规模和制造成本发生扰动时，同价双渠道供应链存在鲁棒性，而利润共享契约也能够很好地协调同价机制下的双渠道分权供应链。

（2）本书研究了制造商垂直O2O模式和零售商水平O2O模式两种常见的O2O供应链模式。基于需求和服务替代系数扰动、双渠道价格协同、服务竞争的供应链环境，本书构建了O2O下的双渠道供应链需求模型，分析了制造商垂直O2O模式以及零售商分散水平O2O模式下的供应链决策，并考虑需求和服务替代系数同时扰动下的O2O供应链协调机制。研究表明，制造商垂直O2O模式可以实现O2O供应链利润的优化，而分散决策批发价格契约下的零售商水平O2O模式无法实现协调，本书设计的两部定价机制可以实现需求和服务替代系数同时扰动时的零售商水平O2O供应链协调。

最后，本书针对跨境电商渠道下的供应链扰动应对管理进行了研究。

（1）基于全球供应链时代给企业跨境运营带来了新的问题和风险因素，汇率扰动、需求扰动等成为扰动因子，考虑在一对一跨境单渠道供应链的环境下，分析跨境集中决策下的供应链决策参数，通过比较跨境供应链中批发价格契约，设计不同情形的跨境供应链收益共享契约，并通过帕累托改进来实现优化。研究发现，存在鲁棒性的范围在跨境供应链可以计算得到，传统的批发价格契约依然无法协调跨境供应链，而本书设计的收益共享契约可以用来协调应对汇率和需求的扰动。

（2）本书研究了税率扰动下的跨境供应链扰动应对管理，构建了税率和汇率扰动风险因子，考虑一对二跨境渠道供应链环境下的供应链决策，建立供应链模型并对此进行优化。研究表明，跨境税率扰动间接影响供应链决策，而跨境汇率直接影响供应链决策，在突发事件造成多方扰动时，供应链鲁棒性起到了作用，本书设计的契约也可以优化供应链。

10.2　局限性与未来研究展望

近几年关于供应链应急管理的研究如雨后春笋般不断涌现，说明应急管理仍然是一个非常热门的研究方向，而渠道供应链的研究也是热点问题，本研究第一次系统地结合了供应链应急管理和复杂渠道结构，未来还有进一步展开深入研究的空间。

（1）考虑随机需求的渠道供应链应对管理研究。

由于双渠道供应链涉及渠道价格竞争，学者往往都喜欢研究渠道定价和生产决策问题，关于双渠道报童模型的研究比较少，随机需求下的渠道供应链的协调将变得更为复杂和困难。本书仅仅考虑了确定性需求函数下的渠道供应链应急协调问题，在很多时候，突发事件带来的影响往往无法直接用确定性变化来估计或描述，而考虑随机分布也许能够解决这些困扰，未来可以尝试研究随机需求下的复杂渠道供应链应急协调，将更具实际应用意义。

（2）考虑双源供应下的供应链应对管理研究。

目前关于双渠道供应链的应急协调研究主要集中在研究需求或者成本扰动对双渠道供应链带来的影响以及设计解决这些影响的契约，主要是从制造商或者零售商开拓电子渠道、线上线下同价等角度出发，而突发事件除了影响消费者需求，也会影响到上游的供应，在本书的研究中，上游供应问题其实是被简化成为生产成本扰动问题，未来的研究可以从双源供应的角度来研究供应链应急管理与协调，双源供应链的供应链应急管理已经有一定的研究基础（见文献综述部分），但是在电子市场的双源供应模式下的应急管理还尚未有研究成果。

（3）考虑信息不对称的双渠道供应链应对管理研究。

双渠道供应链中存在电子渠道和传统渠道，电子渠道的信息由于互联网的信息传播速度快以及大数据业务的应用大大促进了企业对消费者信息的掌握，但是传统渠道的信息并不能及时传输，而制造商的成本信息可以以一定的方式形成信息不对称。未来的研究可以考虑制造商成本信息不对称下的双渠道供应链应急协调问题，这些研究有一定的研究基础，但是基于渠道之间的信息不对称暂时没有相关研究，比如，零售商可以看到制造商的电子渠道市场信息，而制造商无法充分了解零售商的市场信息。

（4）考虑其他O2O商业模式的供应链应对管理研究。

O2O模式更多是指线下的业务通过电商的推广把顾客流量引导到线上，其实就是把商流从线下转到了线上，本书中更多讨论线上线下同价时的双渠道供应链，存在一定的局限性，O2O有很多模式，实体店融合虚拟店、预售、团购等都是O2O的模式，第三方物流、零售商、制造商都可以主导O2O模式，而突发事件引起的扰动对O2O供应链的影响更为明显，由于信息流的传输从线下转到了线上，在消费者以及供应链成员之间传输的速度更快，病毒营销、红包营销、冰桶营销等各种营销策略在互联网时代能够带来更多的研究空间。

（5）考虑行为运营的复杂渠道供应链应对管理研究。

在研究供应链决策与协调时，一般假设供应链的成员是经济人，而在实际运作中，由于各种消费者行为以及供应链成员企业的行为，使得供应链的决策无法应对现实的需要。从供应链的多个不同的销售渠道，就可以总结出线上消费者行为与线下消费者行为的不同，比如，线上的比价行为、线下的应急购买行为等，都是值得我们扩展的复杂渠道供应链应急管理研究的方向。

参考文献

[1] ANDERSON M G, KATZ P B. Strategic sourcing[J].International Journal of Logistics Management, 1998, 9(1):1–13.

[2] SPENGLER J J. Vertical integration and antitrust policy [J].Journal of Political Economy, 1950, 58(4):347–352.

[3] CACHON G P. Supply chain coordination with contracts [J]. Handbooks in Operations Research and Management Science, 2003(11): 227–339.

[4] CORBETT C J, De GROOTE X. A supplier's optimal quantity discount policy under asymmetric information [J]. Management Science, 2000, 46(3): 444–450.

[5] CACHON G P, LARIVIERE M A. Contracting to assure supply: How to share demand forecasts in a supply chain [J]. Management Science, 2001, 47(5): 629–646.

[6] SIRIAS D, MEHRA S. Quantity discount versus lead time-dependent discount in an inter-organizational supply chain [J]. International Journal of Production Research, 2005, 43(16): 3481–3496.

[7] 刘斌, 刘思峰, 陈剑. 不确定需求下供应链渠道协调的数量折扣研究 [J]. 南京航空航天大学学报, 2005, 37(2): 256–261.

[8] 彭作和, 田澎. 基于完全信息的供应链数量折扣契约设计 [J]. 管理工程学报, 2006, 20(2): 114–116.

[9] 钟磊钢, 胡勇, 张翠华. 一类供应商管理库存供应链协调策略研究 [J]. 中国管理科学, 2006, 14(6): 92–97.

[10] 张钦红, 骆建文. 不对称信息下易腐物品供应链最优数量折扣合同研究 [J]. 系统工程理论与实践, 2007, 27(12): 23–28.

[11] TAYLOR T A, XIAO W. Does a manufacturer benefit from selling to a better-forecasting retailer? [J]. Management Science, 2010, 56(9): 1584–1598.

[12] CACHON G P, KÖK A G. Competing manufacturers in a retail supply chain: On contractual form and coordination [J]. Management Science, 2010, 56(3): 571–589.

[13] 赵正佳. 考虑汇率变化和运输成本分担的跨国供应链数量折扣契约 [J]. 管理学报, 2012, 9(6): 913–919.

[14] 肖旦, 周永务. 数量折扣契约下制造商与零售商库存合作联盟的稳定性 [J]. 运筹与管理, 2013, 22(2): 20–26.

[15] 赵海霞, 艾兴政, 滕颖, 等. 基于制造商规模不经济的链与链竞争数量折扣合同选择 [J]. 管理工程学报, 2013 (4): 110–118.

[16] WENG Z K, WONG R T. General models for the supplier's all-unit quantity discount policy [J]. Naval Research Logistics (NRL), 1993, 40(7): 971–991.

[17] KOLAY S, SHAFFER G, Ordover J A. All-units discounts in retail contracts [J]. Journal of Economics & Management Strategy, 2004, 13(3): 429–459.

[18] 彭作和, 田澎, 黄新荣. 一个考虑累进制数量折扣的单约束多商品订货模型 [J]. 工业工程与管理, 2005, 10(5): 75–78.

[19] 曹宗宏, 周永务. 价格和库存量影响需求的供应链量折扣定价模型 [J]. 系统工程学报, 2008, 23(1): 67–73.

[20] TSAY A A. The quantity flexibility contract and supplier-customer incentives [J]. Management science, 1999, 45(10): 1339–1358.

[21] TSAY A A, LOVEJOY W S. Quantity flexibility contracts and supply chain performance [J]. Manufacturing & Service Operations Management, 1999, 1(2): 89–111.

[22] GRAVES S C, TOMLIN B T. Process flexibility in supply chains [J]. Management Science, 2003, 49(7): 907–919.

[23] SETHI S P, YAN H, ZHANG H. Quantity flexibility contracts: optimal decisions with information updates [J]. Decision Sciences, 2004, 35(4): 691–712.

[24] BURKE G J, CARRILLO J, VAKHARIA A J. Heuristics for sourcing from multiple suppliers with alternative quantity discounts [J]. European Journal of Operational Research, 2008, 186(1): 317–329.

[25] LIAN Z, DESHMUKH A. Analysis of supply contracts with quantity flexibility [J]. European Journal of Operational Research, 2009, 196(2): 526–533.

[26] KARAKAYA S, BAKALI S S. Joint quantity flexibility for multiple products in a decentralized supply chain [J]. Computers & Industrial Engineering, 2013, 64(2): 696–707.

[27] XIE J, ZHOU D, WEI J C, et al. Price discount based on early order commitment in a single manufacturer-multiple retailer supply chain [J]. European Journal of Operational Research, 2010, 200(2): 368–376.

[28] CHEN J. Returns with wholesale-price-discount contract in a newsvendor problem [J]. International Journal of Production Economics, 2011, 130(1): 104–111.

[29] DU R, BANERJEE A, KIM S L. Coordination of two-echelon supply chains using wholesale price discount and credit option [J]. International Journal of Production Economics, 2013, 143(2): 327–334.

[30] 安恰, 骆建文. 基于价格折扣的易腐物品供应链库存的协作控制研究 [J]. 管理工程学报, 2007, 21(4): 80–84.

[31] 马慧民, 叶春明, 张爽, 等. 考虑价格折扣的三级供应链协同计划问题研究 [J]. 系统工程学报, 2012, 27(1): 52–60.

[32] PASTERNACK B A. Optimal pricing and return policies for perishable commodities [J]. Marketing science, 2008, 27(1): 133–140.

[33] SONG Y, RAY S, LI S. Structural properties of buyback contracts for price-setting newsvendors [J]. Manufacturing & Service Operations Management, 2008, 10(1): 1–18.

[34] DING D, CHEN J. Coordinating a three level supply chain with flexible return policies [J]. Omega, 2008, 36(5): 865–876.

[35] Wang Y, Zipkin P. Agents' incentives under buy-back contracts in a two-stage supply chain [J]. International Journal of Production Economics, 2009, 120(2): 525–539.

[36] WU D. Coordination of competing supply chains with news-vendor and buyback contract [J]. International Journal of Production Economics, 2013, 144(1): 1–13.

[37] 赵泉午, 熊榆, 林娅, 等. 多个零售商库存竞争下的易逝品回购合同研究 [J]. 系统工程, 2004, 22(8): 39–42.

[38] 赵志刚, 李向阳, 刘秀芝. 面向模糊随机需求更新的供应链回购契约响应方法研究 [J]. 中国管理科学, 2007, 15(3): 47–55.

[39] 肖玉明, 汪贤裕. 基于回购契约的供应链协调与风险分担分析 [J]. 控制与决策, 2008, 23(8): 905–909.

[40] 汪贤裕, 肖玉明. 基于返回策略与风险分担的供应链协调分析 [J]. 管理科学学报, 2009 (3): 65–70.

[41] CHEN F. Decentralized supply chains subject to information delays [J]. Management Science, 1999,45(8). 1076–1090.

[42] PORTEUS E. Responsibility tokens in supply chain management [J].Manufacturing and Service Operations Management. 2000, 2(2): 203–19.

[43] PADMANABHAN V, PNG I P L. Returns policies: Make money by making good [J]. Sloan Management Review, 1995(37): 65–65.

[44] PADMANABHAN V, PNG I P L. Manufacturer's return policies and retail competition [J]. Marketing Science, 1997, 16(1): 81–94.

[45] TSAY A A, NAHMIAS S, AGRAWAL N. Modeling supply chain contracts: A review [M]// Quantitative models for supply chain Management. Springer US, 1999: 299–336.

[46] TSAY A A. Managing retail channel overstock: markdown money and return policies [J]. Journal of Retailing, 2001, 77(4): 457–492.

[47] TSAY A A. Risk sensitivity in distribution channel partnership: Implications for manufacturer return policies [J]. Journal of Retailing, 2002, 78(2): 147–160.

[48] BARNES-SCHUSTER D, BASSOK Y, ANUPINDI R. Coordination and flexibility in supply contracts with options [J]. Manufacturing & Service Operations Management, 2002, 4(3): 171–207.

[49] KLEINDORFER P R, WU D J. Integrating long-and short-term contracting via business-to-business exchanges for capital-intensive industries [J]. Management Science, 2003, 49(11): 1597–1615.

[50] WU D J, KLEINDORFER P R. Competitive options, supply contracting, and electronic markets [J]. Management Science, 2005, 51(3): 452–466.

[51] WANG Q, TSAO D. Supply contract with bidirectional options: The buyer's perspective [J]. International Journal of Production Economics, 2006, 101(1): 30–52.

[52] 郭琼, 杨德礼, 迟国泰. 基于期权的供应链契约式协调模型 [J]. 系统工程, 2005, 23(10): 1–6.

[53] 胡本勇, 王性玉, 彭其渊. 供应链单向及双向期权柔性契约比较分析 [J]. 中国管理科学, 2007, 15(6): 92-97.

[54] 胡本勇, 王性玉, 彭其渊. 基于双向期权的供应链柔性契约模型 [J]. 管理工程学报, 2008, 22(4): 79-84.

[55] GERCHAK Y, WANG Y. Revenue-Sharing vs. Wholesale-price contracts in assembly systems with random demand [J]. Production and Operations Management, 2004, 13(1): 23-33.

[56] CACHON G P, LARIVIERE M A. Supply chain coordination with revenue-sharing contracts: Strengths and limitations [J]. Management Science, 2005, 51(1): 30-44.

[57] GIANNOCCARO I, PONTRANDOLFO P. Supply chain coordination by revenue sharing contracts [J]. International Journal of Production Economics, 2004, 89(2): 131-139.

[58] 陈夫华, 高成修. 基于收入共享合同的多阶段供应链协调 [J]. 武汉大学学报（理学版）2006, 52(3): 291-295.

[59] YAO Z, LEUNG S C H, LAI K K. Manufacturer's revenue-sharing contract and retail competition [J]. European Journal of Operational Research, 2008, 186(2): 637-651.

[60] AI X, CHEN J, MA J. Contracting with demand uncertainty under supply chain competition [J]. Annals of Operations Research, 2012, 201(1): 17-38.

[61] HE Y, ZHAO X, ZHAO L, et al. Coordinating a supply chain with effort and price dependent stochastic demand [J]. Applied Mathematical Modelling, 2009, 33(6): 2777-2790.

[62] LAMBERTINI L. Coordinating static and dynamic supply chains with advertising through two-part tariffs[J]. Automatica, 2014, 50(2): 565-569.

[63] 齐二石, 杨道箭, 刘亮. 基于顾客战略行为的供应链两部定价契约 [J]. 计算机集成制造系统, 2010, 16(4): 828-833.

[64] 于丽萍, 葛汝刚, 黄小原. 商业信用－广告合作的供应链两部定价契约协调 [J]. 工业工程与管理, 2010 (2): 41-45.

[65] 赵海霞, 艾兴政, 唐小我. 制造商规模不经济的链与链竞争两部定价合同 [J]. 管理科学学报, 2013, 16(2): 60-70.

[66] CHIANG W K., CHHAJED D, HESS J D. Direct marketing, indirect profits: A

strategic analysis of dual channel supply-chain design[J].Management Science, 2003, 49(1): 1–20.

[67] RHEE B, PARK S Y. Online store as a new direct channel and emerging hybrid channel system [R]. Hong Kong:Hong Kong University of Science and Technology,2000.

[68] TSAY A A, AGRAWAL N. Modeling conflict and coordination in multi-channel distribution systems: A review [M]//Handbook of Quantitative Supply Chain Analysis. Springer US, 2004: 557–606.

[69] TSAY A A, AGRAWAL N. Channel conflict and coordination in the E-commerce age [J]. Production and Operations Management, 2004, 13(1): 93–110.

[70] KEVIN CHIANG W, MONAHAN G E. Managing inventories in a two-echelon dual-channel supply chain [J]. European Journal of Operational Research, 2005, 162(2): 325–341.

[71] CHIANG W K. Product availability in competitive and cooperative dual-channel distribution with stock-out based substitution [J]. European Journal of Operational Research, 2010, 200(1): 111–126.

[72] CHEN K Y, KAYA M, ÖZER Ö. Dual sales channel management with service competition [J]. Manufacturing & Service Operations Management, 2008, 10(4): 654–675.

[73] YAN R, PEI Z. Retail services and firm profit in a dual-channel market [J]. Journal of Retailing and Consumer Services, 2009, 16(4): 306–314.

[74] CAI G G. Channel selection and coordination in dual-channel supply chains [J]. Journal of Retailing, 2010, 86(1): 22–36.

[75] 常良峰, 卢震, 黄小原. 供应链渠道协调中的 Stackelberg 主从对策 [J]. 控制与决策, 2003, 18(6): 651–655.

[76] 晏妮娜, 黄小原, 刘兵. 电子市场环境中供应链双源渠道主从对策模型 [J]. 中国管理科学, 2007, 15(3):98–102.

[77] 肖剑, 但斌, 张旭梅. 双渠道供应链电子渠道与零售商合作策略研究 [J]. 系统工程学报, 2009, 24(6): 673–679.

[78] 黄松, 杨超, 张曦. 双渠道供应链中定价与合作广告决策模型 [J]. 计算机集成制造系统, 2011, 17(12): 2683–2692.

[79] CAO E, MA Y, WAN C, et al. Contracting with asymmetric cost information in a dual-channel supply chain[J]. Operations Research Letters, 2013, 41(4): 410–414.

[80] CHEN J, ZHANG H, SUN Y. Implementing coordination contracts in a manufacturer Stackelberg dual-channel supply chain[J]. Omega, 2012, 40(5): 571–583.

[81] 谢庆华, 黄培清. Internet 环境下混合市场渠道协调的数量折扣模型 [J]. 系统工程理论与实践, 2007, 8(8): 1–11.

[82] 但斌, 徐广业, 张旭梅. 电子商务环境下双渠道供应链协调的补偿策略研究 [J]. 管理工程学报, 2012, 26(1): 125–130.

[83] 徐广业, 但斌. 电子商务环境下双渠道供应链协调的价格折扣模型 [J]. 系统工程学报, 2012, 27(3): 344–350.

[84] 徐广业, 但斌, 肖剑. 基于改进收益共享契约的双渠道供应链协调研究 [J]. 中国管理科学, 2010, 18(6): 59–64.

[85] 丁正平, 刘业政. 存在搭便车时双渠道供应链的收益共享契约 [J]. 系统工程学报, 2013, 28(003): 370–376.

[86] YUE X, LIU J. Demand forecast sharing in a dual-channel supply chain [J]. European Journal of Operational Research, 2006, 174(1): 646–667.

[87] MAHAR S, BRETTHANER K M, VENKATARAMANAN M A. The value of virtual pooling in dual sales channel supply chains [J]. European Journal of Operational Research, 2009, 192(2): 561–575.

[88] RYAN J.K, SUN D, ZHAO XY. Coordinating a supply chain with a manufacturer-owned online channel: A dual channel model under price competition [J]. IEEE Transactions, 2013, 60(2):247–259.

[89] XU G, DAN B, ZHANG X, et al. Coordinating a dual–channel supply chain with risk–averse under a two–way revenue sharing contract[J]. International Journal of Production Economics, 2014(147): 171–179.

[90] 禹爱民, 刘丽文. 随机需求和联合促销下双渠道供应链的竞争与协调 [J]. 管理工程学报, 2012, 26(1): 151–155.

[91] 但斌, 徐广业. 随机需求下双渠道供应链协调的收益共享契约 [J]. 系统工程学报, 2013, 28(4): 514–521.

[92] 曾敏刚, 王旭亮. 需求不确定的双渠道供应链定价策略 [J]. 工业工程, 2013, 16(2): 67–73.

[93] 盛昭瀚, 徐峰. 地区差异化背景下制造商双渠道定价策略研究 [J]. 管理科学学报, 2010, 13(6): 1–10.

[94] LIU Y, DING C, FAN C, et al. Pricing decision under dual-channel structure considering fairness and free-riding behavior [J]. Discrete Dynamics in Nature and Society, 2014: 1–12.

[95] 邢伟, 汪寿阳, 赵秋红, 等. 考虑渠道公平的双渠道供应链均衡策略 [J]. 系统工程理论与实践, 2011, 31(7): 1249–1256.

[96] 许垒, 李勇建. 考虑消费者行为的供应链混合销售渠道结构研究 [J]. 系统工程理论与实践, 2013, 33(7): 1672–1681.

[97] 李培勤. 两种供应商主导程度下的私人电子市场双重 Stackelberg 博弈 [J]. 管理工程学报, 2011, 25(1): 221–227.

[98] 唐秋生, 牛婷婷, 马先婷. 基于 Stackelberg 理论的 MeRCRM 型闭环供应链批量折扣协调机制与定价策略 [J]. 管理工程学报, 2012, 26(4): 182–191.

[99] 徐兵, 吴明. 双渠道闭环供应链的三种回收模式的建模分析 [J]. 数学的实践与认识, 2012, 24(11): 10–19.

[100] 许茂增, 唐飞. 基于第三方回收的双渠道闭环供应链协调机制 [J]. 计算机集成制造系统, 2013, 19(8): 2083–2089.

[101] 徐峰, 侯云章, 高俊. 电子商务背景下制造商渠道定价与再制造策略研究 [J]. 管理科学, 2014(2): 7.

[102] MA W, ZHAO Z, KE H. Dual-channel closed–loop supply chain with government consumption-subsidy [J]. European Journal of Operational Research, 2013, 226(2): 221–227.

[103] 刘慧慧, 黄涛, 雷明. 废旧电器电子产品双渠道回收模型及政府补贴作用研究 [J]. 中国管理科学, 2013(2): 123–131.

[104] 陈云, 王浣尘, 沈惠璋. 互联网环境下双渠道零售商的定价策略研究 [J]. 管理工程学报, 2008, 22(1): 34–39.

[105] 张盼, 熊中楷, 郭年. 基于价格和服务竞争的零售商双渠道策略 [J]. 工业工程, 2013, 15(6): 57–62.

[106] 赵金实, 段永瑞, 王世进, 等. 不同主导权位置情况下零售商双渠道策略的绩效对比研究 [J]. 管理工程学报, 2013 (1): 171–177.

[107] 颜永新, 徐晓燕. 零售商双渠道适应性及协调研究 [J]. 系统管理学报, 2012, 21(5): 602-608.

[108] FRAMBACH RT, ROEST HCA. The impact of consumer Internet experience on channel preference and usage intentions across the different stages of the buying process [J].Journal of Interactive Marketing,2007,21(2):26-41.

[109] LU Y, CAO Y. A study on factors that affect users' behavioral intention to transfer usage from the offline to the online channel [J].Computers in Human Behavior, 2011,27(1):355-364.

[110] LEE H L, PADMANABHAN V, WHANG S. Information distortion in a supply chain: The bullwhip effect [J]. Management Science, 2004, 50(12): 1875-1886.

[111] LEE H L, PADMANABHAN V, WHANG S. The bullwhip effect in supply chains [J]. Sloan Management Review, 1997, 38(3): 93-102.

[112] 陈宏, 韩轶. 间接经济效益的波及效应和摄动效应分析 [J]. 管理科学学报, 2002, 5(4): 68-76.

[113] YU G, YANG J. Optimization applications in the airline industry [M]. Springer US, 1999.

[114] CAUSEN J, HANSEN J, LARSEN J, et al. Disruption management [J]. OR/MS Today, 2001, 28(5): 40-43.

[115] QI X, BARD J F, YU G. Supply chain coordination with demand disruptions [J]. Omega, 2004, 32(4): 301-312.

[116] XIA Y, YANG M H, GOLANY B, et al. Real-time disruption management in a two-stage production and inventory system [J]. IIE transactions, 2004, 36(2): 111-125.

[117] YANG J, QI X, YU G. Disruption management in production planning [R]. Working paper, Department of Management Science and Information Systems, McCombs School of Business, The University of Texas, Austin, TX.78712, 2005.

[118] XU M, GAO X. Supply chain coordination with demand disruptions under convex production cost function [J]. Wuhan University Journal of Natural Science, 2005, 10(3): 493-498.

[119] XU M, QI X, YU G, et al. Coordinating dyadic supply chains when production costs are disrupted [J]. IIE transactions, 2006, 38(9): 765-775.

[120] HUANG C, YU G, WANG S, et al. Disruption management for supply chain

coordination with exponential demand function [J]. Acta Mathematica Scientia, 2006, 26(4): 655–669.

[121] 雷东, 高成修, 李建斌. 需求和生产成本同时发生扰动时的供应链协调 [J]. 系统工程理论与实践, 2006, 26(9): 51–59.

[122] 姚珣, 唐小我, 吴晓志. 非线性需求函数下需求与成本同时扰动时的供应链协调研究 [J]. 西南民族大学学报: 人文社会科学版, 2011 (8): 115–121.

[123] 曹二保, 赖明勇. 成本和需求同时扰动时供应链协调合约研究 [J]. 管理科学学报, 2010, 13(7): 9–15.

[124] 吴忠和, 陈宏, 赵千, 等. 需求和零售商购买成本同时扰动的供应链应急协调 [J]. 中国管理科学, 2012, 20(6): 110–117.

[125] 于辉, 陈剑, 于刚. 协调供应链如何应对突发事件 [J]. 系统工程理论与实践, 2005, 25(7): 9–16.

[126] 于辉, 陈剑, 于刚. 回购契约下供应链对突发事件的协调应对 [J]. 系统工程理论与实践, 2006, 25(8): 38–43.

[127] 于辉, 陈剑, 于刚. 批发价契约下的供应链应对突发事件 [J]. 系统工程理论与实践, 2006, 26(8): 33–41.

[128] 吴忠和, 陈宏, 赵千. 需求和生产成本同时扰动下供应链期权契约应对突发事件 [J]. 中国管理科学, 2013, 21(004): 98–104.

[129] LEI D, LI J, LIU Z. Supply chain contracts under demand and cost disruptions with asymmetric information [J]. International Journal of Production Economics, 2012, 139(1): 116–126.

[130] 周建中, 陈秀宏. 非对称信息下市场需求与生产成本同时发生扰动时的供应链决策 [J]. 中国管理科学, 2013, 21(003): 61–70.

[131] 王玉燕. 回购契约下闭环供应链对突发事件的协调应对 [J]. 运筹与管理, 2009 (6): 46–52.

[132] 王玉燕. 收益共享契约下闭环供应链应对突发事件的协调分析 [J]. 中国管理科学, 2009, 17(6): 78–83.

[133] 王银河, 王旭. 需求和回收努力扰动下闭环供应链定价与协调 [J]. 计算机应用研究, 2013, 30(7): 1975–1978.

[134] 李新然, 牟宗玉. 需求扰动下闭环供应链的收益费用共享契约研究 [J]. 中国管理科学, 2013, 21(006): 88–96.

[135] 胡劲松, 王虹. 三级供应链应对突发事件的价格折扣契约研究 [J]. 中国管理科学, 2007, 15(3): 103–107.

[136] 庞庆华. 收益共享契约下三级供应链应对突发事件的协调研究 [J]. 中国管理科学, 2010, 18(4): 101–106.

[137] CHEN K, XIAO T. Demand disruption and coordination of the supply chain with a dominant retailer [J]. European Journal of Operational Research, 2009, 197(1): 225–234.

[138] 张欢, 汪贤裕. 虚拟第三方控制下供应链对突发事件的协调研究 [J]. 中国管理科学, 2010, 18(1): 66–71.

[139] 高波, 石书生, 韦诗韵. 需求和价格时间敏感下供应链应对突发事件 [J]. 控制与决策, 2011, 26(9): 1363–1366.

[140] 吴忠和, 陈宏, 赵千, 等. 时间约束下鲜活农产品供应链应急协调契约 [J]. 系统管理学报, 2014, 23(1): 49–56.

[141] TOMLIN B. On the value of mitigation and contingency strategies for managing supply chain disruption risks [J]. Management Science, 2006, 52(5): 639–657.

[142] 盛方正, 季建华, 周娜. 信息不对称时发生突发事件供应链的协调 [J]. 工业工程与管理, 2008, 13(4): 6–10.

[143] XIAO T, YU G, SHENG Z, et al. Coordination of a supply chain with one-manufacturer and two-retailers under demand promotion and disruption management decisions [J]. Annals of Operations Research, 2005, 135(1): 87–109.

[144] XIAO T, QI X, YU G. Coordination of supply chain after demand disruptions when retailers compete [J]. International Journal of Production Economics, 2007, 109(1): 162–179.

[145] XIAO T, QI X. Price competition, cost and demand disruptions and coordination of a supply chain with one manufacturer and two competing retailers [J]. Omega, 2008, 36(5): 741–753.

[146] 曹二保, 赖明勇. 需求和成本同时扰动时多零售商供应链协调 [J]. 系统工程理论与实践, 2010 (10): 1753–1761.

[147] CAO E, WAN C, LAI M. Coordination of a supply chain with one manufacturer and multiple competing retailers under simultaneous demand and cost disruptions [J]. International Journal of Production Economics, 2013, 141(1): 425–433

[148] 吴忠和, 陈宏, 赵千, 等. 两零售商竞争下多因素同时扰动的供应链协调研究[J]. 中国管理科学, 2012, 20(2): 62–67.

[149] ZHANG W G, FU J, LI H, et al. Coordination of supply chain with a revenue-sharing contract under demand disruptions when retailers compete [J]. International Journal of Production Economics, 2012, 138(1): 68–75.

[150] 王旭, 高攀, 景熠. 两零售商竞争的闭环供应链应对突发事件[J]. 计算机集成制造系统, 2014, 20(2): 430.

[151] YU H, ZENG A Z, ZHAO L. Single or dual sourcing: Decision-making in the presence of supply chain disruption risks [J]. Omega, 2009, 37(4): 788–800

[152] LI J, WANG S, CHENG T C E. Competition and cooperation in a single-retailer two-supplier supply chain with supply disruption [J]. International Journal of Production Economics, 2010, 124(1): 137–150.

[153] XANTHOPOULOS A, VLACHOS D, IAKOVOU E. Optimal newsvendor policies for dual-sourcing supply chains: A disruption risk management framework [J]. Computers & Operations Research, 2012, 39(2): 350–357.

[154] HU F, LIM C C, LU Z, et al. Coordination in a single-retailer two-supplier supply chain under random demand and random supply with disruption [J]. Discrete Dynamics in Nature and Society, 2013: 1–12.

[155] 滕春贤, 胡引霞, 周艳山. 具有随机需求的供应链网络均衡应对突发事件[J]. 系统工程理论与实践, 2009, 29(3):16–21.

[156] YANG A T, ZHAO L D. Supply chain network equilibrium with revenue sharing contract under demand disruptions [J]. International Journal of Automation and Computing, 2011, 8(2): 177–184.

[157] 徐兵, 张小平. 基于二次订货与回购的供应链网络应对需求扰动[J]. 系统工程学报, 2012, 27(005): 668–678.

[158] BAGHALIAN A, REZAPOUR S, FARAHANI R Z. Robust supply chain network design with service level against disruptions and demand uncertainties: A real-life case [J]. European Journal of Operational Research, 2013, 227(1): 199–215.

[159] MATSUO, HIROFUMI. Implications of the Tohoku earthquake for Toyotas coordination mechanism: Supply chain disruption of automotive semiconductors[J]. International Journal of Production Economics, 2015, 161(mar.):217–227.

[160] 周伟刚, 高成修, 冯倩倩. 双渠道供应链协调及价值扰动 [J]. 数学杂志, 2011, 31(3): 525–531.

[161] HUANG S, YANG C, ZHANG X. Pricing and production decisions in dual-channel supply chains with demand disruptions [J]. Computers & Industrial Engineering, 2012, 62(1): 70–83.

[162] HUANG S, YANG C, LIU H. Pricing and production decisions in a dual-channel supply chain when production costs are disrupted [J]. Economic Modelling, 2013(30): 521–538.

[163] 黄松, 杨超, 杨珺, 需求和成本同时扰动下双渠道供应链定价与生产决策 [J]. 系统工程理论与实践, 2013, 33(1): 1–11.

[164] CAO E. Coordination of dual-channel supply chains under demand disruptions management decisions [J]. International Journal of Production Research, 2014 (ahead-of-print): 1–18

[165] 曹二保, 郑健哲, 马玉洁, 等. 双渠道供应链应对需求扰动的协调机制研究 [J]. 管理学报, 2014, 11(2): 267–273.

[166] 肖勇波, 陈剑, 徐小林. 到岸价格商务模式下涉及远距离运输的时鲜产品供应链协调 [J]. 系统工程理论与实践, 2008, 28(2): 19–25.

[167] 陈军, 但斌. 基于实体损耗控制的生鲜农产品供应链协调 [J]. 系统工程理论与实践, 2009, 29(3): 54–62.

[168] 林略, 杨书萍, 但斌. 收益共享契约下鲜活农产品三级供应链协调 [J]. 系统工程学报, 2010, 25(4): 485–491.

[169] 王婧, 陈旭. 考虑流通损耗和期权合同的生鲜农产品供应链管理策略研究 [J]. 预测, 2011, 30(5): 42–47.

[170] 林略, 杨书萍, 但斌. 时间约束下鲜活农产品三级供应链协调 [J]. 中国管理科学, 2011, 19(3): 55–62.

[171] 但斌, 伏红勇, 徐广业, 等. 考虑天气与努力水平共同影响产量及质量的农产品供应链协调 [J]. 系统工程理论与实践, 2013, 33(9): 2229–2238.

[172] 王素娟, 胡奇英. 3C零售商商业模式研究: 促销与贸易方式交互影响 [J]. 管理科学学报, 2011, 14(4): 1–11.

[173] 张汉江, 李娜, 李立. 考虑促销效果不确定的供应链促销费用分摊模型 [J]. 系统工程, 2011, 29(7): 49–53.

[174] 慕银平, 唐小我, 牛扬. 不同折扣券发放模式下的供应链定价与协调策略 [J]. 中国管理科学, 2011, 19(6): 48–56.

[175] 李新然, 牟宗玉, 黎高. VMI 模式下考虑促销努力的销量回扣契约模型研究 [J]. 中国管理科学, 2012(4): 86–94.

[176] 周永务, 王圣东. 随机需求下单制造商两零售商合作广告协调模型 [J]. 系统工程学报, 2011, 26(2): 203–210.

[177] 张智勇, 李华娟, 杨磊, 等. 基于微分博弈的双渠道广告合作协调策略研究 [J]. 控制与决策, 2014, 29(5): 873–879.

[178] 肖剑, 但斌, 张旭梅. 双渠道供应链中制造商与零售商的服务合作定价策略 [J]. 系统工程理论与实践, 2010 (12): 2203–2211.

[179] 张辉. 零售商双渠道供应链定价决策及协调性研究 [J]. 科技与管理, 2013, 15(4): 45–50.

[180] Choi S C. Price competition in a duopoly common retailer channel [J]. Journal of retailing, 1996, 72(2): 117–134

[181] 张贵磊, 刘志学. 主导型供应链的 Stackelberg 利润分配博弈 [J]. 系统工程, 2007, 24(11): 19–23.

[182] 徐贤浩, 聂思玥. 零售商主导的短生命周期产品供应链订货策略 [J]. 管理科学学报, 2009(4): 83–93.

[183] 王虹, 倪卫涛, 周晶. 非对称信息下双渠道供应链的定价决策 [J]. 管理学报, 2010, 7(2): 238–243.

[184] TSAI T M, YANG P C, WANG W N. Pilot study toward realizing social effect in O2O commerce services [M]// Social Informatics. Springer, 2013: 268–273.

[185] CHEN Y C, HSIEH H C, LIN H C. Improved precision recommendation scheme by BPNN algorithm in O2O commerce [C]// 10th International Conference on. IEEE, 2013: 324–328.

[186] HSIEH H C, CHEN Y C, LIN H C. More precise: Stores recommendation under O2O commerce [J]. International Journal of Computing and Digital Systems, 2014, 3(2): 91–99.

[187] DAN B, XU G, LIU C. Pricing policies in a dual-channel supply chain with retail services [J]. International Journal of Production Economics, 2012, 139(1): 312–320.

[188] KAZAZ B, DADA M, MOSKOWITZ H. Global production planning under exchange-rate uncertainty[J]. Management Science, 2005, 51(7):1101-1119.

[189] ZHAO J, HUANG W V, ZHU Z. An empirical study of e-business implementation process in China[J]. Engineering Management, IEEE Transactions on, 2008, 55(1): 134-147.

[190] CHOI T M, CHIU C H, CHAN H K. Risk management of logistics systems[J]. Transportation Research Part E Logistics & Transportation Review, 2016(90):1-6.

[191] YOUSEFI A, PISHVAEE M S . A fuzzy optimization approach to integration of physical and financial flows in a global supply chain under exchange rate uncertainty[J]. International Journal of Fuzzy Systems, 2018, 20(8):2415-2439.

[192] 倪得兵,等.相关双边汇率波动与供应链中汇率风险传导[J].管理科学学报, 2015, 18(10):1-13

[193] 刘洋,马永开.考虑损失厌恶的跨国供应链汇率风险分担契约[J].系统工程, 2015(1):94-102.

[194] 刘洋,马永开.基于滑动价格保值条款的供应链汇率风险管理[J].技术经济, 2014, 33(8):93-98.

[195] 赵正佳.需求不确定且依赖于价格下全球供应链数量折扣及其组合契约[J].管理工程学报, 2015, 29(3):90-99.

[196] 于辉,侯建.跨国供应链汇率波动风险的中断管理策略分析[J].系统工程学报, 2017, 32(1):114-124.

[197] 刘会民,侯建,于辉.装配式跨国供应链供应侧汇率波动的中断管理分析[J].系统科学与数学, 2016, 36(12):2325-2340.